일본학 시리즈 8

야마오카 텟슈의 강화(講話)
일본 무사도 문화사

김 우 철 편저

Academy House
學 士 院

▌편저자 서문

격동의 시대를 살았던 마지막 사무라이 야마오카 텟슈의 '혼魂'의 기록, 신명身命을 걸고 황국 일본과 에도江戶 백만 백성을 구한 문무양도의 무사도와 국체론을 읽다

　편저자가 일본 무도(武道)와 무사도(武士道) 관련 연구에 관심과 흥미가 많아서 한국에서는 전문 서적이 부족하여 일본어 원서(原書)를 읽게 되었다. 그 중에 몇 권을 편역(편저)하여 출판하였더니 주위의 나를 아는 몇 분이 나를 위한다고 친일파(親日派)로 볼 수 있으니 일본 번역서(飜譯書)는 그만 내라는 것이다.

　우리는 지금 2021년을 살고 있다. 과거사에 대한 일본의 책임 있는 태도가 요구되지만, 일본 번역서(飜譯書)를 내는 사람들에게 친일파라고 비판하는 분위기에서 과연 학문의 다양성 보장과 학문의 발전이 있겠는가에 대한 의문이 든다.

　번역(飜譯·translation)이란 번(飜)은 '뒤집다'의 뜻이고, 역

(譯)은 '풀이하다'의 뜻이다. 나아가 외국의 책이나 연구자료를 자국어(自國語)로 옮겨 지식이나 정보를 제공하려는 것이 목적이다. 번역에는 직역·의역·편역·역번역(재번역)이 있다.

편저자가 오래 전 일본어를 공부하기 위해 일본어학원에 갔을 때 학원 광고용 강사진과 과목 게시판 상단부에 써놓은 학일·지일·극일·선일(學日·知日·克日·先日) 여덟 글자를 보고 의미 깊게 생각하며 열심히 배웠던 적이 있는데, 실제 일본어는 한국어와 어순이 같고 한자(漢字)는 약자(略字)이긴 하나 전공서적을 보는 데는 그리 어렵지 않았다.

그러나 이 책은 야마오카 텟슈(山岡鐵舟·1836~1888, 53세)의 강화(講話) 자료를 기본으로 『武士道―文武兩道の思想(角川書店, 1971 版)』을 저본(底本)으로 편집한 것이다. 에도 바쿠후(江戶幕府)말과 메이지(明治) 정부 초기의 역사적 언어문장이기 때문에 현대문(現代文)으로 편집하기가 쉽지 않았다.

특히 야마오카 텟슈는 불교에 심취하여 선(禪)을 수행하여 오도(悟道)한 인물로 근대 일본역사에 눈부신 광채를 발산했던 검선일치(劍禪一致) 달인자(達人者)로 메이지 천황의 시종

(侍從·侍從臣)으로 10년(1872~1882) 동안 봉직(奉職)하였다.

에도 바쿠후(江戶幕府) 말과 메이지(明治) 정부 초기의 긴박한 정치적 상황은 이미 메이지 신정부 2년 전 1866년 3월 7일 삿쵸동맹(薩長同盟:사츠마번과 조슈번의 동맹)을 시작으로 도사번(현 고치현), 오와리번(현 아이치현), 후쿠이번(현 후쿠이현), 히로시마번(현 히로시마현) 등의 하급 무사들을 중심으로 한 토막파(討幕派)·존왕파(尊王派)의 왕정복고(王政復古)의 연합 상황에서, 1867년 도사번 출신 사카모토 료마(坂本龍馬)가 도사번주 야마우치 요도(山內容堂)에게 바쿠후가 다이세이호칸(大政奉還: 江戶幕府가 정권을 明治天皇에게 반환하는 일)의 직소를 건의하도록 건백서(建白書:船中八策)를 올리므로 많은 번(藩)들의 호응이 있었기 때문에 드디어 1867년 11월 10일 바쿠후의 15대 장군 도쿠가와 요시노부(德川慶喜·1937~1913)가 세이이타이쇼군(征夷大將軍) 직위의 사직소를 천황에 올리므로 1868년 1월 3일 왕정복고(王政復古)의 대호령(大号令)을 발동하여 메이지 천황 시대를 열었다.

그러나 신정부에 호응하지 않은 바쿠후에 토벌을 강행하자 야마오카 텟슈가 바쿠후와 메이지 신정부 사이를 중재하기 위해 1867년 10월 24일 단신으로 생명을 걸고 정부 군영(軍營)

을 찾아가 '사이고 다카모리(西鄕隆盛・1828~1877)'측과 담판을 성사시키므로 양 진영간 일촉즉발(一觸卽發)의 충돌을 막으므로 에도(江戶・도쿄東京의 옛 이름)의 백만 일반 국민이 전란을 피하게 되었다. 이 일로 야마오카 텟슈의 명성이 세상에 알려졌다.

이 책은 야마오카 텟슈의 독특한 문무양도의 무사도론과 국체론 사상이 구술(口述)로 요약되고, 카츠 카이슈(勝海舟・1823~1899)의 세련된 해설로 읽을 수 있는 매우 고급스러우며, 문무양도를 겸비한 고품격 사무라이 삶의 방식과 기원을 보여주는 무사도 인문학 책으로, 야마오카 텟슈의 사상과 일본의 국체(國體)를 들여다 볼 수 있다.

또한 일본 역사에서 양육(養育)되어 오늘날까지 계승된 일본정신의 한 계보인 문무양도의 무사도론을 야마오카 텟슈가 천황(군주), 조국, 정의, 대의를 위해 자신을 바칠 수 있는 자랑스러운 일본인의 생활방식을 미래 세대에게 전달할 필요가 있다고 생각하여 구술한 내용이다.

야마오카 텟슈는 사무라이의 실제 생활을 알 방법이 없는 현대의 일본 사람들조차도 사무라이라고 불리는 무사의 진정한 삶을 엿볼 수 있는 근대 에도 바쿠후 말기의 대표적 일본인으로 '사이고 다카모리'와 '카츠 카이슈'가 존경하는 사람으로 선(禪)과 검(劍)의 도(道)를 통해 인간완성으로 이어진 근대 일본 최고 검객, 해 뜨는 제국·황국(皇國) 일본의 새벽을 가슴에 품고 그 실현을 믿음으로써 살아간 기품있는 인간, 문무양도를 실천한 진정한 근황(勤皇)무사도의 소명(召命)으로 신명(身命)을 바친 사무라이의 삶을 알고 싶은 분들에게 위대한 인간의 이미지가 이 책에 표현되어 있다고 생각한다.

전례 없는 국가위기로 혼돈의 정도를 심화시킨 일본의 현 시국(時局)에는 에도 바쿠후 말의 혼란스러운 시대와 공통점이 많아 국내외(國內外) 고통의 어려운 단계를 깨뜨리려는 시대정신의 반영으로 선(禪)을 통해 검(劍)의 도(道)를 완성하고 검(劍)을 통해 인간완성으로 이어진 130여년 전의 야마오카 텟슈의 문무양도의 무사도 이야기가 지금 일본에서도 다양한 콘텐츠(contents)로 지속적으로 읽히고 구전(口傳)되고 있다.

이처럼 에도시대 말기에 가장 위대한 영웅 중 한 사람인 야마오카 텟슈의 문무양도의 무사도 사상이 확산되고 있다는 것을 일본 아마존(Amazon)에서 야마오카 텟슈 관련 서적 판매 현황과 고객 리뷰(Review) 및 출판사 서평(書評) 등을 통해서 살펴 볼 수가 있다.

야마오카 텟슈는 자신의 무도관(武道觀)으로 심외무도(心外無刀:마음 이외에는 다른 무기가 없다)를 자신의 좌우명(座右銘)으로 삼았다.

원래 이 말은 원말명초(元末明初) 시대에 살았던 나관중(羅貫中)의 작품인 '사물을 조리있고 알기 쉽게 설명한다'는 뜻인 『'연의(演義)' 삼국지』에 나오는 촉한(蜀漢)의 군사(軍師)이며 재상(宰相)이었던 제갈량(諸葛亮·孔明, 181~234)이 심외무도(心外無刀)를 생전 좌우명으로 삼은 글로 그가 위(魏)나라의 사마의(司馬懿·仲達, 179~251)와 전쟁중 대치하다가 54세로 병사하므로 산시성(山西省) 오장위안(五丈原)에 묻힌 묘앞 바위에 새겨진 글귀(句節:짧은 글)이기도 하다.

이 책의 내용인 야마오카 텟슈의 문무양도의 무사도와 국체(國體)론 사상은 일본인의 혼(정신)을 알고자 하는 그의 추종자들의 요청으로 야마오카 텟슈 자택에서 4, 5회 강의한 내용이기 때문에 다분히 주관적이며 그의 철학적 소신이 담겨 있다.

특히 야마오카 텟슈의 「무사도강화(武士道講話)」 청취자 중 나카무라 마사나오(中村正直)는 '교육칙어(敎育勅語)' 제1차 초안을 작성한 사람이고, 이노우에 코와시(井上毅)는 메이지 헌법과 '교육칙어'의 초안을 작성하는데 참여했으며, 당대의 저명한 정치관료였던 사이고 다카모리(西鄕隆盛), 오쿠보 도시미치(大久保利通·근대 일본의 관료 시스템을 구축한 사람), 이토 히로부미(伊藤博文·일본의 근대화 과정에서 중추적인 역할을 했던 인물로 메이지 헌법의 초안을 마련하고 양원제 의회를 확립함) 등에게 대내외적 정책을 제안하면서 자신의 정치적·교육적 구상을 실현시켜갔던 인물들이 포함되어 있었다.

야마오카 텟슈는 바쿠후의 무장(武將)이며, 메이지 천황의 시종무관(侍從武官)으로 봉직했기 때문에 당시의 사회 분위기상 메이지 유신의 빛나는 일면의 그늘에서 서양 문명이 단번에 유입됨에 따라 전통적인 가치관과 윤리관이 상실될 우려가 있었고, 그 위기를 구하기 위해 황국신민(皇國臣民)으로 살아가기 위한 기본적인 인간형성에 무엇이 필요한가, 정치색이나 종교색을 배제한 순수 황국(皇國)의 관점에서 일본 고래(古來)의 '덕(德)'에 의해 통치해온 국체(國體)의 인식을 유교와 불교의 논리에 따라 천황의 권위를 바탕으로 하는 국체의 의미를 강조하고 메이지유신과 황국의 새로운 건국에 어울리는 황국 신민의 도덕성과 정신을 살리기 위해 심혈을 기울여 가치관 대전환의 시대에 밀려오는 서양사상과 일본 고유의 사상을 절묘한 균형 감각으로 새로운 시대를 그리면서 국체론과 무사도를 강화(講話)로 알기 쉽게 소개했다고 볼 수 있다.

이처럼 일본의 국체인 사은(四恩)사상, 군인칙유(軍人勅諭, 메이지15·1882년 공표와 패전으로 폐지됨), 교육칙어(敎育勅語, 메이지23·1890년 10월 31일 공표와 1948년 6월 19일 폐지됨) 등의 내용과 구상(構想) 및 입안(立案)에도 야마오카 텟슈의 문무양도의 무사도론과 국체론 사상(思想)이 스며있다고 추측된다.

이 책은 이러한 실화(實話)를 중심으로 야마오카 텟슈 사상의 예찬도 비판도 아니고, 야마오카 텟슈의 진짜 모습을 우리나라에서는 처음 책으로 편집된 내용으로 황국 일본의 근원이라 할 수 있는 국체의 면모를 분명히 하기 위해 문무양도의 무사도 정신을 오피니언 리더(opinion leader)인 일본 최고의 지식인들과 당시 정부의 고위 관료들인 무사도 강화(講話) 청취자들에게 강조하였다고 추론할 수 있다.

야마오카 텟슈의 '국체(國體)' 사상이란 천황을 중심으로 한 통치 체제로 이른바 '만세일계(萬世一系)'로 이어지는 천황 통치를 의미한다.

즉 신(神)으로부터 유래된 천황가라는 왕조가 단 한 번도 교체되지 않고 일관되게 통치하고 있는 달리 유례를 찾아볼 수 없는 일본국 고유(固有)의 존재 방식이라는 관념으로 동시에 '핫코우 이치우(八紘一宇:온 세상이 하나의 집안이라는 뜻으로 다시 말해 일본이 세계를 지배해야 한다는 사상이 깔려 있는 제2차 세계대전 당시 침략 전쟁을 합리화하기 위하여 내건 구호)', 즉 사해를 하나의 가(家)로 하여 세계를 통일한다는 의미가 내포되어 있다. 또한 천손강림(天孫降臨) 즉, 천황은 신(神)의 자손이고 신의 명령을 위임받아 일본을 통치하기 때문에 일본은 '신(神)의 나라'라는 것이다.

야마오카 텟슈는 메이지 12(1879)년 44세 때 잇토류(一刀流)의 정전(正傳)을 이어받아 무토류(無刀流)를 개척(開拓)하였으며, 메이지 21(1888)년 일본의 기원절(紀元節: 개국신 진무神武 천황이 즉위한 건국일인 2월 11일·공휴일)을 지킨 다음 황실에서 출소하였다. 그후 그의 고질인 위장병이 암으로 전이된 마지막 고통 중에도 휘호(揮毫)를 부탁해오면 사양하지 않고 써주는 등 세인들의 진정한 친구이기도 했다.

53세 때인 1888년 7월 19일 임종(臨終) 날에 몸을 깨끗이 한 후 새 옷을 갈아입고 황궁을 향해 재배(再拜·두 번의 절)한 후 결가부좌(結跏趺坐) 자세(姿勢)를 취하고, 그의 임종을 지켜보는 많은 제자와 지인들 앞에서 선정(禪定)의 힘이 충만하여 육신의 생사를 자유로이 좌탈입망(坐脫立亡: 앉은 채로 죽음을 맞음)으로 오전 9시 15분 숨을 거두었다.

지금 우리에게 꾸준히 회자(膾炙)되는 근대 한국의 대표적인 어느 선승(禪僧) 못지않는 임종 모습을 통해 참으로 범상치 않은 삶을 산 것이다.

편저자가 이 책을 편집하여 출판하기로 마음먹은 것은 오래 전이었다. 그러나 우리나라에서도 이 분야에 대한 전문가들이 있을 것으로 예상되어 주저했는데, 우리는 아직까지도 이 분야의 연구가 황무지(荒蕪地)인 것으로 판단되어, 이에 무지(無知)를 무릅쓰고 감히 책을 편집해 본 것이다. 한·일 양국간의 특수한 역사적 상황과 현실적 측면을 숙고(熟考)하는 넓은 시각이 필요한 우리의 입장에서 가장 잘 알아야 할 에도 바쿠후 말과 메이지 초기 근대 일본에 대한 탐구가 우리나라 만큼 무관심한 상태에 놓인 풍토(風土)는 아마 없을 것이다.

아무쪼록 이 편저(編著)가 일본 식민지배의 과거사에 대한 민족적 감정을 떠나 비록 근대 일본 최고 검객(劍客)의 삶의 철학과 인간(인생)의 품격과 고결함이 표현된 구술내용과 야만과 침략(征韓論·1870년대를 전후로 사이고 다카모리와 일본 정부에서 일어났던 조선 정복에 대한 주장 등)이 미화되고 과대평가된 면과 천황 숭배사상과 결합한 의식화된 근황 무사도(황도주의)와 국체 이데올로기의 연관성에 대한 이해와 탐구에 조금이라도 도움이 되었으면 하는 마음 간절하다. 이 책을 출판해 준 학사원에 감사드린다.

2021년 9월

대구보건대학교 교수 김우철

■원서(原書) 편집자 서문

이 『무사도(武士道)』는 야마오카 텟슈(山岡鐵舟)가 죽기 얼마 전에 구술(口述)하여 기록한 「야마오카 선생의 무사도강화 기록(武士道講話記錄)」을 토대로 하여 만들어졌다.

메이지 20(1887)년 요츠야나카쵸(四谷仲町)에 있는 야마오카 저택에서 문하생인 코테다 야스사다(籠手田安定: 縣知事, 男爵)의 부탁을 받고, 아마 4회에 걸쳐서 무사도(武士道)에 관하여 강의한 것을 받아 적은 것이다.

그 구술「기록(記錄)」을 본서의 편집자인 아베 마사토(安部正人)가 코테다 야스사다(籠手田安定)로부터 전해 받아, 메이지 31(1898)년 10월에 카츠 카이슈(勝海舟)에게 보여주며「평론(評論)」을 부탁하여 한 권의 책으로 정리하고, 상속인 야마오카 나오키(山岡直記)의 서문과 타카하시 데이슈(高橋泥舟)의 제목글씨(題字)를 붙여서 『고(故) 야마오카 텟슈의 구술, 고(故) 카츠 카이슈 평론, 아베 마사토(安部正人) 편집의 무사도(武士道)』로 제(題)하고, 코유칸(光融館)서점에서 B6판 252쪽의 책으로서 발행한 것이 메이지 35(1902)년 1월이다.

코유칸(光融館) 판의 『무사도』는 상당히 팔렸으며, 내(아베 마사토)가 소장하고 있는 것은 메이지(明治) 45(1912, 大正元年)년 7월에 펴낸 제9판이다. 그 후 쇼와 15(1940)년경 대동출판사(大東出版社)에서 같은 『무사도』의 신판이 야마오카 미망인의 서문을 붙여 출판되었다. 실제는 초판 편집자 아베 마사토(安部正人)옹의 영애인 이토 미치코(伊藤迪子) 씨가 받아쓴 것이다.

어쨌든 이 무사도(武士道) 책은 느낌이 묘한 책이다. 야마오카 텟슈가 아니라면 결국 말할 수 없는 독자적이고 기발한 표현이 나온다. 보는 방법에 따라서 제멋대로이고 단편적이라고 할 수 있으나, 그러나 다른 면에서 본다면 심오(深奧)한 인격의 무의식(無意識)의 밑바닥에서 뿜어져 나오는 암호와 같다.

텟슈라는 사람은 무엇보다도 먼저 「검인(劍人)」이다. 선(禪)도 공부하였으나 선은 검(劍)을 완성시키기 위한 수단(手段)이고, 수련(修鍊) 방법의 하나였기 때문에 선(禪)을 목적으로 택한 것은 아니다. 검(劍)을 가지지 않은 무사(武士)는 없기 때문에 무사도인 이상 「검(劍)의 도(道)」를 떼어 놓는다는 것은 있을 수 없다.

텟슈가 그 생애를 걸고 추구한 것은 「검(劍)의 도(道)」였으며, 「검의 도」를 통하여 인간을 완성시킨 것이다. 「검(劍)」이 완성되지 않았다면 「인간」도 완성되지 않는다는 것이 텟슈의 인생과제(人生課題)였다. 텟슈가 「무사도」에 대하여 문하생들에게 강연하려는 마음이 생긴 것은 메이지 13(1880)년에 「검의 도」를 성취하였기 때문이다. 만일 텟슈의 무토류(無刀流)가 큰 깨달음으로(大悟) 성취되지 않았다면 도저히 무사도에 대하여 득의양양(得意揚揚)하게 강의하려는 생각조차 못하였을 것이 틀림없다. 텟슈의 만년(晩年)의 한시(漢詩)에 그 동안의 소식(消息:상황·형편)을 잘 표현하고 있다고 생각한다.

學劍勞心數十年 (학검노심십수년)
검을 배우고 노심초사한 지 수십 년
臨機應變守愈堅 (임기응변수유견)
임기응변으로 수비가 나아지고 견고하여
一朝壘壁皆摧破 (일조류벽개최파)
어느 날 아침 토성벽을 다 꺾어 부수고
露影湛如還覺全 (로영잠여환각전)
영롱한 이슬의 맑음같이 완전함을 깨닫네.

「검을 배우고 노심초사한지 수십년」이라는 표현에 거짓은 없다. 실제로 텟슈의「검의 도」의 완성은 메이지 13(1880)년 3월 30일로 그가 45살 때까지 기다려야만 했다. 이「검법(劍法)」을 뒷받침하는「심법(心法)」은 주로 불교에 의해서 배양되었기 때문에 그에게는 자연히 독특한 불교적 세계관(佛敎的世界觀)이 형성되었으며, 그것을 『무사도』에서 이야기했다.

유년시절인 9살 때 쿠스미칸 테키사이(久須美閑適齋)에게 신카게류(新陰流)를 배우기 시작하였으나, 10살 때 부친이 대관(代官)이 되어 부임한 히다(飛驒)의 타카야마(高山)로 이거(移居)하여 이노우에 하치로키요토라(井上八郎淸虎)에게 호쿠신잇토류(北辰一刀流)를 배웠다.

이노우에 하치로는 에도(江戶:지금의 토쿄)의 칸다(神田) 오타마가이케(お玉が池)에 도장을 가진 치바 슈사쿠(千葉周作)의 문하생으로 카이호 한페이(海保帆平)와 더불어 현무관(玄武館) 도장의 용호(龍虎)로 불리는 검객이었다.

이 사람을 검술사범으로서 텟슈의 아버지 오노쵸 우에몬(小野朝右衛門)이 타카야마(高山)로 초대한 것이다. 후에 바쿠후(幕府) 말기의 4명의 하치로(四八郎)라 불리는 검사(劍士)로서 이노우에 하치로(井上八郎)를 비롯하여, 키요카와 하치로(清川八郎), 이바 하치로(伊庭八郎), 아마노 하치로(天野八郎)까지 4명이다.

텟슈는 17살 때 에도로 되돌아와 치바 슈사쿠의 도장에 다니며 호쿠신잇토류 훈련을 맹렬하게 계속하였으며,「귀신 테츠(鬼鐵)」라는 별명이 붙은 만큼 두려움의 대상이었다고 한다.

이와 관련하여 사카모토 료마(坂本龍馬)도 이 치바 슈사쿠의 동생인 치바 사다키치(千葉定吉)의 제자로서 면허개전(免許皆傳:비법을 전수받음)을 받았으며, 카츠라 코고로(桂小五郎)는 사이토 우야쿠로(齋藤彌九郎) 문하에서 선생의 모든 것을 전수받았으며, 카츠 린타로(勝麟太郎:카츠 카이슈의 다른 이름)는 시마다 토라노스케(島田虎之助)의 문하에서 모든 것을 전수받았다.

바쿠후 말기의 지사(志士)라 불리는 무리 모두「검의 도」로 인간수업의 첫걸음을 시작하였다. 다만 그 후 삶의 전개방법이 사람마다 달랐으나 야마오카 텟슈는 초지일관「검의 도」에서 이탈하지 않았다.

메이지 유신 5년 전인 분큐(文久) 3(1863)년에 야마오카 텟슈 나이 28살 때 잇토류의 달인인 아사리 마타시치로요시아키

(淺利又七郎義明)와의 시합에서 완전히 아사리의 기세(氣勢)에 압도되어 아무것도 하지 못하였으며, 그런 후 눈을 감아도 아사리의 죽도 끝이 눈앞에 어른거리며 떠나지 않았다고 한다. 아사리 마타시치로는 와카사(若狹)의 오바마번(小浜藩)의 사카이가(酒井家)의 검술사범으로 잇토류의 12대로서 치바 슈사쿠와는 동문 선배에 해당한다.

잇토류(一刀流)의 원조는 어디까지나 이토 잇토사이카게히사(伊藤一刀齋景久)이며, 2대째가 카메와리도(瓶割刀:칼로 유리병을 베는 것)로 유명한 미코 가미텐젠(神子上典膳), 3대째가 오노 지로에몬타다아키(小野次郎右衛門忠常)이며, 이 후로 오노파(小野派) 잇토류로 불렀다. 그 6대째에 타다미치(忠方)의 제자로 나카니시 츄타이(中西忠太)가 나오면서 나카니시파(中西派)로 나누어지게 된다.

그 나카니시 효에(中西兵衛)의 문하에서 타카야나기 마타시로(高柳又四郎), 시라이 요시카네(白井義謙), 아사리 마타시치로요시노부(淺利又七郎義信), 치바 슈사쿠(千葉周作), 타카노 미츠마사(高野苗正:사사부로佐三郎의 조부) 등의 쟁쟁한 검객을 배출하였다.

텟슈는 아사리의 검 끝은 어떻게 하든 극복하려고 심법을 수련하여 마침내 메이지 13(1880)년 3월 30일 새벽무렵 침상에서 아사리 환상을 향하여 검을 겨누자 평소라면 산과 바위처럼 눈앞을 가로막던 아사리 마타시치로의 환영이 갑자기 순식간에 사라졌다. 즉시 도장에 나와 도장 책임자(塾頭)인 코테다 야스사다(籠手田安定)를 불러 맞겨루기를 청하자, 겨루기 도중 코테다는 죽도를 던지면서 "도저히 대적할 수 없습니다"고 두 손을 땅에 짚고 머리가 닿도록 절하였다.

그래서 아사리 마타시치로를 도장으로 초청하여 텟슈가 자세를 보여주자 "참으로 연구 많이 했다"며, 비법인 잇토류 무상검(一刀流無想劍)의 면허개전을 허락하였다고 한다.

야마오카의 두려움의 대상인 이 아사리(淺利)라는 사람은 메이지(明治)에 들어와서는 「검(劍)을 거두고」일체 검(劍)을 잡지 않았기 때문에 메이지 13(1880)년 그때는 겨루기도 그만 둔 상태였다.

텟슈의 「검의 도」 완성은 분큐(文久) 3(1863)년부터 메이지 13(1880)년까지 17년이 걸려서 도달하였기 때문에 그 큰 깨달음의 심경(心境)을 텟슈는 다음의 시로 표현하였다.

論心總是惑心中 (논심총시혹심중)
마음을 논하는 것도 다 이 미혹하는 마음 속에
凝滯輪贏還失工 (의대류영환실공)
의심의 바퀴가 엉키어 있어 기교를 잃게 하네.
要識劍家精妙處 (요식검가정묘처)
알기를 바라기는 검가의 정교하고 묘한 곳
電光影裏斬春風 (전광영리참춘풍)
번갯불의 그림자를 봄바람이 베려하네.

이 「춘풍을 벤다」는 구절에서 텟슈의 요츠야나카쵸(四谷仲丁)의 도장을 춘풍관(春風館)으로 이름을 붙인 것 같다.

검(劍)의 완성에는 마음의 완성에 의해서 인간완성을 추구해야 하기 때문에 텟슈는 거기까지 도달하기 위해, 교토(京都)의 텐류지(天龍寺)의 데키수이(適水)화상에게 가르침을 청한 것 같다.

잠들어도 깨어도 아사리의 검(劍)끝이 눈앞에 어른거렸으며, 때로는 죽도를 껴안은 채로 도장에 앉아 잠든 적도 있었다는 텟슈로서 아사리의 검(劍)이야말로 선(禪)의 공안(公案:선종에서, 조사가 수행자에게 좌선 공부를 인도하기 위하여 제시하는 과제)에 필적하는 것이었다. 이 고뇌를 데키수이 화상에게 고백하자, 화상이 말하기를 "그것은 당신 본래의 맑은 눈이 있었음에도 그동안 뿌연 안경을 끼고 있었기 때문이다. 그것을 벗는다면 있는 그대로의 달을 보는 것도 자유롭게 될 것이다"라며, 토잔(洞山) 5위 중 제4위편 중경(中經) 시(頌)를 공안(公案:선禪수행 과제)으로서 텟슈에게 주었다.

兩刃交鋒不須避 (양인교봉불수피)
양날 칼끝을 겨누면 피하지 마라.
好手猶如火裏蓮 (호수유여화리연)
훌륭한 상대 또한 같은 불 속의 연꽃 같아
宛然自有衝天氣 (완연자유충천기)
완연히 스스로 충천의 기가 있구나.

토잔 4위는 비유로서 들고 있는 검의 대결이 텟슈(鐵舟)에게는 당연히 현실 자체였다. 어쨌든 텟슈는 17년에 걸쳐서 아사리의 검끝에서 벗어날 수 있었다. 이를 크게 깨닫고 의혹과 번뇌가 모두 없어지는(大悟徹底) 검경(劍鏡:검의 경지)을 잇토류(一刀流)가 아니라 「무토류(無刀流)」라 명명하였다.

이날 3월 30일은 춘풍관 도장에서는 중요한 기념일이 되었다. 그러나 야마타 지로키치(山田治郞吉)의 『검도사(史)』의 비평에 따르면 "거사(居士)의 무토류(無刀流)를 기탄없이 평하면 지나치게 삼엄하고 사람의 본능을 발휘시키기 어렵다"고 하므로써 이것은 텟슈라는 인물평에도 해당한다고 생각한다.

규율을 엄격하게만 한다고 해서 인재(人才)가 육성되는 것은 아니다. 수행과정(修行過程)을 엄격하게 규정하더라도 그것을 참고 견디어내는 자는 극소수이다. 그러나 여기에 야마오카 텟슈(山岡鐵舟)라는 사람의 인물(人物)됨이 그대로 반영되고 있기 때문에 그의 성격이 태어나면서부터 엄격하며 고지식하였으며, 적어도 무언가 속이거나 교활함은 하나도 없었다.

카츠 카이슈(勝海舟)가 야마오카(山岡)를 평하여 "마땅히 성질의 결백(潔白)과 강직(剛直)에 있어서는 야마오카 같은 사람은 고금을 통틀어 그다지 많지 않다"라고 하는 것도 그를 정확히 파악하고 있었다고 말할 수 있다.

야마오카 텟슈는 메이지 21(1988)년 7월 19일 그의 나이 53살로 세상을 떠나지만 그가 죽을 때가 훌륭하였다. 즉 좌선(坐禪)의 상태로 조용히 죽음을 맞이하였다고 한다.

이미 죽기 2일 전인 17일 밤 화장실에서 돌아온 텟슈는 "오늘밤의 통증은 조금 다르군"하고 혼잣말을 하며 죽음을 예감한 것 같다. 이 전에 주치의가 진찰한 결과는 위천공(胃穿孔)에 의한 급성복막염으로 어떻게 손쓸 방법이 없었다. 지금으로 본다면 위암이었을 것이다. 다음날 18일에는 위문객이 잇따라 밀려들었다.

카츠 카이슈도 즉시 달려와 "나를 남겨 두고서 먼저 가려는가"라며 숙연히 말하자, 텟슈는 "이미 할 일은 다 했으니 실례를 무릅쓰고 먼저 갑니다"라며 마지막 말을 나누었다.

지체 없이 카이슈가 지필을 들고서 다음 시를 써서 보이니

  橫行塵世 (횡행진세)   티끌 세상에 횡행하니
  磅礴精氣 (팽박정기)   정기가 널리 땅에 충만하여도
  殘月如弦 (잔월여현)   반월형 잔월 같이
  光芒照地 (광망조지)   가시랭이 빛 땅에 비추네.

텟슈는 시의 뜻을 시인하며 고개를 끄떡였다고 한다. 그날도 일과였던 대장경(大藏經)의 사경(寫經)을 반 페이지 정도 문하생의 도움을 받으며 붓을 들어 썼지만 필세(筆勢)는 떨어

지지 않고 견고하였다고 한다. 용변도 주위의 도움을 받아 끝냈다. 밤이 되자 텟슈는 복부에 얼음주머니를 대고, 곁에 있는 만담가(漫談家) 산유테이 엔쵸(三遊亭圓朝)에게 "모두 심심해 어쩔줄 모를 테고 나도 듣고 싶으니까 뭐 재미있는 이야기를 해주게나"하고 말을 꺼냈다. 그 대단한 엔쵸도 텟슈 임종의 병상 앞에서 아무 말도 하지 못하고 대단히 난처해 하였다.

텟슈의 이러한 부분은 그의 낙천적 천성인 한 남자의 솔직한 면목이라 할 수 있다. 후텁지근하고 푹푹 찌는 여름밤도 깊어져 텟슈는 이불에 의지하고 조용히 앉아있었다.

19일 새벽 무렵에 까마귀의 우는 소리가 들렸다. 배가 당겨 고통스러운 가운데 『새벽녘에 우는 까마귀』라는 임종의 시구를 텟슈는 읊었다. 오전 7시반 텟슈는 욕실에 가서 몸을 씻고 흰 옷으로 갈아입었다.

9시에 일단 병상에 정좌한 후 일어나서 4척 정도 앞으로 나아가 황거(皇居) 쪽을 향하여 결가부좌(結跏趺坐)의 형태를 취하였다. 이때 호흡은 거칠었다고 한다.

히지카타(土方) 궁내대신으로부터 훈장증서와 훈장을 공경하는 마음으로 삼가 받들고, 이윽고 주위의 사람들이 흐느껴 울고 있는 가운데 9시 15분 영면하였다.

이 7월 19일은 텟슈의 기일(忌日)로서 지금도 매년 야나카(谷中)의 젠쇼안(全生庵)에서는 수십명의 텟슈 팬이 모여 법요(法要)를 거행한다. 텟슈의 묘는 이 젠쇼안에 있다.

그 텟슈의 묘를 감싸듯이 텟슈의 문하생인 이시자카 슈조(石坂周造), 마츠오카 요로즈(松岡萬), 무라카미 마사타다(村上政忠), 치바 리츠조(千葉立造), 산유 테이엔쵸(三遊亭圓朝)를 비롯하여 나카무라(中村), 타나하시(棚橋), 아라오(荒尾), 아와즈(粟津), 마츠바라(松原), 토죠(東條), 요다(依田), 스즈키(鈴木), 쿠와바라(桑原), 미카미(三神), 미야모토(宮本), 우치다(內田), 그리고 마부(馬夫)인 츄베이(忠兵衛)에 이르기까지 조용히 잠들어 있다. 죽어서까지 야마오카 텟슈라는 스승의 곁을 떠나지 않으려는 듯이 보인다.

텟슈의 인품에는 상쾌하고 그 곁에 있는 사람들을 무어라고 말할 수 없는 좋은 기분을 느끼게 하는 봄날 태양의 복사능과 같은 것이 작용하고 있는 것 같다. 따라서 텟슈가 죽자, 왠지 실망스럽고 세상에 살아 있는 것이 재미없다는 사람들이 생겨났다. 그 중에는 스승의 뒤를 따라서 죽고 싶다는 사람도 생겨났다.

무라카미 마사타다(村上政忠) 등도 따라 죽을 염려가 있다며 요츠야(四谷) 경찰서에 보호를 받기도 했다. 아와즈키 요히데(粟津淸秀)는 젠쇼안 경내의 하치만야마(八幡山)에서 할복하려는 것이 발견되어 제지당했다. 스즈키 유조(鈴木雄藏)는 머리를 깎고 텟슈가 죽은 후 만 3년 동안 묘 앞을 떠나지 않았다고 한다.

텟슈의 사후 2개월이 지나 묘 앞에서 할복한 사람이 생겼다. 그는 미카미 분야(三神文彌)였다. 텟슈 묘의 좌측 뒤쪽에 묻혀있는 텐토쿠인(天德院) 테츠규(鐵牛) 소인(祖印)거사가 미카미이다.

그로부터 2, 3일 후에 히다(飛驒)의 타카야마(高山)시절부터 텟슈를 따르던 오키나야(翁)의 우치다 사부로베에(內田三郞兵衛)가 찾아와 "묘비에 물이라도 한잔 마시죠"하며 묘 앞에 부복한 체 그대로 숨을 거두었다고 한다.

무라카미 마사타다는 따라 죽을 우려가 있어 요츠야 경찰서에 보호를 받았으나 텟슈의 장례식 후에 샤미센(三味線) 하나를 들러메고 도호쿠(東北) 지방으로 방랑길을 떠난 채로 그 이상 소식을 알지 못하였다고 한다.

세상에는 지금도 텟슈 팬이 많다. 텟슈의 인간적인 매력에 기인한 것이다. 텟슈의 책이 지금도 사랑을 받는 것도 그 심오한 인품에 기인한 것이다. 특히 이『무사도』강화(講話)에도 텟슈의 이러한 인품(人品)의 한 면이 베어 나오고 있다.

쇼와 46(1971)년 3월 30일

오토와(音羽) 산장에서 카츠베 미타케(勝部眞長)

【차 례】

편저자 서문 ···/ 3
원서 편집자 서문 ···/ 14

제1장 야마오카 텟슈의 생애 ···/ 37
    - 텟슈와 카이슈와의 관계 ···/ 43

제2장 텟슈의「무사도(武士道)」관(觀) ···/ 47
  1. 부모의 은혜 ···/ 50
  2. 중생의 은혜 ···/ 53
  3. 국왕의 은혜 ···/ 56
  4. 삼보(三寶:불佛·법法·승僧)의 은혜 ···/ 57

제3장 현 일본사회의 혼미와 무사도 ···/ 62
  1. 현 일본사회의 무식무도(無識無道)한 혼미 상태 ···/ 62
  2. 현 일본사회의 무식무도(無識無道)한 상태의 원인
    ···/ 63
  3. 과학진보의 여파 ···/ 64
  4. 오늘날의 법률은 형식적, 무사도는 영성적 ···/ 64
  5. 과학에 현혹되지 않고 이것을 무사도로 활용하자
    ···/ 66
  6. 국체(國體) 인정(人情)의 성찰 ···/ 67

□ 카이슈 평론 (Ⅰ) ··· / 70

  1. 야마오카의 인물 ··· / 70

  2. 야마오카의 수업 시대 ··· / 72

  3. 메이지 천황에 대한 충성(誠忠) ··· / 75

  4. 야마오카의 검(劍)·선(禪) 일치 ··· / 75

  5. 야마오카의 임종의 아름다움 ··· / 76

제4장 무사도의 근원과 그 발달 ··· / 79

  1. 상고의 무사도 ··· / 81

  2. 병(兵)·농(農) 분리 후의 무사(武士) ··· / 83

  3. 무사도의 요소 : 신도, 유교, 불교 ··· / 84

  4. 참 무사도는 신앙과 근검상무(勤儉尙武) ··· / 86

  5. 카마쿠라 바쿠후(鎌倉幕府) : 무가정치(武家政治)
    ··· / 88

  6. 집권 호죠(北條)씨(氏)의 정치 ··· / 89

  7. 난보쿠초 시대(南北朝時代)부터 무로마치 시대(室町時代)로
    ··· / 90

  8. 오닌(應仁)의 난(亂) ··· / 92

  9. 토쿠카와 이에야스(德川家康) 공(公)의 공적 ··· / 93

  10. 토쿠카와 바쿠후의 말기와 메이지 유신 ··· / 95

  11. 존황양이론(尊王攘夷論)과 사바쿠(佐幕) 개국론
    ··· / 97

  12. 지사(志士)의 마음에 공통적인 것 : 성(誠) ··· / 99

13. 개국(開國) 진취(進取)의 산모는 바쿠후(幕府) ···/ 101
14. 바쿠후(幕府)의 진보적인 정책 ···/ 102
□ 카이슈 평론 (Ⅱ) ···/ 105
　1. 인간만사(人間萬事) 지성봉공(至誠奉公) 정신에 있다
　　 ···/ 105
　2. 무학자(無學者) 정치와 박식자(博識者) 정치와의 비교
　　 ···/ 106
　3. 사이고를 움직인 텟슈의 지성 ···/ 107
　4. 야마오카와 사이고와의 이상한 대화
　　 : 정한론(征韓論)의 진상 ···/ 119
　5. 정한론(征韓論)의 진상 : 사이고 다카모리(西鄉隆盛)의
　　 진의 ···/ 125

제5장 메이지 천황시대의 무사도 ···/ 130
　1. 메이지 유신의 원동력 : 무사도 ···/ 130
　2. 참다운 문명은 지(知)·덕(德)의 육성 ···/ 132
　3. 추상적인 과학주의는 편중사상 ···/ 135
　4. 동양문화와 서양문화와의 비교 ···/ 136
　5. 그리스도교 중심의 세계 역사관(歷史觀) ···/ 137
　6. 일본 국체(國體)의 유현성(幽玄性) ···/ 137
　7. 장래 일본인의 생활태도 ···/ 140
　8. 과학의 진보는 내가 바라는 것 ···/ 142
　9. 조상숭배는 일본 국체의 근원 ···/ 143

    10. 무사도는 과학의 진보와의 양립 ···/ 143
  □ 카이슈 평론 (Ⅲ) ···/ 145
    1. 유(有)의 입장·무(無)의 입장 : 과학과 무사도
       ···/ 145
    2. 어떤 교장(塾長)의 남녀 동권설(同權說)과 천작설(天爵說)
       ···/ 147
    3. 사이고(西鄕)와 야마오카(山岡) 같은 인물의 크기
       ···/ 149
    4. 황실에 대한 야마오카(山岡)의 성충 ···/ 151
    5. 카츠 카이슈(勝海舟) 자신의 출처진퇴(出處進退)
       ···/ 152

제6장 무사도의 정화(精華) : 무아(無我)의 실현 ···/ 154
    1. 무사도의 불교적 해석 ···/ 154
    2. 삼한정벌(三韓征伐)의 진구황후(神功皇后) ···/ 159
    3. 오진(應神)천황의 영적 에너지: 하치만대보살(八幡大菩薩)
       ···/ 162
    4. 화기청마(和氣淸馬:와케노키요마로)의 영성(靈性)
       ···/ 166
    5. 스가와라노 미치자네(菅原道眞)의 영성(靈性) ···/ 168
    6. 겐페이(源平)의 무장들 ···/ 176
    7. 쿠스노키(楠) 공(公) 부자(父子)의 영성(靈性)
       ···/ 180

8. 토쿠카와 시대의 무사도 ···/ 189

　(1) 아코(赤穗) 47의사(義士)와 야마가 소코(山鹿素行)
　　···/ 189

　(2) 아이즈(會津)의 백호대(白虎隊) 19의사(義士) ···/ 190

□ 카이슈 평론 (Ⅳ) ···/ 194

　1. 무사도의 지극한 뜻은 무아무심(無我無心)의 경지(境地)
　 ···/ 194

제7장 무사도의 광의적(廣義的) 해석 ···/ 198

　1. 넓은 의미로의 무사도 ···/ 198

　2. 「일본인의 삶의 방식」으로서의 무사도 ···/ 199

　3. 학교는 단편적 지식의 공장 ···/ 201

　4. 현대인의 방황은 심각 ···/ 202

　5. 일본의 장래를 교육자에 기대하며 ···/ 203

□ 카이슈 평론 (Ⅴ) ···/ 206

　1. 진리는 만기(萬機)의 수용 ···/ 206

　2. 바보인가 걸물인가 ···/ 207

제8장 여자 무사도 ···/ 208

　1. 남녀 구별이 없는 무사도 ···/ 208

　2. 여자의 품성과 상호(相互) 경애(敬愛) ···/ 209

　3. 일본 여성의 진면목(眞面目) ···/ 210

　4. 여성의 무사도 교육 ···/ 210

□ 카이슈 평론 (Ⅵ) ···/ 211

1. 일본 걸사(傑士)의 대업은 여성의 조력에 기인
　··· / 211
2. 후쿠자와 게이오의숙(慶応義塾) 교장의 인물을 의심
　··· / 214

제9장 텟슈의 문무양도의 사상 : 카츠베 마타케(勝部眞長)編輯
··· / 217

1. 야마오카 텟슈의「무사도 강화(武士道講話)」의 배경
　··· / 217
　　(1) 야마오카 텟슈의 진리관(觀) ··· / 217
　　(2) 외면적에서 내면적으로 ··· / 222
　　(3) 미야모토 무사시론 ··· / 225
　　　　: 사카구치 안고와 야마모토 슈고로
　　(4) 전횡해도(田橫海島) 500명의 도리: 아코의사(義士)
　　　　평론 ··· / 233
　　(5) 목숨도, 이름도, 돈도 필요없는 사람 ··· / 238
　　(6) 후쿠자와 유키치(福澤諭吉)에 대한 비판 ··· / 244
　　(7) 내면적 존엄의 윤리 ··· / 251
　　(8) 나카무라 마사나오의 교육칙어 초안(草案)
　　　　··· / 253
2. 문무양도의 사상 ··· / 257
　　(1) 나카에 토쥬의「오키나 문답(翁問答)」··· / 257
　　(2) 문화국가와 군국주의 국가 ··· / 259

(3) 문민지배(文民支配)와 제복(制服) ···/ 261

　　　(4) 인간의 품평(평가) ···/ 263

　　　(5) '무(武)'의 극치 : 겨루기의 윤리 ···/ 266

3. 메이지 지도자층의 무사적 교양 ···/ 270

　　　(1) 민족의 흥망과 식자(識者)의 예언(豫言) ···/ 270

　　　(2) 한학(漢學)의 교양 ···/ 277

　　　(3) 쇼와(昭和)의 교양 ···/ 278

　　　(4) 전쟁 지도자로서의 카츠라 타로(桂太郎) ···/ 280

　　　(5) 여론 지도의 교졸(巧拙) ···/ 283

　　　(6) 동량(棟梁)의 그릇 ···/ 285

　　　(7) 야마가타 아리토모(山縣有朋)의 조정술 ···/ 291

　　　(8) 정원 만들기와 목측(目測) ···/ 294

　　　(9) 통제의 혼란 ···/ 296

　　　(10) 패자와 승자 ···/ 298

　　　(11) 비전(vision)의 빈곤 ···/ 302

　　　(12) 근간(根幹)과 지엽말절(枝葉末節) ···/ 305

4. 무사와 군인의 차이 ···/ 307

　　　(1) 금과옥조주의(金科玉條主義)의 폐해 ···/ 307

　　　(2) 교육의 동맥경화 ···/ 311

　　　(3) 무사(武士)에서 군인(軍人)으로 ···/ 313

　　　(4) 결어(結語) : 무사도의 윤리 ···/ 321

[付 錄]

1. 가츠 카이슈 약전 ··· / 323
2. 바쿠후(幕府) 말기의 산(3)슈 또는 욘(4)슈, 고(5)슈
 ··· / 327
3. 가와무라 요시마스씨(氏): 스승 뎃슈 선생님 추모
 ··· / 328
◼ 참고자료 1. 교육칙어의 구성 ··· / 330
◼ 참고자료 2. 교육칙어 제1차 초안(中村正直案)
 ··· / 333
◼ 참고자료 3. 군인칙유 ··· / 338

[참고문헌·인용문헌] ··· / 344

제1장 야마오카 텟슈의 생애

 야마오카 테츠타로(山岡鐵太郎)는 텐포(天保) 7(1836)년에 내정자 대기장관(待機長官)이었던 오쿠라부교(御藏奉行)인 오노쵸우에몬(小野朝右衛門)의 타카요시(高福)의 5남으로 6월 10일 에도(江戶)의 혼죠(本所) 오카와바타(大川端)에서 태어났으며, 이름은 타카유키(高步), 호는 텟슈(鐵舟)라 했다.
 9세 때(1845년) 부친인 쵸우에몬(朝右衛門)은 히다(飛驒)의 타카야마(高山)의 군다이(郡代:바쿠후 직할지 지방관)로 임명되자, 양친과 함께 타카야마의 진영(陣營)의 집으로 이주했다.
 10세 때 이와사 잇테이(岩佐一亭)에게 서도(書道)를 배우고, 이노우에 키요토라(井上淸虎)에게 호쿠신잇토류(北辰一刀流)의 검술을 배웠다.
 12세 때 선학(禪學)을 수련했다.
 14세 때 이와사 잇테이(岩佐一亭)로부터 서도(書道)의 면허를 받아 쥬보쿠도(入木道:왕희지가 쓴 목판에 먹물이 세치나 배었다는 고사로 서도 달인의 별칭) 52대로 이치라쿠사이(一

樂齋)로 칭함 받았다.

　15세(1851년) 때 모친 이소(磯女)가 병으로 사망하였고(당시 모친은 41세), 16세 때에 부친 쵸우에몬도 뇌출혈로 사망했다. 텟슈는 부친의 유산 3500량의 금화를 가지고, 5명의 동생과 함께 에도(江戶)의 혼죠(本所)로 돌아왔다. 동생에게 모든 집안 일을 맡기고 텟슈는 오로지 검(劍)과 선(禪)에 정진하였다.

　19세(1855년) 때 코부쇼(講武所)에 들어가 치바 슈사쿠(千葉周作)의 문하에서 검술을 연마하고, 야마오카 세이잔(山岡靜山)에게 창술을 배웠다. 창술사범 세이잔(靜山)이 스미다강(隅田川)에서 익사하자, 텟슈는 스스로 야마오카 가(家)의 양자가 되어 세이잔의 여동생 후사코(英子)의 남편이 되었다.

　20세(1856년) 때 코부쇼(講武所) 도장의 운영을 맡게 된다.

　23세(1859년) 때 키요카와 하치로(淸川八郎)와 함께 존황양이당(尊皇攘夷党)을 조직한다.

　27세(1863년) 때 아사리 마타시치로(淺利又七郎)에게 무상검(無想劍)을 배운다. 아사리의 검(劍)을 부수는 것이 이후 17년 동안 텟슈의 과제(課題)가 되었다.

　게이오(慶應) 4년(1868년, 메이지 원년) 정월, 토바후시미(鳥羽伏見) 전투에 패한 15대 장군 도쿠가와 요시노부(德川慶喜, 1837~1913)는 바닷길로 에도(江戶)로 도망쳐왔다가 2월에 에도성을 탈출하여 우에노(上野) 칸에이지(寬永寺)의 다이지인

(大慈院)에 칩거하면서 순순히 신정부의 명령에 따라 근신(恭順謹愼)하는 모습을 보이고 있었다.

텟슈는 나이 32세(1868년) 때 바쿠후의 정예대두(精銳隊頭)·보병두(步兵頭)로 임명되고, 그리고 사쿠지(作事)봉행, 오메츠케(大目付:정무감독관)로 임명되었다. 3월 의형(義兄)인 타카하시 이세카미데이슈(高橋伊勢守泥舟)의 추천으로 15대 장군 요시노부에 발탁되어 막·정(幕·政: 바쿠후와 신정부)의 중재자(仲裁者)로 요시노부 장군이 신정부의 명령에 순순히 따르는 취지를 전하려 관군의 대총독궁(大總督宮)까지 봉행(奉行)하게 된다.

여기서 처음으로 바쿠후의 카츠 아와슈(勝安房守·1823~1899, 다른 이름으로 카츠 카이슈·카츠 린타로·카츠 야스요시)와 면회하여 사이고 타카모리(西鄕隆盛·1828~1877) 앞으로 가는 카츠 카이슈의 편지를 받았고, 또한 사츠마인(薩人) 마스미츠 규노스케(益滿休之助)를 수행인으로 동행하여 즉시 순푸(駿府)(시즈오카)로 향해서 출발하여 관군의 대총독궁(大總督宮)에 도착하여 사이고 참모와 면담한다.

그 결과 4개조의 조령(朝命:조정의 명령)을 공경하는 마음으로 삼가 받들고, 요시노부 장군이 순순히 명령에 따르는 성의를 인정받는다.

이 담판이야말로 에도성(江戶城) 무혈양도(無血讓渡)의 전제가 된 것으로 야마오카 텟슈의 대공적이다. 이 사건으로 텟슈의 존재가 천하에 알려진 계기(契機)가 된 것이다.

이어서 4월, 우에노(上野)의 창의대(彰義隊)를 해산시킬 수 없다고 하는 관군(官軍)의 내명(內命)에 따른 카쿠오인 요시미(覺王院義觀)를 설복시켰다. 이것이 2번째 공적이다.

33세 때 메이지 2(1869)년 텟슈는 시즈오카(靜岡)로 이임하여 시즈오카번 칠십만석의 번정(藩政)에 임한다.

35세 때 메이지 4(1871)년 신정부에 차출되어 이바라키현(茨城縣) 참사(參事), 이마리현(伊万里縣)의 권영(權令)을 역임하였다.

36세 때 메이지 5(1872)년 6월에 황실 시종으로 임명되어 젊은 메이지 천황의 측근으로 봉사하게 된다. 10월에는 시종번장(侍從番長)이 된다.

37세 때 메이지 6(1873)년 5월 5일 심야에 황거의 화재로 두 분 폐하가 아카사키이궁(赤坂離宮)으로 갈 때 함께 모셨다.

38세 때 1874년 3월에 정한론(征韓論)이 유보되자 카고시마(鹿兒島)에서 은거하고 있는 사이고 다카모리를 설득하라는 내칙(內勅)을 받고 텟슈는 난슈(南洲: 사이고)를 만나러 간다.

39세 때 1875년 궁내대승(宮內大丞)으로 임명된다.

1878년 8월에 타케하시(竹橋) 소동(근위대 병사의 폭동)이 일어나자 텟슈는 심야에 이 보고를 듣고 잠옷의 소매를 묶고서 칼을 들고 황거로 달려가 천황의 처소에서 가까이 모신다. 아직 폐하의 곁에 누구도 오지 않았으며, 야마오카가 가장 먼저 달려온 것을 폐하는 기뻐하였다. 이때부터 텟슈는 메이지 천황의 충신으로서「메이지의 화기청마(和氣淸麿)」로 불리게 되었다.

그후 1880년(메이지 13년, 44세) 3월 30일 새벽에 크게 깨닫고 의혹·번뇌가 모두 없어지게 되어(大悟徹底) 테키수이(滴水)화상에게 인가를 받는다. 동시에 아사리 마타시치로의 검(劍)으로부터 해방되어 잇토류(一刀流)의 정전(正傳)을 이어받아 무토류(無刀流)의 일파(一派)를 개척한다.

메이지 15(1882)년 46세에 궁내소보(宮內小輔), 원로원 의관(元老院議官)에 임명된다. 6월에 자기 자신과의 약속대로 궁내성을 10년만에 사임하지만, 다시 은명(恩命)을 받아 궁내성 고요카카리(御用掛)로서 궁에 머문다.

1883년(47세)에 야나카(谷中)에 젠쇼안(全生庵)을, 시미즈(淸水)에 텟슈지(鐵舟寺)를 건립한다.

48세 때인 메이지 17(1884)년에 하쿠인(白隱)선사를 국사(國師)로 하는 천황의 선지(宣旨)를 내리는데 전력을 다한다.

51세 때 메이지 19(1886)년에 대장경(大藏經)의 필사(筆寫)를 시작한다.

메이지 20(1887)년 52세 때 자작(子爵)을 명받는다.

문하생 코테다 야스사다(籠手田安定)의 청에 의해「무사도」강화(講話)를 시작한다. 위암을 앓고 있어서 2월부터 유동식(流動食)만 섭취하게 된다.

일본 건국의 기원절(紀元節)에 마지막의 참내(參內)를 하고, 메이지 천황(明治天皇)에게 물러남을 고한다. 두 폐하께서 병문안의 칙사로 시의(侍醫)를 보내주셨다. 6월에 종3위를 받는다.

53세 때 메이지 21(1888)년 7월 17일에 위독해져 목욕하고 백의로 갈아입고 좌선(坐禪)의 자세로 임종을 준비한다.

19일 오전 9시 15분에 임종한다. 훈 2등에 추서되다. 7월 22일 장례날에 5천명이 참석하였다.

폭우 속의 장례행렬은 우회하여 황거 앞을 지나며 그곳에서 10분간 행렬을 멈추므로 천황은 높은 곳에 올라 멀리서 바라보았다고 한다. 야나카의 젠쇼안(全生庵) 묘지에 매장되었다.

이를「젠쇼안 토노텟슈 타카유키다이코지 대거사(全生庵殿 鐵舟 高步大居士)」라고 한다.

요츠야나카쵸(四谷仲町)의 저택에 있던 춘풍관 도장에서 배출한 검(劍)과 선(禪)의 제자는 그 수를 헤아릴 수 없으며, 그 중에 현지사(縣知事)인 코테다 야스사다(籠手田安定), 히엔 지히츠(比垣筆次), 재판관인 카와무라 요시마스(河村善益), 실업가인 히라누마 센죠(平沼專造), 시문인(詩文人)의 아마다 테츠겐(天田鐵眼) 등의 인재를 배출하였다. 또한 만담가인 산유테이 엔쵸(三遊亭圓朝), 카부키(일본전통연극) 배우로 9대째인 단쥬로(団十郎), 스모(角力)의 타카사 우라고다로(高砂浦五郎), 사회사업가이며 협객(俠客)인 시미즈 지로쵸(淸水次郎長) 등도 텟슈 집에「선생님, 선생님」하며 드나들던 사람들이다.

텟슈가 쓴 글씨는 헤아릴 수 없이 많다. 건강을 해치고도 1886년 5월부터 7월까지 3개월 동안 3만장을 적었으며, 그 후 8개월간에 10만 1380장을 적었다고 한다. 그의 속필(速筆)·건필(健筆)은 보통사람의 솜씨가 아니며, 늘 부탁하면 즐겁게 사람들에게 글씨를 적어 주었다고 한다.

- 텟슈와 카이슈와의 관계

야마오카 텟슈(山岡鐵舟)가 처음 카츠 카이슈(勝海舟)를 만난 것은 메이지 원년(明治 元年)인 1868년 3월 5일이었다. 카이슈 일기의 3월 5일자 기사에 다음과 같이 기록하였다.

「하타모토 무사(旗本:대장을 모시는 본진의 무사) 야마오카 테츠타로(山岡鐵太郎)를 만났다. 일견 보아도 역시라고 느꼈다. 그 사람이 황군 참모에게 하고 싶은 말이 있다며, 마스미츠 큐노스케(益滿休之助)를 동반하여 순푸(駿府)로 가서 참모 사이고(西郷) 씨와 담판을 하겠다는 것이었다. 나(카이슈)는 이것을 좋다고 말씀을 드리고, 그 일을 존중했다. 사이고 씨에게 가는 편지 한 통을 텟슈에게 맡겼다.…」

그 때 텟슈는 33살이며, 13년 연장인 카이슈가 46살 때인데 같은 바쿠후의 신하임에도 불구하고 두 사람은 서로 만날 기회가 없었다.

사츠마번(薩藩)의 마스미츠 큐노스케(益滿休之助)는 텟슈가 24(앞의 야마오카 텟슈의 연보편에는 23살로 되어 있다)살 때의 존황양이당(尊皇攘夷党)을 결성할 때 맹우(盟友)로 오랜 지기(知己)이다. 이 마스미츠는 이때 카츠 카이슈 저택에 맡겨진 신분으로 숨겨져 있었다. 3월 2일자 카이슈의 일기에 다음과 같이 보인다.

"지난 세월, 삿슈(薩州)의 번(藩) 저택을 화공(火攻)할 때에 가신(家臣) 난부 야하치로(南部彌八郞), 히고 시치사에몬(肥後七左衛門), 마스미츠 큐노스케는 두목으로서 그 죄를 피할 수 없는 죽음의 죄에 해당한다. 신속한 취지로서 여러 곳에 맡겨졌으며, 이들이 말하는 뜻으로서 이때 이 일이 상달(上達)되어 그 뜻을 이루었다. 이날 위 3명을 나에게 맡겨졌다."

이 사실은 마스미츠가 목숨을 구하려고 카이슈에 의해서 보호를 받았다는 것을 알 수 있다.

그리고 텟슈와는 오랜 지인의 관계여서 범에 날개를 다는 것이 된다. 순푸까지 도카이도(東海道)의 관군의 진중을 빠져 나오는데 마스미츠의 도움이 많았다. 이런 사건 이후 카츠 카이슈와 야마오카 텟슈는 서로 친해졌다고 생각한다.

카츠 카이슈의 시의 원고 중「야마오카 텟슈의 초상(肖像)에 찬(贊:고함)한다」고 제목을 붙여 사자시(四字詩)를 지었다.

英邁豪果(영매호과)　호걸로 과연 영웅의 비범함에
一好男子(일호남자)　남자들은 이 한 사람을 좋아하네.
擊劍精妙(격검정묘)　검을 들고 치는 것이 정밀하고 묘하니

衆理悟入(중리오입)　많은 사람 이치를 깨달아 도에 드네.
八萬子弟(팔만자제)　문하에 팔만 제자 있지만
誰其比是(수기비시)　그 누가 이 사람에 견주랴!

위 시에서는 무사 팔만 중에서 텟슈 정도의 인물은 없다는 것이다. 카이슈가 보았을 때에도 성 안에 칩거하여 관군을 방어하더라도 바쿠후 말기의 토쿠카와의 무사들로는 도저히 싸움이 되지 않았으며 도망칠 뿐이었다. 사실 우에노(上野)의 창의대(彰義隊)는 하루를 견디지 못하였다.

또 카이슈는「야마오카 텟슈 영전(靈前)에」라는 다음 시를 지어 올렸다.

凡俗頻煩君(범속빈번군)　범속이 자주 텟슈를 어지럽히니
看破塵世群(간파진세군)　티끌 세상의 무리를 간파하네.
棄我何處去(기아하처거)　나를 버리고 어디론가 사라지니
精靈入紫雲(정령입자운)　정령이 자주빛 서운에 들어가네.

또한 "세상사의 잘못이다. 누가 당대를 위하여 일세(一世) 위인으로서 천보(天步:한 나라의 운명)를 떠받칠 것인가? 나(카이슈)는 재주가 치졸하고 성격이 강하여 늘 소인에 어울린다"고 서문을 쓰고 아래 시를 지었다.

處世憂患界(처세우환계)　세상이 처한 우환의 경계에서
大夢何時醒(대몽하시성)　큰 꿈을 어느 때 깨달으랴.
仰看眞如月(앙간진여월)　우러러 보는 진리의 달처럼
獨對古先生(독대고선생)　혼자 마주하는 옛 스승임에랴.

여기서「옛 스승」은 먼저 작고한 야마오카 텟슈를 가리킨다.

카이슈 편에서 본다면 텟슈를 둘러싼 텟슈 팬(fan)은 범속(凡俗)의 무리로 지나친 편애(偏愛)는 오히려 텟슈를 귀찮게 한다고 말한다.

텟슈는 젊은 시절 삶은 계란 백개를 한꺼번에 먹었던 탓으로 위가 나빠져 위암으로 53살의 나이로 유명을 달리하였다.

카이슈는 77살까지 오래 살 정도로 영악하고 능글맞은 부분이 있었으며, 그것은 본인도 인정하였으며 또한 텟슈도 인정하였다. 그리고 서로를 위하는 그 우정(友情)은 일개 범부(凡夫)로서 알 수 있는 세계가 아니다.

제2장 텟슈의 「무사도(武士道)」관(觀)

전 시가현지사(滋賀縣知事) 코테다 야스사다(龍手田安定)씨와 유지(有志)의 사람들이 야마오카 텟슈의 저택 요츠야나카쵸(四谷仲町)에 모여 무사도에 관한 여러 가지 이야기를 들었다.

코테다 : 저도 오랫동안 선생님께 가르침을 받게 되어 기쁘기 그지없습니다. 이번은 사정에 의해 약간의 여유가 생겼기 때문에 재차 선생님께 무사도(武士道) 이야기를 듣고 싶어서 찾아오게 되었습니다. 선생님의 고견을 부탁드립니다.
  텟슈 선생은 웃으시면서 말씀하셨다.
텟슈 : 코테다, 자네는 상당히 오랫동안 이야기를 들어온 사람으로서 아마 무사도가 단련되어 있었을 것이네. 그러나 깨침의 경지에 이르렀다고는 할 수 없으나 하여간 무도인임은 틀림없다. 무사도는 지금까지도 그때그때 이야기한 것과 같은 것이다.

코테다 : 과분한 칭찬에 얼굴을 들 수 없습니다. 그렇지만 과거의 말씀은 그때마다 단편적으로 밖에 듣지 못하였기 때문에 이번은 꼭 무사도의 이야기를 종합하여 대요(大要)를 듣고 싶은 것은 제 자신뿐만 아니라 상당한 내청자(來聽者)도 똑같습니다. 특히 들은 바로는 선생님께서도 최근 때때로 용체(容體)도 그다지 좋지 않으신지라 만일 바람이 꽃을 지게 하듯이 선인(仙人)이 되신다면 아무리 탄원(嘆願)하더라도 더 이상 돌이킬 수 없는 일입니다. 거듭 송구스럽습니다만 말씀을 듣고자 합니다.

코테다의 간절한 부탁에, 선생님께서는 갑자기 자세를 바르게 하고 열정으로 매우 정성스럽게 설명하셨는데 아래와 같다.

내실이 있는 부탁이기 때문에 유쾌하게 이야기를 시작하겠다. 또한 잘 알고 있듯이 졸자(拙者)의 무사도는 불교의 이치(理致)에서 나온 것으로, 그것은 그 교리(敎理)가 정말로 인간의 도(道)를 가르치기를 다하고 있기 때문이다.

먼저 세인(世人)이 사람을 가르치기를 충·인·의·예·지·신(忠仁義禮知信)이나, 절의(節義:절개와 의리), 용무(勇武:용맹한 무술), 염치(廉恥) 등이나, 또는 같은 것으로 강용(剛勇:굳세고 용앵스러움)·염결(淸廉潔白:청염결백)·자비(慈悲)·예양(禮讓: 예의와 사양) 등 말을 바꾸면 여러 가지가 있어서 이러한 도(道)를 실천궁행(實踐躬行:실천하기 위해 몸소 행함)하는 사람을 즉 무사도(武士道)를 지키는 사람이라고 한다. 나도 그것에 전적으로 동의한다.

그러나 나에게는 또한 달리 자신(自信)하는 부분이 있다. 그 뜻도 비슷하지만 사물이 있으면 규칙(規則)이 있듯이 사람이 세상에 대처하기 위해서는 반드시 대도(大道)를 이행해야만 한다. 그러므로 그 도(道)의 근원(根源)을 이해하여야 한다.

이것을 학리적(學理的)으로 해석하려고 한다면 짧은 시일에 설명되는 일은 아니지만 나는 일본의 전도(前途)가 몹시 걱정되어 가만히 있을 수 없다.

그러므로 국민인 이상은 위로 대신, 수상부터 아래로 산골 농부, 아동에 이르기까지 누구라도 소양(素養)을 심득(心得)해야 한다고 생각한다. 여기서는 그 일부분을 이야기하기 때문에 신중(愼重)히 음미하여 들어야 한다. 이것이 일본인의 무사도라는 것을 진실로 이해하기 바란다.

여기에 한마디 해둘 것은 일본의 무사도(武士道)는 일본인이 마음깊이 간직하고 잠시도 잊지 않고 실행(服膺踐行)해야 하는 도(道)이다. 그 도(道)의 근원(根源)을 알고자 한다면 무아경지(無我境地)에 들어 진리를 이해하고 깨달음을 열어야 한다.

반드시 방황(彷徨)의 암운을 즉시 걷어내고 곧 천지(天地)를 명랑하게 하는 진리의 일월(日月)이 존재하는 것을 봄으로써 비로소 무아(無我)라는 것을 깨닫게 될 것이며, 이것을 각오한다면 적어도 사은(四恩)의 큰 덕(鴻德)에 감사하는 것에 주저하지 않을 것이다. 이것은 무사도(武士道)의 발현지(發現地)이다.

여기에 이르렀다면 세인이 이른바 팔덕(八德:仁・義・禮・智・忠・信・孝・悌—어짐・의리・지혜・충성・신의・효도・공경)은 말하지 않아도 지키며 무리하지 않고 실행하게 된다.

즉 일본 국체(國體)의 정화(精華), 즉 진미(眞美:참된 아름다움)를 거듭하여 국가의 복지는 더욱 더 증진하는 것이다.

이것은 무사도의 요소이며 연원(淵源)으로 사은(四恩:사람이 이 세상에 태어나서 받는 네 가지 은혜)인 부모(父母)・국왕(國王)・중생(衆生)・삼보(三寶)의 대요(大要)를 말한다.

1. 부모의 은혜

부모의 은혜(恩惠)에 대하여 이야기하면 대개 천지자연(天地自然)의 사물일지라도 모두 본말(本末:사물의 처음과 끝)의 질서가 있는 것이다. 그러므로 성인군자(聖人君子)는 근본(根本)을 다한다고 한다. 근본이 생기면 도(道)가 이루어진다고 할 수 있다.

부모를 잘 섬기고 형장(兄長)을 잘 섬기는 것은 인(仁)을 행하는 근본으로서 그 근본인 「섬긴다는 것」은 무아(無我)의 진리를 믿지 않고서는 결코 얻을 수 있는 것은 아니다.

 겸허한 마음으로 대도(大道)가 존재하는 부분을 여러모로 생각해보면 각자가「나」의 몸은 매우 장대하고 건강하다든가,「나」의 몸은 무게가 많이 나가고 완력이 강하여 타인에게 지지 않는다는 등 말하고 있다. 도대체 그「나」라는「나」는 어디서 왔으며, 어떠한 원인(原因)에 의해서 양성(養成)되었을까 등을 생각해보면 그 생각 가운데 스치며 지나가는 것이 있을 것이다.

 남녀노소의 구별 없이 각자 발현본소(發現本所)로 되돌아가 보면 된다. 우리 각자의 신체는 모두 부모의 유체(遺體:남겨준 몸)로서, 깊이 생각해보면「나」라는 것은 없다. 우리들의 신체는 모두 부모의 뼈와 살의 분자(分子)이다. 지금 만일 이것을 부모에게 반환(返還)해 버린다면 하나도「나」라고 할 수 있는 도리(道理)는 없다.

 이와 같이 도리를 구분한다면 우리 신체(身體)는 전부「나」의 것이 아니라는 것이 명료해진다.

 더구나 각자가 스스로 천지(天地)의 바람과 기운으로 호흡할 수 없는 동안은 모체(母體)를 빌어서 태반에서 10개월, 모체의 호흡과 혈유(血乳)를 자신의 식량으로 삼고 발육(發育)하여 달이 차서 분만되면, 의사·산파·보모와 기저귀로 특별한 큰 은혜를 입어 간신히 사물을 보고 음식을 먹을 때까지 부모·가족의 은혜와 사랑의 보살핌은 말로 다할 수 없다. 이렇게 하여 간신히 발육한 것은 부모의 은혜와 사랑의 결합물인 「나」로서 활동하는 이것이 각자의 신체이다.

그러므로 부모의 은혜와 사랑의 자비정신(慈悲精神)을 제거한다면 단 하나도 「나」라는 것은 없다. 이것이 즉 무아(無我)의 진리(眞理)이다.

다시 알기 쉬운 예로서 제시한다면 각자의 신체는 바로 오늘날의 은행회사와 같은 것이다. 은행은 많은 사람들의 전주(錢主)가 모여서 한 회사를 조직하여 거대한 자본금을 모아 회사 일을 경영하는 것이다. 그런데 이것을 해산하고 전주의 자본금이 분산되고 사람들이 사라지게 된다면 지금까지 역력(歷歷)한 회사는 아무것도 볼 수 없고 자체가 사라진다.

이것과 같이 우리들의 신체는 부모·스승·어른들의 은혜와 사랑의 결합물이다. 이와 같이 논한다면 각자의 신체라는 사지(四肢)와 모발과 피부는 지금 여기 한 개체로서 형성하고 있는 것도 깊이 그 도리(道理)를 궁구한다면, 이것은 모두 전부 부모의 신체 유물(遺物)로 자각(自覺)할 것이다.

각자 이 무아의 도리를 깨닫는다면 부모의 큰 은혜는 실로 광대무변(廣大無邊)한 것이다. 이것을 깨달았다면 우리들의 심신(心身)은 늘 부모의 심신(心身)이라고 각성(覺醒)하고 결코 다른 생각이 있어서는 안 된다.

이것이 즉 무사도의 발현(發現)이다. 이것이 즉 천지도덕(天地道德)의 근원이며, 사람의 대도(大道)이다.

그러므로 나와 부모와는 다른 몸처럼 생각되나 같은 몸과 마음(一體同心)이다. 만일 부모가 병에 걸리거나 혹은 부모 스스로 섭양(攝養)할 수 없다면 자식된 자는 신명(身命)을 받쳐 효양(孝養)을 다해야 한다.

달리 부모가 만일 세상의 도리에 틀린 것이 있다면 자식된 자는 백방으로 힘을 다하여 신명(身命)이 미치는 한 극간(極諫)으로 비읍호읍(悲泣號泣:엎드려 소리내어 슬피 욺)으로써 부모의 개선(改善)을 도모하여야 한다.

이와 같이하여 동심일체(同心一體)의 정을 이루고 함께 현세(現世)를 보내야 한다. 이것을 명명(命名)하여 부모의 은혜와 사랑에 감사의 말을 드린다고 한다. 이것을 즉 무사도라 한다.

2. 중생의 은혜

중생(衆生)의 은혜는 우리 인류가 건강하고 활발하게 이 사회에 발육(發育)하고 있는 인연(因緣)에 마음을 다하여 생각해 보면 그 사이에 암암리 밀접하여 떨어질 수 없는 인과관계가 있음을 자각(自覺)하게 될 것이다. 눈 앞에 이것이 제시된다.

우리 사회의 상태를 보자. 가족이 서로 모이고, 너와 내가 서로 모여 서로 사랑하는 정(情)에 의해 한 가족이 되어, 한 마을・한 군・한 나라에 미치고, 마침내 널리 동서 만국(萬國)

에 이르기까지 누구나 서로 도우며 서로 의지(依支)하는 인연(因緣)을 갖지 않은 자는 없다. 그 인연이 있는지 없는지를 잘 알지 못하는 것은 피상적(皮相的)으로 관찰했기 때문이다.

충분히 서로 관계하는 부분의 인정(人情)과 도리(道理)를 생각하고 연구한다면 한 사람의 일거수일투족의 행위도 그 미치는 부분의 영향은 동서세계로 확대된다는 것이 명료하다.

이들은 이미 오늘날의 사회학(社會學) 등이 증명하는 부분이다.

우선 이와 같은 인연이 있다는 것을 생각하면 지금 자신과 부모와 친족이 가정을 유지하여 현세에 안주(安住)하는 까닭은 무시무종(無始無終)부터 무량(無量)의 일체중생(一切衆生)이 서로 의지하고 서로 도우며 함께 애호(愛護)하며, 혹은 부모가 되고 혹은 자식이 됨으로써 제세(濟世:세상을 구제함)를 다하는 것이다.

만일 일체중생(一切衆生)이 없다면 일가(一家)도 성립하지 못할 것이다. 부모와 자식은 무엇에 의해서 안온(安穩:모든 평안함)을 얻게 되는 것일까? 국가는 무엇에 의해서 성립하는 것일까?

이와 같이 이 도리(道理)를 궁구(窮究)한다면 형제·자매, 친족·친구, 비복(婢僕:계집종과 사내종), 금수(禽獸)에 이르기까지 모든 유정(有情:정을 가진 모든 중생)은 모두 남김없이 은혜로 생각하고, 여기에 자비보은(慈悲報恩:사랑하고 가엾게 보살피는 은혜에 보답함)의 생각을 잊지 않는 것이다. 때문에 모든 남자는 나의 부친(父親)으로 모든 여자는 나의 모친(母親)으로 생각해야 한다.

우리들은 이 세상에 출생함으로써 생(生)을 향유한다. 때문에 육도(六道:天人道・人間道・畜生道・阿修羅道・餓鬼道・地獄道) 세계의 중생(衆生)은 모두 이것은 나의 부모라고 생각하여야 한다.

만약 부모로서 전생(前生)에 우리를 가르치는 일이 없었다면 어떻게 우리가 지금 인간계(人間界)에서 생을 이은 선인(善因:좋은 과보)을 얻을 수 있을까?

참으로 삼도(三途:지옥도・축생도・아귀도)에 방황하여 오늘을 얻지 못하고, 우리가 지금 부모의 자식이 되어 선과복지(善果福祉)를 얻게 된 것은 완전히 전생숙선(前生宿善:지난 세상에서 행한 좋은 일)의 인연으로서 얻은 부모소생(父母所生)의 은혜, 일체중생(一切衆生:이 세상에 있는 모든 생명)의 은혜덕분이다.

이 도리(道理)를 이해하여 늘 중생인연(衆生因緣)의 자비(慈悲)로서 일체중생의 은혜덕분임을 마음에 새기고 보은이제(報恩利齊:중생을 제도하여 이익을 주어 은혜를 보답함)의 의(義)를 수행해야 한다.

3. 국왕의 은혜

국왕(國王)의 은혜에 대하여 설명하는 것은 우리들 일본인(日本人)이 가장 귀 기울여 들어야 하는 부문(部門:영역)이다. 그런데 졸자가 사은(四恩)이라는 것을 무사도(武士道)의 전제로 설명해 두는 것은 무사도의 발생요소(發生要素)이기 때문으로 어쨌든 우선 대요(大要)만을 제시해 두는 바 극히 간략하다. 그렇지만 특히 우리 일본인은 충분히 유의할 요처이다.

테츠다로(鐵太郎)가 삼가 석가세존(釋迦世尊)의 설법(說法)을 들음에 있어 일체중생 모두 「국왕(國王)으로서 근본을 이룬다」이며, 바로 이것은 전당(殿堂)의 기둥과 같다. 일체중생(一切衆生)의 선인(善因)은 국왕에 의해서 성립되는 것이다.

만일 국왕의 보호·은혜와 사랑이 없었다면 일체의 선과(善果)는 성립할 수 없다.

하물며 일체의 선왕(善王)은 전생(前生)에 이미 보살(菩薩)의 삼취정계(三聚淨戒:대승보살계의 세 가지 기본개념)인 ① 섭율의계(攝律儀戒)는 5계(戒)·10계(戒)·250계(戒) 등 규율의 윤리기준이며, ② 섭선법계(攝善法戒)는 선량한 마음의 윤리기준이며, ③ 섭중생계(攝重生戒)는 일체중생을 제도하는 윤리기준)인데 이를 수지(受持)하여 일체중생을 가엽게 사랑해주고, 삼세인과(三世因果:과거의 업으로 현생을 받고 현재의 업에 의하여 미래의 과보)를 받는 인과관계이다.

인(因)은 능생(能生)의 행(行)이며, 과(果)는 소생(所生)의 덕(德)이다. 이 공덕(功德)에 의해서 그 원인과실(原因果實)로서 지금 이 국왕의 존보(尊報:높은 보은)를 얻게 해주시는 것이다. 아아! 존경하고 황공할 따름이다. 이와 같은 지존(至尊)의 도리를 구별하였다면 우리들과 같이 난세(亂世)의 백성 누군가 제왕의 존엄을 잊고서 사리(私利)를 욕심대로 행할 수 있을까? 반드시 제왕을 존경하여 보은에 성의를 다해야 한다.

  그런데 우리 본조(本朝:일본 조정)와 같은 경우는 황공하게도 황조(皇朝)・황종(皇宗)은 아득히 멀리 신화시대부터 모든 백성의 개시(開始)이며, 함께 일본 민족의 시종(始宗), 즉 조종(祖宗)이기 때문에 우리 일본 민족은 원래 충효이도(忠孝二道)가 아니라, 천양무궁(天壤無窮:천지와 함께 끝이 없음)의 신의(神宜:신의 옳은 뜻)와 말씀을 신봉(信奉)하여 황운(皇運)의 보호와 도움이 고왕금래(古往今來), 수천년 이래 만민의 마음을 하나로 하여 죽더라도 이심(二心)이 없어야 하는 것이다.

  이것은 일본 국체(國體)의 정화(精華)로서 일본 무사도(武士道)의 근원이 실로 여기에 있으며, 일본 민족의 방침(方針:방향과 계획)이 실로 여기에 있다.

4. 삼보(三寶:불佛・법法・승僧)의 은혜

  지금부터 삼보(三寶)의 은혜를 이야기하려고 한다. 앞에 이미 삼은(三恩)은 끝냈기 때문에 마지막 일은(一恩)인 것이다.

　이상 설명한 대로 부모・일체중생・국왕의 큰 은혜라는 것은 언어상의 이치(理致)만은 어느 정도 이해되었다고 생각한다. 그런데 이러한 모든 이치는 어디서 온 것일까? 이것이 중요하다. 이 도리(道理)를 교시(敎示)해 주시는 분은 누구일까? 즉 그것은 삼보(三寶)이다. 삼보는 어려운 이치이다.

　이것은 오늘날의 청표지(靑表紙:통속의 서책)를 한 번이라도 본 사람과 학문의 문장에 질린 젊은 무리들이 불평하는 부분이다.

　삼보는 첫째 불(佛), 둘째 법(法), 셋째 승(僧)이며, 가장 무사도(武士道)의 발현지는 법(法=진리)이다.

　법은 제불능생(諸佛能生:모든 부처는 태어날 수 있음)의 어머니로 모든 부처가 스승인 부분으로 그 이치의 확대는 범속무리가 쉽게 영득(領得:사물의 이치를 깨달음)하기에 어려운 도(道)이다. 이것은 무색무형(無色無形)이므로 쉽게 알 수 있는 것도 아니다. 그렇더라도 천지에 가득 차있고 언행(言行)의 사이에 있어 멈추지 않아 천도(天道)라 하고 진여(眞如)로 칭하며, 진여실상(眞如實相:중생의 있는 그대로의 참모습)으로 명명(命名)하여 법성(法性)・심성(心性)・불성(佛性)이라 한다.

　따라서 여기에 순종봉행(順從奉行)하는 것을 지선(至善)이라 하며, 도덕(道德)이라고도 칭한다.

　그런데 여기서는 삼보의 은혜라는 것을 설명하기 때문에 진리의 이야기는 불교이야기 즉 종교·철학 이야기에 양보하고, 여기서는 이전의 삼은약설(三恩略說)에 따라서 삼보의 은혜를 설명하여 사은(四恩)이라는 단락을 끝내려 한다.

앞에 이야기한 대로 아래로는 부모·친족, 기타 일체중생(一切衆生)의 은혜를 입고, 위로는 국왕의 큰 은혜에 의해서 이 세상에 생존한다고 하더라도 만일 마음 안으로 생겨나는 불성(佛性)을 개발하여 밖으로 십선계(十善戒: ① 不殺生·살아있는 것은 죽여서는 안된다 ② 不偸盜·도둑질해서는 안된다 ③ 不邪姪·간음해서는 안된다 ④ 不妄語·거짓말해서는 안된다 ⑤ 不綺語·현란하게 말해서는 안된다 ⑥ 不惡口·험담해서는 안된다 ⑦ 不兩舌·이간질해서는 안된다 ⑧ 不貪欲·탐욕해서는 안된다 ⑨ 不瞋恚·부진애: 화를 내서는 안된다 ⑩ 不邪見·그릇된 견해를 말해서는 안된다)의 정도(正道)를 교시(敎示)해 주는 자가 없다면 단지 금수와 다를 바가 없다.

이와 같은 모습으로는 무엇에 따라서 안심입명(安心立命:생사의 도리를 깨달아 마음의 평안을 얻음)의 대반(大盤)을 구할 수 있을까? 그런데 우리들은 다행스럽게도 불교유포(佛敎流布)의 국가에 태어나 삼세인과(三世因果), 선악응보(善果應報)의 속일 수 없는 교리(敎理)를 받아 들여, 가정과 국가와 사회에 길흉의 예전(禮典), 교제(交際)의 신의(信義)가 오랜 세월 전해져 국풍(國風)을 이루고 상하경애(上下敬愛), 자비도덕(慈悲道德)에 이르러 중대함을 알게 되어 강욕(强慾)과 사정(私

情)의 부끄러움을 깨달았다.

 그리고 탐(貪)·진(瞋)·치(痴)의 삼독(三毒)은 몸을 태우는 열화(熱火)라는 것을 알며, 소욕지족(小慾知足:적은 것으로 만족함을 알다)은 집을 부유하게 하는 복음(福音)이라고 믿으며, 부조(父祖)의 유전(遺傳), 응화작용(應化作用:중생을 구하기 위한 변화에 응하는 작용)에 의해 제반의 절의(節義)·감정(感情)·풍속(風俗)을 이루어 습관을 길든 것, 모두 불교의 교리훈도(敎理薰陶)의 하사품이 아닌 것이 없다.

 삼보(三寶)와 같은 경우는 범속의 무리가 이해에 고뇌하는 바이나 우선 비근하게 논한다면 우리들 마음은 마음자체의 천성(天性)으로 달리 찾을 데가 없다.

 모든 중생(衆生)은 한결같이 용도(用途)가 충분하여 결함이 없다고는 하더라도 무시무명(無始無明:시작을 모르는 먼 과거로부터의 번뇌)의 망상(妄想)에 사로잡혀 이것을 이해하지 못하기 때문에 제불(諸佛)·보살(菩薩)·제천(諸天)·선신(善神), 즉 황조(皇祖)·황종대신(皇宗大神), 그리고 팔백만신(八百萬神)은 바르게 이 도리를 깨닫고 우리들 범속(凡俗)을 위하여 백방(百方)으로 힘을 다하고, 그 방편도(方便道)로서 여러 가지 형상을 표현하여 모든 종류의 언어로서 삼독오욕(三毒五慾: 탐진취와 식욕 색욕 재물욕 명예욕 수면욕)을 제거하고, 무아(無我)의 진리를 개시하여 충효인의(忠孝仁義)를 한시도 잊지 말아야 한다는 것을 교시(敎示)하였다.

보라. 세상 사람이 신으로 존경하고 부처로 공경하는 존칭은 단지 그 형상의 호칭으로 그 실체에 이르러서는 신불일체일관(神佛一體一貫)의 도(道)이다. 그리하여 오늘날의 우리들 범인은 제신제불(諸神諸佛)이 빚어낸 자비심은(慈悲心恩)의 안에 은혜를 입은 바, 여기에까지 몇 천년일까? 이리하여 동방군자국(東方君子國)의 위명(威名:위력을 떨치는 명성)을 유지하고, 현재 우리 국민이 세계로 활보하더라도 부끄러움이 없는 이유가 이 때문이다.

우리들은 깊이 이 교리(敎理)를 향하여 감사의 뜻을 표현하면서 두텁게 삼보(三寶)를 존경하고 믿음으로 널리 법계중생(法界衆生:모든 현상계와 인간을 위시한 모든 생명)에게 이 교익(敎益)의 은택을 베풀도록 명심해야 한다.

삼보는 일본 무사도(武士道)의 발각소(發覺所)이며 또한 발달지(發達地)이기도 하다. 참으로 유래가 심원광대(深遠廣大)한 것이다.

이와 같은 도리가 또한 이해되지 않는다는 무리를 보면 졸자는 한층 불민(不憫:딱하고 가엾음)해진다. 실로 가엾기 짝이 없다고 생각하지 않을 수 없다.

제3장 현 일본사회의 혼미와 무사도

1. 현 일본사회의 무식무도(無識無道)한 혼미 상태

앞 장에서 언급한 사은(四恩)은 일본 민족이 실천궁행(實踐躬行)해야만 하는 이른바 졸자의 무사도(武士道) 신념이다.

그런데 지금은 무식무도(無識無道)한 무리가 날마다 배출되어 스스로 화약을 지고 불 속으로 뛰어드는 자가 끊이지 않는 것은 정말로 안타깝기 짝이 없다.

듣고 보는 바 최근의 신사(紳士)라는 유행어를 쓰는 자들을 보면 도도하게 천하에 사리사욕(私利私慾)을 마음껏 채우며, 그런 사도(邪道)가 천지(天地)에 충만해 있다.

또한 학생・어린이가 부모・스승과 어른을 경시(輕視)하고, 상하 모두에 인륜(人倫)이 무엇인가를 반성하지 않는 자가 팽배한 듯하다. 위에 있어서는 지위와 보수를 탐하여 오직 뇌물을 아무렇지 않게 생각하고, 아래에 있어서는 사람의 눈을 속이고 사리(私利)를 제멋대로 챙기는 자가 적지 않은 상태이다.

오늘날의 관리들은 주는 월급을 받는다기보다는 월급 도둑이 아닐까? 그들이 대신(大臣)의 의자를 욕심내는 것은 그 중요한 지위에 있어서 국가를 위하여 신명을 바치고 지성봉공(至誠奉公)하는 것이 아니라 명리정욕(名利情慾)이 목적 아닐까?

이와 같이 졸자가 논한다면 많은 사람은 심신(心身)에 정(釘)을 맞은 느낌일 것이다. 또한 학생·어린이가 부모·스승과 어른을 바보로 만드는 것, 혹은 교리가 심오한 불교와 같은 것, 유래가 광원(廣遠)한 무사도와 같은 것을 향하여 이것저것 비판하는 것을 보고 듣는다. 그것은 마치 먹지도 않고 맛을 평하고, 가지도 않고 문호(門戶)를 형용(形容)하는 것이 아닐까? 아주 심각한 반성이 필요한 것이다. 그러나 여기에는 몇 가지 원인이 있다고 생각한다.

2. 현 일본사회의 무식무도(無識無道)한 상태의 원인

그런데 오늘날 세계 인류로 명리(名利)의 산에 길을 잃고 헤매게 한 많은 원인이 있을 것이다. 이것을 이를테면 여기에 거친 비바람의 현상 혹은 어딘가의 천공(天空)에 대기압의 원인이 있는 것이 틀림없다. 때문에 오늘날 동서(東西) 세계의 인류가 명리의 방향으로 나아가는 것은 반드시 이것을 유인(誘引)하고 있는 원인 기압이 어딘가에 근원(根源)하고 있는 것이 틀림없다. 그 의(義)의 옳고 그름을 밝혀 보고자 한다.

3. 과학진보의 여파

오늘날 세계 인심(人心)을 진흙탕으로 만든 원인은 첫째로 과학진보(科學進步)의 여파라고 생각한다. 사욕적(私慾的)·자애적(自愛的) 감정이 예민한 인류는 이 편법(便法)의 한 단서를 발견하려고 한다. 여기에 일본국민 모두가 다른 것을 뒤돌아 볼 여유도 없어 혹은 이학(理學)·공학(工學)·의학(醫學)·법학(法學)과 같이 인사(人事)도 복잡해져 도덕(道德)에 대하여 깊이 생각할 여유가 없어졌다는 것, 이것이 현상적 원인이라 생각한다.

4. 오늘날의 법률은 형식적, 무사도는 영성적

과학연구(科學硏究)의 결과는 법치국가(法治國家) 아래에서 민권자유(民權自由)를 주장하여 서로 양보하지 않은 결과, 부모·스승과 어른을 재판에 호소하여 형제·친척 등 재산을 권리(權利)로 다투고, 또한 서로 양보하지 않은 결과 마침내 권리쟁론(權利爭論)을 국가의 공판정(公判廷)으로 이끄는 것은 어찌된 소행인가? 또한 엄청난 부덕불의(不德不義)한 무리의 무책임한 지껄임에는 오늘날 법률(法律)이 있기 때문에 법률의 범위 내에서 권리를 주장하는 것은 아무런 지장이 없는 것으로 법률의 금제(禁制)가 없는 부분은 도의(道義)의 시비곡직

(是非曲直)의 차별 없이 단호하게 이행하고 있다.

또한 법률(法律)의 강제를 벗어나, 나아가 군부(君父)에 충효를 다하지 못하고, 또한 법률의 장려가 없는 것으로 형제・자매・친구・복비(僕婢:남종과 여종)・일체중생에게 자비신직(慈悲信直:옳고 그르고 굽고 곧음, 곧 잘잘못)이 필요 없다고 하는 것, 그 도(道)가 아니라는 것은 식자(識者)를 기다리지 않아도 이미 잘 알고 있는 사실이 아닌가? 그런데 현 세계 동서의 일반에 그 예를 보자.

대체로 법률이란 것은 사회의 치안제재상(治安制裁上), 인위적인 가(假)조문임에는 틀림없지만 중인(衆人)의 세상을 구제함에 있어서는 또한 어쩔 수 없는 것이기도 하다.

그렇지만 법률이란 것은 인류 영성(靈性)의 도의적 관념에까지 간섭해서는 안 된다. 법의 힘이 미치는 것만으로도 안된다. 이 미치지 않는 부분을 영활(靈活)한 정신작용으로서 보충하여야 한다. 여기가 즉 무사도의 활용소(活用所)이다. 거듭 당부하는 바 여기에 주의하기 바란다.

군왕과 부모, 친척 기타 모든 중생에 대한 충효(忠孝)・절의(節義)・자애(慈愛) 등의 관념은 원래 인류의 고등영성(高等靈性)에서 발현하는 이상(理想)의 도의발동(道義發動)이다. 이러한 도의에 이르러서는 구구(區區:각각 다름)한 인위적 법률의 규율(規律)로서 얻을 수 있는 것은 아니다. 법률로만 아무리 하여도 도움되지 않는다.

즉 법률의 힘이 미치지 못하는 곳을 일본 민족 특유의 무사도(武士道)로 활용하지 않으면 안 되는 부분이다.

5. 과학에 현혹되지 않고 이것을 무사도로 활용하자

일본인의 특유물(特有物)인 무사도(武士道)도 과학적 물질계(物質界)에 먼저 착수한 모든 외국과 교통하고 서로 왕래하게 된 오늘날이 오히려 무사도를 쇠퇴하게 하였다. 이것은 인사(人事)가 매우 복잡하기 때문에 자연의 이치가 여기에 있다.

그러나 다른 병적으로 큰 것이 있다. 이것을 사자를 예들어 보자. 금수(禽獸)의 왕이라 하여 달리 대적(對敵)되는 금수는 없다. 그 맹수라도 속어(俗語)에 "사자도 몸 안의 벌레에 의해 죽는다"라는 말이 있다.

이것과 동일하게 우리 국민(國民)이 외국과 교통하여 지식을 세계에서 구하려고 시비선악(是非善惡)의 참작도 없이 수입하는 것은 육체에 독충(毒蟲)을 끌어들이는 것과 같다.

물론 좋은 부분은 기탄없이 받아들이고 또한 이것을 소화하여 우리 것으로 만들어야 한다. 만일 우리 일본 국체(國體)에 식중독(食中毒)이라면 우리 영해(領海)에 도착하기 전 항해 중 바다에 던져 버려야 한다.

회고하면 모두 우리들의 선조(先祖)가 보여주고 있지 않은가?

저 중국의 유교(儒敎)도 우리나라에 도래한 당시는 어떠했을까? 우리 국체에 적합하여 가장 일본 민족의 정신보양이 되는 부분이므로 충분히 이것을 받아들이고, 충분히 이것을 소화하여 우리 것으로 국민에 비익(裨益:돕고 더해서 이익되게 함)하였다.

그러므로 오늘날도 충분히 주의해야만 한다. 입으로는 주의하고 있다고 하면서 그 결실이 없는 것은 심중(心中)에 금기해야 할 사정(私情)의 불씨가 있기 때문이다.

졸자가 조용히 배외(排外:외국의 문물·사상을 배척함)의 무리가 말하는 것을 들으면 일본민족의 도덕·종교를 개선하여 서양풍으로 하지 않으면 안 된다.

일본류는 실로 도리에 맞지 않으며 일본 민족만큼 저속한 것은 없다. 그것이 인류에 어긋난다며 일반적이지 않은 어조로서 국민을 동요시키고 있는 무리가 있다.

실로 무식한 무리의 소리다. 어쨌든 졸자가 조금씩 설복(說伏:말하여 굴복시킴)시키겠다.

6. 국체(國體) 인정(人情)의 성찰

세계 전체의 종교교육(宗敎敎育)은 그들에게 적합한 것이 우리에게는 적합하지 않은 것도 있으며, 또한 인정·풍속이 같지 않은 것이 있다. 그럼에도 그것을 즉시 우리에게 접목시키려고 하는 바 소나무에 대나무를 붙이고자 하는 것과 같으니 이 무슨 바보 같은 짓인가? (이때 선생님이 위엄 있게 일갈한다).

부모의 나라를 잊고 있는 멍청한 놈, 하늘에 높은 「신존(神尊)」을 경멸한 것은 국가·국체의 도적(國賊)이 아닌가?.

저 서양인은 현세에 무게를 두고, 자기의 탄생일을 축전(祝典:축하 의식)으로 중요시하고 있다. 일본 민족이 중요시하는 부분은 현세부터 내세까지 변함이 없다. 때문에 우리 자손이 현세(現世)에 있어서 우리들에게 효양(孝養)하듯이 미래에 있어서 조상의 기일(忌日)을 애도하는 것, 당연히 현세에 있어서 효양하듯이 뜻을 잊지 않기를 바라는 것이다. 따라서 수만년의 자손 번창을 염원하는 것이다.

또한 저 이인(異人), 저들의 모습은 일가 모두 위난에 처하게 되면 친자(親子)·형제(兄弟)를 뒤돌아보지 않고, 제일 먼저 자기 아내를 구제하는 것이다. 우리 일본인은 이와 같은 경우에는 자기의 신명을 잊고 부모·조부모의 신명(身命)을 구하려고 하는 것이다. 이와 같이 도의(道義)의 표준에서 크게 그 관념을 달리하고 있다.

따라서 졸자는 사은의 도리를 설명하여 무사도의 발현지를 언급할 생각이었지만 점점 이야기가 이것저것 섞여서 이해하기 어려울 것이다.

요점은 사람이 지성(至誠)으로서 사은의 큰 덕을 봉답(奉答:

받들어 응답함)하여 지성(至誠)으로서 나를 죽이고, 중요한 만기(萬機:여러 가지 중요한 일)에 접하게 하므로 천하의 적이 없게 하는 이것이 즉 무사도(武士道)이다.

청(請)하고 원(願)하기를 모든 무사(諸士)들이여, 이 충효보은(忠孝報恩)을 대도(大道)로 하여 만세무궁하게 전해주길 바란다. 달리 무사도를 찾고자 하더라도 얻을 수 없을 것이다.

오늘은 약간 다른 일이 있기 때문에 이것으로 일단 마무리하고 나머지는 내일 이야기하겠다.

방청자 중에 이노우에 코와시(井上毅), 코테다 야스사다(龍手田安定)가 선생에게 감사의 말씀을 드렸을 때, 내청자 중에는 프랑스 사람 법학박사 보아소나드(Gustave Emile Boissonade, 1825~1910 · 일본의 국내법 정비에 기여함)씨도 보였다.

이노우에 : 선생님의 말씀은 참된 마음에서 솟아나온 지성(至誠)의 금언(金言)이기 때문에 감화력(感化力)이 두드러진 것입니다. 국민교육의 기술(技術)은 두 번째로, 말씀과 같은 심담연마(心膽練磨:마음과 담력을 기르고 연단함)야말로 참된 국민교육이라고 생각합니다.

코테다 : 이상의 말씀으로 무사도는 충분히 설명되었습니다. 실로 말씀대로 충효이도(忠孝二道)는 따로 없고, 충(忠)이라는 것은 효(孝)와 자비(慈悲)를, 도(道)라는 것을 공통하는

것으로 각자가 이런 각오였다면 말하지 않아도 사회는 평화로 우며 구구한 법률과 같은 것은 구석으로 사라지게 됩니다.

황통(皇統)은 끊어지지 않고 계속 이어지고, 요시노(吉野)의 산 벚꽃은 좀더 멀리까지 꽃향기를 풍기게 합니다.

이 때 텟슈 선생은(이노우에 코와시를 돌아보며) 이노우에 씨 이 취지가 국민 전반의 교육에 미치기를 기대합니다.

(텟슈 선생은 궁중에 일이 있다며 출타하시기 때문에 일동에게 인사를 하고 자리를 뜬다.)

▣ 카이슈 평론 (I)

1. 야마오카의 인물

나에게 야마오카(山岡)를 평(評)하라 한다면 먼저「천하의 걸사(傑士), 일본의 충신(忠臣)」이라고 말하겠다. 또한 무사도(武士道)의 대의는 "지덕불이(知德不二)의 대원칙을 고수하여 지성으로 일을 관철하라"는 이것이 나의 평이다. 달리 그럴싸한 이치는 필요 없다. 그러나 모처럼의 간망(懇望)이기 때문에 좌흥(座興)으로 생각하고 조금 언급하겠다.

원래부터 사람이 언어로 증명하는 것은 그 사람의 행위가 가까운 자의 증거가 제일이다. 모두 거의 알고 있으나 그러나 내(카츠 카이슈)게 평하라면 뭐, 입에는 세금이 나오지 않기 때문에 조금 언급하겠다. 유신 때에 조정과 바쿠후 사이에서 의문의 어려운 부분을 타개하여, 국가 미증유(未曾有)의 큰 근심을 구하고, 아울러 현재에는 에도 백만 일반 백성의 생명(生靈)을 온전케 하려는 마음과 일본 민족의 보존(種蒔)에 전력을 다한 것은 먼저 야마오카였다.

좋은 기회라 좀 더 야마오카(山岡)의 가계도(家系圖)를 말해 둔다. 야마오카는 테츠다로(鐵太郎)라는 것이 본명으로 후에 이름을 「타카유키(高步)」로, 자(字)를 「타카노(高野)」로, 호를 「텟슈(鐵舟)」라고 했다. 이는 중국인의 흉내이다.

태어난 곳은 텐보센(天保錢)이다. 출생은 텐보(天保) 7년 6월 10일 에도(江戶) 본소(本所)이다. 막료(幕僚) 신하인 오노 쵸우에몬(小野朝右衛門)의 장남이다.

야마오카(山岡)라면 누구라도 알고 있는 대로 바쿠후 말기의 산슈(三舟)의 한 사람으로 지금의 타카하시 데이슈(高橋泥舟)가 태어난 집이 야마오카(山岡)이다. 그러나 데이슈는 타카하시가(高橋家)를 세우고 태어난 야마오카가(山岡家)에는 오쿠보 이치오우(大久保一翁) 등의 권계(勸計)로 오노(小野)가의 장남 테츠타로를 맞이하여 데이슈(泥舟)의 여동생인 후사코(英子)와 부부가 되므로 야마오카가(山岡家)를 세운 것이다. 이 사람이 유명한 야마오카 텟슈(山岡鐵舟)이다.

야마오카가 10살 때에 부친인 쵸우에몬이 군다이(郡代)가 되어 히다(飛驒)의 타카야마(高山)에 갈 때 따라 간 것이다.

그러나 야마오카라는 인물에 대해서는 이후 주의하지 않으면 안 될 부분이 있다.

2. 야마오카의 수업시대

그 시절 그의 천성은 매우 무예를 좋아한 것 같다. 곤도 야사부로(近藤弥三郞)와 쿠스미 칸데키사이(久須美閑適齊)라는 남자도 야마오카에게 검법(劍法)을 가르쳤다는 것이다.

타카야마에 있을 때 코슈류(甲州流)의 병학(兵學)과 신카게류(新影流:新陰流)의 검법 등을 이노우에 키요토라(井上淸虎)에게 배워서 상당히 능숙하게 되었다는 것이다.

야마오카의 글씨는 그림인지 글씨인지 알 수 없으나, 듣기로는 이와사 잇테이하치미츠(岩佐一亭善倫) 등으로부터 서법(書法)을 배우고 마침내 코보(弘法:일본 헤이안시대의 승려로 진언종을 창시, 774~835, 원명은 空海·쿠카이) 대사류(大師流)를 이룩한 것 같다.

원래부터 성질이 강직하고 대담한 남자였기 때문에 12살, 13살 정도의 어릴 때부터 비상한 생각이 있었던 것 같다.

그는 그 때의 강개(慷慨)한 말에 "무릇 대범한 사람은 충성이 중요하다. 그러므로 시세의 변화에 접해서는 죽음을 보는 것이 되돌아가는 것과 같고, 평온한 심담(心膽)을 움직이지 않도록 단련하는 것이었다.

회고하면 본가의 고조(高祖:고조부), 쵸우에몬타카노리(朝右衛門高寬)는 검법을 오노 지로사에몬(小野治郞左衛門)에게 배우고 또한 선(禪)의 교리의 깊은 뜻을 궁구(窮究)하여 토쇼(東照), 타이토쿠(台德) 두 사람을 섬기며 그 깃발 아래에 「취모부증동(吹毛不曾動:보배로운 칼은 함부로 남용하지 않는다)」의 다섯 문자를 걸어두고 종종 전공(戰功)을 세웠다고 한다.

우리의 인생은 태평스러운 세상에 태어났다고 하지만 어찌하여 "선조를 부끄럽게 할 수 있는가"의 각오로 부모에게 작별인사를 하고 에도(江戶)로 돌아와 검사 치바 슈사쿠(千葉周作)에게 배우고 크게 얻는 부분이 있었으며, 아사리 마타시치(淺利又七)의 이토 잇토사이(伊藤一刀齊)의 모든 기술을 배워 매우 뛰어난 검사가 되었다는 것을 들었다. 이것은 검법을 배우고 잠시라도 게을리하지 않고 공부하였기 때문에 아사리씨도 진귀한 인물이라고 생각하여 비력(秘力)을 다하여 지도한 것이 큰 성취를 이루게 된 것 같다. 이러한 이유로 여기서 야마오카가 검법을 깨달은 하나의 흔적이 있다.

그것은 다른 것이 아니다. 야마오카가 검법 필사수업시에는 시종일관 잠자코 있었으며, 크게 사물의 이치를 고려하는 상태로 죽도(竹刀)를 안고 자는 경우가 종종 있었기 때문에 아사리씨는 이상하게 생각하여 어느 날 그 잠자는 것을 보고 죽도(竹刀)로서 갑자기 가격하였으나 야마오카는 신연(神然)하게 조금도 놀라지 않고 즉시 죽도를 휘둘러 대항하는 모습은 번개와 같았다고 했다. 그래서 아사리씨는 양손을 들어 기뻐하며 참으로 지성담용(至誠膽勇:지극한 정성이 대담하고 용감함)의 무사라며 그의 생각을 대단히 사랑하여 훌륭한 검도의 달인으로 만들고자 백방의 전력으로 지도하였다고 한다.

그로부터 야마오카(山岡)가 점차 성장하여 장년에 이르자 한층 용감한 담력(勇膽)은 용솟음치듯이 일어났다. 그것에 더불어 야마오카는 원래 골격이 비범하기 때문에 완력은 도저히 말로 표현 못할 정도로 대단하였다.

그래서 동료들이 야마오카와 시합이라도 할라치면 수족두복(手足頭腹) 어느 곳이라도 접질리기 때문에 스승도 질려서 도세(刀勢)가 강한 부분을 여러 번 치는 것을 금하였다. 그래도 누구 한 사람 상대할 사람이 없기 때문에 마침내 여러 가지 기명(奇名)을 붙여서 별명으로 하였다. 그의 「귀신 테츠(鬼鐵)」라는 것도 그로부터 시작된 것이다.

게다가 야마오카의 풍체는 신체골격이 늠름하여 키는 6척 이상으로 모든 것이 매우 헌칠하였으며, 평소에도 두터운 목도를 허리에 차고 그 상고하태(上高下駄:위가 높은 나막신을 신은 모양)로 활보하기 때문에 상당히 난폭하게 보여 세인도 멀리하였던 것 같으나 실제로 야마오카는 그렇지 않았다.

성격이 의리와 정성(義情)에 의해서 형성되었기 때문에 조금이라도 남에게 폐를 끼치는 행동은 하지 않는 남자였다. 외견과는 천지 차였다. 여기가 야마오카의 인물에 주의해야 할 부분이다.

3. 메이지 천황에 대한 충성

메이지 유신도 이미 서막이 시작되었기 때문에 바쿠후 신하(幕臣) 일동은 순푸(駿府)로 물러나 숨어 있었으나 조정에 인물이 필요하여 야마오카는 불려와 궁내성(宮內省)에 봉사하고 황실에 충성으로 근무하게 하였다. 그래서 메이지의 화기청마(和氣淸麿)가 되었다.

이때 들리는 바로는 천황 폐하가 오후(奧羽)지방으로 임해할 때 황후 폐하에게 조칙을 읽으시길, 짐이 없는 동안에 만일을 위하여 야마오카 테츠타로를 남겨두기 때문에 조금도 불안한 마음이 없다고 하신 것이다.

4. 야마오카의 검(劍)·선(禪) 일치

텟슈(鐵舟)의 무사도는 텟슈 자신이 말하는 대로 불교, 즉 선(禪)의 이치에서 깨달은 것이다. 일본국 고금걸사(古今傑士)의 언행은 대략 불도(佛道)에서 온 것이 많다.

야마오카도 테키수이(滴水), 코우센(洪川), 독쿠엔(獨園) 등 모두 스승에 대하여 불교 교리를 연구하여 오히려 그들 스승을 뛰어넘는 선(禪)의 이치를 깨달은 자이다.

도쿄 야나카(谷中)의 젠쇼안(全生庵), 스루카 아베고오리(駿河安倍郡), 후지미무라(富士見村)의 텟슈지(鐵舟寺) 등은 야마오카가 건립한 사찰이다.

이와 같이 불교 교리를 깨닫고 심원한 교리에서 생각해낸 충(忠)·효(孝)·인(仁)·의(義)는 대도(大道)이기 때문에 범속의 무리가 꾀하여 미치는 부분은 아니다. 야마오카의 무사도에는 이와 같은 내력이 있다.

우선 내가, 야마오카의 무사도론(武士道論)을 평(評)하는 논법(論法)은 맞지 않다고 하더라도 근접한 평일 것이다. 그 외 이런저런 비평은 말로 다 할 수 있는 것은 아니다. 말로 할 수 있는 것은 문호(門戶:문턱) 정도이다. 우선 이 정도로 앞의 무사도는 이해되었을 것이다.

5. 야마오카의 임종의 아름다움

야마오카의 임종 때는 나도 보러갔다. 1888년 7월 19일로 매우 더웠다. 당시의 정오 전, 내가 야마오카 집의 현관에 이르자 딸인 지금의 나오키(直記)가 보였기 때문에 "아버지는 어떠하신가" 묻자 나오키가 "지금 돌아가시려고 합니다"고 말하기에 내가 바로 들어가자 이미 많은 사람들이 모여 있었다.

그 한 중앙에 텟슈가 예의 좌선(坐禪)을 하고서 새하얀 복장에 가부좌(跏趺坐)를 틀고 안정된 모습으로 좌정하고 있었다.

내가 자리에서 앉으면서 "어떻습니까? 선생님. 임종하시렵니까?" 하고 묻자 텟슈가 작게 눈을 뜨고 웃으며 "음, 선생 잘 오셨군요. 지금이 열반의 경지로 들어가는 길입니다"고 아무런 고통도 없이 답하셨다. 여기서 나도 대답으로 "성불하십시오"라고 하였다.

얼마 후 일이 있어 그 자리를 떠났다. 볼일을 마치고 귀가하자, 아내의 이야기로는 "야마오카씨가 돌아가셨다는 연락입니다"라고 하였지만 상황을 알고 있었기 때문에 "그래요" 하며 별로 놀라지도 않았다.

그 후 들리는 바에 의하면 내가 야마오카와 이별을 고하고 나오자 얼마 후 임종한 것 같다(향년 53세). 그리고 텟슈는 죽기 하루 전에 자신의 죽음 예감이 틀리지 않았던 것 같았다. 또한 임종에는 백선(白扇:흰 부채)을 손에 쥐고 나무아미타불을 부르며 처자·친척·만장(滿場)의 사람에게 웃는 모습으로 불과(佛果:불도를 수행한 과보인 성불의 경지)의 영험을 보이며, 묘연(妙然)하게 현세의 최후를 다하였던 것 같다.

절명하여도 더욱 정좌(正坐)를 하고 조금도 움직이지 않았기 때문에 아무래도 이상하다고 속인들이 놀라며 기묘하게 생각하였다고 한다. 또한 모든 사람이 생불(生佛)을 알현할 수 있도록 해달라는 부탁에 2, 3일 그대로 세상 사람에게 알현하도록 하였다고 한다.

　알고 있듯이 야마오카는 이러한 모습이기 때문에 야마오카 자신이 얼마나 무사도를 영회(領會:깨달음의 기회)했는가를 충분히 생각할 수 있다. 우선 이와 같이 끝내니 후의 판단은 그대들에게 맡긴다.

제4장 무사도의 근원과 그 발달

 앞서의 강화(講話:강의하듯이 쉽게 풀어서 이야기함)에 이어서 고담(高談)을 청취하고자 다음 날 코테다를 비롯하여 수명이 참가하였으며, 선생님은 자세를 바로 하여 의연하게 부드러운 목소리로 말씀하셨다.
 삼가 생각해보면 우리 황조황종(皇祖皇宗:천황의 조상과 종묘)이 국가를 「상징」하고 그 덕을 세워 주신 것은 매우 심원(深遠)하다. 그러므로 일본 무사도는 이것에 동반하여 또한 심원하다.
 천지가 아직 발생하기 전(天地未發)에 이미 내포하고 있었던 것이다. 그러나 이것은 일본인의 도(道)라 하는 것이 지당하나 점점 더 세월과 함께 세대가 흘러감에 따라서 무사라는 일족이 대부분 실천궁행(實踐躬行)하여 그 광휘(光輝)를 발휘하였기 때문에 조금은 어폐가 있더라도 유예(猶豫:미루어 용서하는 것)해주기 바란다.
 또한 무사도(武士道)라는 쪽이 익숙할 것이다. 그런데 이 무사도라는 도념(道念)은 전날 사은(四恩)을 해석함에 있어서 거의 설명된 것이다.

잘 생각해 보면, 사물에는 천지를 비롯하여 만물 모두 수미본말(首尾本末:사물의 처음과 끝의 원줄기와 가지)이 있는 것이다. 오늘날은 과학의 연구가 진척되었기 때문에 청년들은 자주 졸자가 말하는 수미본말이나 도(道)라는 것을 과학적으로 실험하여 귀납적으로 생각해보아도 좋다. 충분히 공부하여 도리를 이해한다면 미혹한 마음의 잘못을 깨닫게 될 것이다.

삼가 천지자연(天地自然)의 도리를 걱정하여 우리 국사(國史)를 잘 생각해보면 아무리 생각해도 일본은 신성무이(神聖無二)의 국체(國體)를 가지고 있다.

따라서 천지의 신리(神理)와 부절(符節)을 합하는 것과 같다. 위로 천조(天祖)가 천손(天孫)에게 조칙(詔勅)을 내리고 천양(天壤: 하늘과 땅)과 함께 끝이 없는 만세일계(萬世一系:만대까지 한 계통)의 군주를 선정해주시고, 이래(邇來:근년)에 일본 국민의 마음을 하나로 하여 세세(世世) 그 아름다움을 이루어 수천년 아래, 촌토(寸土)를 살피고 얻은 바 이적(夷賊:오랑캐와 도적)이 없어, 천위(天位:하늘이 준 지위)를 침범하여 얻은 불신(不臣)이 없다는 것은 달리 비유할 수 없는 국체의 정화(精華)이다. 우리 민족이 깊게「신의 베픔(덕)」을 복종하고 받들어 다른 마음이 없는 아름다운 꽃으로 실증된 것이다. 이것이 즉 무사도에 기인한 것이다.

더욱 더 그 유래를 생각해보면 우리 민족이 천유(天有:하늘이 가진 천성)의 대의명분(大義名分)에 근거하여 상하(上下)가 화기애애(和氣靄靄)하여 매우 완미(婉美:우아하게 아름다움)하고 백화(百花:모든 꽃)가 춘풍(春風)을 맞이하듯이 이국(異國) 군민(君民)의 도(道)와는 매우 그 기반을 달리하고 있다.

1. 상고의 무사도

일본 개국 초기 신화에 등장하는 아메노 코야네노 미코토(天兒屋根命)를 시작으로 5부(五部:앞의 호노니니기와 5부의 신과 같이 강림)의 각 이하 모두 신하된 직분을 다하여 개국에 군신(君臣)의 명분을 다하였는가이다. 이와 같이 생각한다면 일본의 무사도는 천지가 아직 열리기 전부터 내포하여 건국과 함께 발달한 것이다. 이하 그 성쇠를 역사적으로 관찰해보면 상고(上古)의 세상은 민족의 생활도 극히 단순한 것으로 위는 군주로서 민족 모두를 존호(尊護)하고, 위가 아래를 굽어 살피는 것은 단지 백성으로서 병(兵)·농(農)이 따로 없고 동시에 이것을 걱정하고 사랑하시는 것이다.

또한 민족 서로가 상하의 관념은 없었으며, 또한 있을 수 없는 것이다. 모든 사람이 함께 병사이며 농부였다. 또한 개국 초기이기 때문에 농사가 국가의 기본이었다.

이러한 단순한 세상이기 때문에 국민이 군주를 섬기는 것도 민족 상호의 도덕적 관념도 오늘날과 같이 충효(忠孝)·인의(仁義)·용무(勇武)·염치(廉恥)와 같이 문자의 이치에 맞는 명분과 도리가 있을 수 없으며, 오로지 신민(臣民)은 주군(主君)을 위해서는 신명(身命)을 잊을 정도로 지성으로서 섬기는 것이다.

민족 상호간에도 화기애애하고 단란하게 각자의 일에 열중하였기 때문에 말하지 않아도 훌륭한 도(道)가 그 사이에 존재했던 것이다. 이것이 즉 먼 조상으로부터의 자연적 유전(遺傳)·응화(應化)의 대도이다. 이른바 무사도이다.

이 동안의 치국(治國)과 같은 경우는 병·농 만사(萬事)를 천자가 스스로 이것을 통치하신 것이다. 그런데 세월이 변함에 따라서 무사도(武士道)가 묘하게 변형되었다. 그러므로 그 변형과 함께 어떠한 발달을 이루었는가가 중요하다.

시대의 흐름과 함께 여러 가지의 일이 야기되어 모든 제도를 당(唐)나라에서 배우고 문무(文武:문관과 무관)의 제도를 설치하면서 병·농은 분리되었다.

이때는 근세(近世)의 사족(士族:무사 집안)과 같이 현저한 것이 생긴 것은 아니지만 점차 변하여 병사(兵士)를 무사(武士)라 하게 되었다. 이것이 무사도(武士道)로 명명하게 된 시작이다. 이런 것들이 무사도 발달에 대하여 가장 중요한 부분이다.

여기에 주의를 필요로 하는 것은 대개 병권(兵權)인 무문(武門)으로 돌아간 것은 우리 황조가 신의 뜻에 거역하는 비참한 방법으로 황공하기 짝이 없으나 후일 국민의 도의함양(道義涵養)이라는 점에 있어서는 대단한 것이었다. 이 부분 주의해야 할 점이다.

2. 병(兵)·농(農) 분리 후의 무사(武士)

이와 같이 병(兵)·농(農)이 분리되어 무사가 만들어졌기 때문에 변란이 일어나면 무사가 되어 도적(盜賊)·반도((叛徒:반역자 무리)와 같은 경우는 즉시 이것을 진정시킴으로써 세상 사람의 신용도 얻고, 많은 세상 사람이 무사(武士)라고 하면 은근히 두려워하는 마음이 생겼다. 그런데 다른 면을 보면 문신(文臣) 등은 다만 존위(尊位)와 영작(榮爵)을 탐하고 부화공영(浮華空榮:겉만 화려한 빈 영화)이 극에 달하여 정신적으로나 신체적으로 나약하게 되었다.

그런데 무사는 오로지 근검(勤儉)·상무(尙武)로서 더구나 무사는 사물의 비애(悲哀)를 알고 있는 상태에서 도의(道義)도 발전하였다. 그 사이에 종종 무신(武臣)에서 일어나 영화(榮華)를 탐한 자가 있으나 비록 몸은 무사의 명목이지만 내실은 무사도를 실행하지 않는 간판무사(看板武士)이기 때문에 이처럼 방자하고 교만한 무리의 인과(因果)는 마침내 자멸을 초래하는 것으로 이미 역사가 증명하며 각자가 알고 있는 대로이다.

[주의] 여기에 주의해야 할 것은 역사를 볼 때는 그 당시의 사회 상태와 역사를 기록한 인물에 주의하지 않으면 역사의 진상을 정확하게 파악할 수 없다. 부디 깊은 반성을 바란다.

또한 근검상무(勤儉尙武)의 용감한 무사는 당시의 형용어로 무골질박(武骨質朴:순수한 무사기질)으로 인정하였다. 한 마디로 무사를 잘 표현하였다.

이와 같이 무사는 근검상무(勤儉尙武)와 더불어 사물의 비애(悲哀)를 안다는 도덕적 관념에도 풍부한 참 일본인이 만들어져 마침내 선천(先天) 유전물(遺傳物)이 되어 유신(維新)의 오늘날까지 남아있다.

3. 무사도의 요소 : 신도, 유교, 불교

무사도의 발달에는 수많은 원인이 있다. 무사 자체의 직위나 위치(地位)도 한 원인이지만, 크게 이것을 인도하여 충효·절의·용무·염치를 장려한 것은 신도·유교·불교의 3도 1관(三道一貫)의 대도(大道)가 일본인 천성(天性)의 원기(元氣)에 보조적 감화를 부여한 것이다. 특히 불교의 사은(四恩)이 대단한 것이다. 다만 불교적 사은(四恩)의 운운은 방편(方便)상 졸자가 제군에게 근접하게 한 말로서 3도 1관을 달리하여 말한 것은 아니다. 뒤에서 순차적으로 설명한다.

그 뒤의 순서는 너무 많아서 일일이 셀 수가 없으나 약간 설명한다면 송구스럽게도 오진(応神)·쇼무(聖武)의 지존(至尊)을 비롯하여 이하 역대 지존이 종교를 존봉(尊奉)한 실지 역사는 말씀을 드리는 것도 황공한 일이다.

수이코(推古) 천황의 17조 헌법 제2에서

"두텁게 삼보(三寶)를 존경하라. 삼보는 불·법·승(佛寶, 法寶, 僧寶)이다. 즉 사생종귀(四生終歸:생물이 태어나는 네 가지인 ① 모태로부터 나는 태생 ② 알로서 나는 난생 ③ 습한 곳에서 나는 습생 ④ 스스로 변해서 나는 화생)하여 만국의 극종(極宗(가장 으뜸 됨)이다. 모든 세상, 모든 사람이 이 법을 귀하게 여긴다. 사람은 그다지 악함이 적어 충분히 가르친다면 따른다. 이 삼보(三寶)에 귀착되지 않는다면 무엇으로서 왜곡(歪曲)을 바르게 할 것인가."

삼가 생각해 보면 천자(天子)가 주인으로서 이미 이와 같다. 그러나 우리들은 그 나라의 백성으로서 어째서 성칙(聖勅)에 따르지 않을 수 있으랴? 또한 춘일명신(春日明神:후지와라 가문의 신 카스가묘진)의 신탁(託宣)으로 말하기로는「계(戒)는 십선(十善), 신도(神道)는 제각기 다른 가르침」이라고 한 것이다.

또한 우리들 백성이 늘 성인으로 공경하고 걸사(傑士:다른 사람보다 훨씬 뛰어난 사람)로 존경하고 호걸(豪傑)로 칭하는 코보다이시(弘法大師), 니치렌쇼닌(日蓮上人), 후넨쇼닌(法然上

人), 신란쇼닌(親鸞上人) 그 외 많은 위와 같은 사람들은 어떠한 분으로 받들 것인가?

모두 이것은 우리 국민의 부모 형제로 이와 같은 성현대사는 신도·유교·불교, '3도 1관'의 진리에 근거하여 승려(僧)와 속인(俗) 모두 교도(敎導)하여 대본(大本:큰 진리)을 외우게 하고, 일본 민족을 위하여 어떠한 대도(大道)로서 민족을 함양하였던가? 그리하여 각각은 먼저 스스로 훌륭하게 성불하여 우리들에게 지침서를 제시하였다.

그러므로 세상 사람 모두 안심입명(安心立命:마음을 안정시키고 몸을 천명에 맡김)의 큰 기초가 확고하다면 이하 제세(濟世:세상을 구제함)의 업(業:생활의 수단)에 있어서는 군왕에 충성하고 부모에 효도하고 친구에 신의(信義)하며 서로 경애(敬愛)하여 각자의 직무(職務)를 열심히 하는 것은 달리 권유하지 않더라도 훌륭한 것이다.

4. 참 무사도는 신앙과 근검상무(勤儉尙武)

이토록 종교가 번성하고, 무사는 심담(心膽)을 단련하고 있기 때문에 어떠한 일에도 비겁하지 않으며, 일에 임하여 좌절하지 않는 대단한 충성이다. 그래서 저 군현제(郡縣制)가 파멸하여 필요상 무문제도(武門制度)가 생긴 후부터 무사는 더 충성스럽고 용맹하지 않으면 안 되었기 때문에 겐페이(源平:원씨, 평씨 두 세력이 다투던 1072~1185년 시대)의 각 무장(武將)은 충성심이 두텁고 용맹할 뿐만 아니라, 그 각 부하인 무사는 사천왕(四天王)과 같이 충성스럽고 용맹하여 무극(無極: 무상)의 소임을 다한 것이다. 이러하였기 때문에 그 이상(理想)에 있어서 충성은 이치와 공통하는 것으로 또한 효(孝)이며 의(義)이다. 그리하여 멀리 황조(皇祖)의 신선(神宣:신의 베풂)으로 일컬어지는 충효라는 대의가 장려되었다.

이와 같이 둘러보아 천지에 부끄러움이 없는 대도이기 때문에 지성으로 천하의 대사(大事)가 가능하였다. 그래서 무사가 세력을 차지하게 되었다. 부화문약(浮華文弱:글에만 열중하여 나약해진 실속 없이 겉만 화려함)으로 흐른 귀족(公卿)은 세상 사람의 신용이 없어지고 대부분 자멸의 경지에 있었다.

그래서 정권은 암묵 간에 무문(武門)으로 되돌아가자 무신(武臣)인 타이라노 키요모리(平淸盛)가 일약 관백(關白) 태정대신(太政大臣)에 올랐다. 귀족 등은 눈도 마주치지 못하는 상태로 약해졌다.

그로 판단해 본다면 키요모리는 괜찮은 듯하나 애석하게도 그에게는 무사가 가장 기피하는 영화교만(榮華驕慢)이라는 큰 병이 생겼다. 그러므로 타이라가(平家)의 영화는 풀잎에 붙은 이슬과 같이 도리(道理)의 바람에 사라졌다.

모든 자들, 이 무사도 변천의 내실을 침착하게 생각하기 바란다.

5. 카마쿠라 바쿠후(鎌倉幕府) : 무가정치(武家政治)

그래서 천하의 정권은 카마쿠라 바쿠후(鎌倉幕府)라는 미나모토(源)씨가 장악하게 되었다. 요리토모(賴朝)는 깊이 전철(前轍:이전 사람의 그릇된 일이나 행동의 자취)을 생각하며 혼자 말하기를 세상 사람의 아름다움을 좋아하여 꽃(華)을 욕심내는 것은 인지상정이다.

그렇지만 이것은 가장 무사의 기성(氣性)을 약하게 할 우려가 있어 전후의 경영으로서 역시 무사의 마음을 수람(收攬:거두어 잡음)하는데 매우 불리하다는 것을 깨닫고, 이것은 무사의 마음을 수람하는 전가(傳家:대대로 집에 전해짐)의 비결이 아니라고 하며, 오로지 근검상무(勤儉尙武:부지런하고 검소하며 무예를 숭상함)를 중요시하고 충절을 장려하고 소박(素朴·質朴)을 주로 일본 무사도의 중심 종지(宗旨:근본 요지)를 교훈하였다.

따라서 요리토모(賴朝)는 마침내 무사교육(武士敎育)에 무게를 두고 적어도 무사의 향배(嚮背:얼굴을 돌리는 방향)는 국가 정권의 흥폐(興廢)가 된다는 것을 깨닫고, 무사성쇠(武士盛衰)는 오로지 충효·인의·근검·소박의 여하에 있다는 것을 가르치고, 오로지 정신교육을 추진하여 이것이 수천년 후까지 당연히 인간은 직립하여 보행하는 것처럼 이것이 일본인의 도(道)로 가슴에 세기고 대대로 유전으로서 전해진 것이다.

6. 집권 호죠(北條) 씨(氏)의 정치

세대가 바뀌어 호죠(北條)씨에 이르러서는 마침내 미나모토(源)씨의 교훈을 지키며, 근검상무(勤儉尙武)에 더욱 더 신도·유교·불교의 교리를 가지고 무사도를 훈련하였다.

따라서 무사법령집인 『죠에이시키모쿠(貞永式目)』도 나타났다. 그 당시 인위적 조문으로서는 상당히 훌륭하였다. 그 요점은 충(忠)·효(孝)·인(仁)·의(義)에 무게를 두고 근검상무(勤儉尙武)를 제일로 여긴 것이다. 여기에 있어서 한층 신불(神佛) 신앙의 정신을 북돋우어 국가적 부강관념과 사회적 도덕관념은 더욱 더 융성하게 되었다.

나아가 무인(武人) 등은 물론 국가의 흥폐(興廢:일어남과 망함)는 오로지 무사의 두뇌에 있다는 것을 깨닫고 일본의 정도(正道)를 단련하였다. 그리하여 어떤 일을 하더라도 물러섬이 없기 때문에 몽골(蒙古) 침략과 같은 경우는 일격(一擊) 하에 순식간에 모두 몰살시켰다.

그것은 모든 무사는 군왕(君王)과 나라를 위하여 일신(一身)의 득실은 돌아보지 않은 것이다. 어쩔 수 없을 때는 대의(大義)에 자신이 죽을 각오였다. 다만 염려스러운 것은 불명예스러운 이름이 후세에 전해지는 것을 두렵게 생각한다.

이를테면 자신이 가난에 처하더라도 드러내지 않으며, 자신의 임무(任務)를 국가에 중점을 두고 있다.

그러므로 자신의 일신(一身)만이라도 창피를 당하는 것은 재난을 국가에 미치게 한다고 생각한 것이다. 그래서 어떤 때는 무사의 일신(一身)은 태산보다 무겁고 또한 어떤 때는 홍모(鴻毛)보다도 더욱 가볍다고 생각하였다.

보라, 당시 무사는 자신(自身)을 지키는 것에 성실하였다는 것이다. 이러한 열성분자(熱誠分子)의 집합체이기 때문에 세계를 단숨에 압도한 몽골 대장도 일본 무사도에 중앙을 뚫리게 되어 허망하게도 패배하므로 재침략의 뜻을 꺾게 한 것도 즉 무사도 때문이다.

7. 난보쿠초 시대(南北朝時代)부터 무로마치 시대(室町時代)로

그로부터 세월이 흘러서 난보쿠초(南北朝)부터 무로마치(室町)시대의 순서대로 눈을 돌리면 쿠즈노키(楠), 니츠다(新田) 등 모든 사람이 대의명분에 근거하여 군신(君臣)의 의(義)를 밝히고, 성충무이(誠忠無二)의 절조(節操:옳다고 믿는 주의, 주장을 굳게 지켜 바꾸지 않는 일)를 유지하고 전심으로 일의충근(一意忠勤:한 뜻으로 충성스럽고 근실함)을 다하여 어떠한 반석도 끝까지 뚫는다는 정충(精忠)의 진심으로 사욕을 위하여 결심을 바꾼다는 것은 꿈에도 생각하지 않았다.

무사는 의(義)를 위해서는 이를테면 가난에 처하더라도 싫어하지 않고, 불의(不義)는 부귀하더라도 좋아하지 않는다는 것이다. 빈부와 같은 경우는 범속이 가장 거취하기 쉬운 부분이다. 그렇지만 의(義)가 아니면 부(富)가 있더라도 즐겁지 않는 것이다. 또한 가난하더라도 괴로워하지 않고 깊이 도의(道義)를 신중히 한 것이다.

무로마치(室町)장군 아시카카(足利)의 유력 일문(一門)으로 막정(幕政) 참가자의 칸레이(管領:쇼군을 돕던 정무 총괄자)였던 시바(斯波)장군과 호소카와 요리유키(細川賴之) 부자(父子) 등과 같은 경우도 충분히 도(道)를 밝게 닦은 사람으로 당시 무사교육은 실로 감탄할만한 것이었다.

애초 이러한 예절을 중요시한다는 사상도 미나모토씨(源氏)가 카마쿠라(鎌倉) 바쿠후(幕府)를 열었던 당시보다 한층 면목을 일신(一新)한 것은 틀림없으나 점차 무사도의 장려와 함께 다양하게 번성하였다.

그 뿐만 아니라 사람에게는 예양(禮讓:예의와 양보)이 있어야 하기 때문에 난보쿠초 시대에 있어서는 일본의 예식(禮式)이 마침 중흥기였다.

그러므로 오가사와라(小笠原)류의 궁마예법(弓馬禮法)과 같은 일파의 예법이 생긴 것이다. 이와 같이「꽃은 벚꽃, 사람은 무사」라는 광휘(光輝:환하고 아름답게 빛남)를 발한 것이 제행무상(諸行無常)의 배움으로서 인과(因果)는 자동차의 바퀴와 같아 밀접하여 떨어질 수 없는 것이다.

8. 오닌(應仁)의 난(亂)

애석하게도 일본 무사가 대도(大道)를 잃어 기로에 방황한 적이 있었다. 오닌(應仁) 이후의 대란(大亂)이라는 센고쿠시대(戰國時代)를 생기게 하였다. 그 시대의 백성은 욕구가 강하고 불손한 일족으로 국가(國家)라는 큰 집을 엉망으로 문란하게 만들었다. 여기에 주의해야 할 것이 있다. 혹자는 세상에 흥망성쇠가 있다고 말하지 않았는가?

보라, 인과(因果:원인과 결과)의 이치가 여기에 있다. 참 무사도(武士道)를 마음 속에 간직하면 즉시 천하를 수람(收攬)하고, 가볍게 본다면 즉시 멸망하지 않았는가? 또한 말하길 국가가 흔들리면 충신(忠臣)이 나타나고, 집이 가난하면 효자(孝子)가 생긴다는 말이 있다. 이것은 일리(一理)있는 것으로 이 난세(亂世)가 무사도를 한층 더 단련함과 계급을 상승시켰다.

도(道)는 오랜 세월에도 불멸이다. 어떠한 큰 적이라도 도(道)에는 이길 수 없다. 어쩔 수 없이 도(道)에 가까이하여 토요토미(豊臣)라는 호걸이 나타났으며, 마침내 천하의 장군이 되었다. 그리고 검은 구름도 대부분 사라지고 한층 더 상황이 좋아졌다.

이 기세에 편승하여 바람을 일으켜 일월광광(日月光光), 천지를 비추고 운무(雲霧)의 흔적을 거두어 버린 대장으로 세상 사람은 그를 우러러「토쇼쿠(東照宮:시즈오카에 매장했던 토쿠가와 이에야스 시신을 이곳으로 이장하고 지은 사당이다)」로 받들었으며, 이는 토쿠카와 장군 이에야스(家康) 공(公)으로 화신(化身)된 성현이 출현하였다. 대장은 어떠한 치적을 강구하였는가가 주목할 점이다.

9. 토쿠카와 이에야스(德川家康) 공(公)의 공적

토쿠가와 이에야스(德川家康) 공(公)은 보통과 다름없는 범속한 인물이 아니다. 정치가로서 한 점 부족한 곳이 없다. 그래서 천지대도(天地大道)에 근거하여 치국책(治國策)을 강구하였다. 여기에 크게 주의가 필요한 점이 있다.

제군은 테츠다로(鐵太郞)를 만담장의 만담가와 같이 재미로 들어서는 요점을 파악할 수 없기 때문에 이야기의 요긴한 대목에 주의해야 한다.

애초 이에야스 공(公)이 장군이 되게 한 것은 비근하게 말하면 참된 무사도이다. 이에야스 공(公)의 행적이 있는 일부를 소개하면 공(公)은 원래 미카와(三河)의 작은 영주이다. 그러므로 부하를 이끌 때도 은상(恩賞)이 매우 약했다. 그럼에도 불구하고 휘하 무사들은 기뻐하며 신명을 바쳤다.

이것은 공(公)의 허언(虛言:실속이 없는 빈말)에 현혹되어 따르는 것이 아니며, 또한 공(公)이 대담한 유식자이기 때문에 공포심을 느끼고 어쩔 수 없이 복종하는 것도 아니었다.

일본 과거의 무사가 그 지위를 얻은 실리를 생각한 바 모두 자연의 대도(大道)를 두려워하여 오로지 이것을 실천한 것이다. 그러므로 이에야스(家康) 공(公)과 같은 경우는 분명히 그 한 사람이다.

이를테면 이에야스 공(公)이 부하를 이끌 때도 전심으로 도(道)의 중요성을 듣게 하고 오로지 신도·유교·불교의 '3도 1관'의 대도(大道)를 제시하고, 충효·절의·용무·염치의 관념을 유도(誘導)·장려(獎勵)하여 견인(堅忍)·내구(耐久)·이욕(利慾)을 제지(制止)하고 자신 스스로 이것을 실천궁행하였기 때문이다.

그러므로 천하 치제책(治制策)을 강구함에 있어서도 이상의 취지를 일관하여 근검상무(勤儉尙武)에 도의적 문교(文敎)를 다듬어 인정도덕(人情道德)을 평소에 소양(素養:학문·지식·교양을 평소에 닦음)시켰기 때문으로 카마쿠라(鎌倉) 전후의 무사적 정신에 문적교리(文的敎理)로서 생사(生絲:실)의 묘술(妙術)을 얻은 직공(織工)이 재료를 구합(具合)하여 모양이 좋은 천으로 만들었듯이 참 일본인에 합당 완전한 미덕을 가진 야마토인(偉人:일본인)이 된 것이다.

그리고 이에야스(家康) 공(公)에서 오늘날의 요시노부(慶喜: 에도막부 마지막 15대 장군) 공(公)에 이르기까지 무사도에 관해서는 놀랄 만한 역사가 있게 되었다. 그 뜻은 최근의 일이기 때문에 대략적인 견문도 있으므로 내용을 생략하지만 토쿠카와(德川)시대만큼 무사도에 큰 관련이 있는 시대는 드물기 때문에 각자는 깊이있게 연구하기 바란다.

그리고 졸자의 이야기와 비교한다면 스스로 깨닫는 부분도 있을 것이다. 또한 무문성쇠(武門盛衰)의 실체는 모두 앞에서 언급한 지성(至誠)과 그 반적(反敵)인 명리사욕(名利邪慾)에 귀착된다.

10. 토쿠카와 바쿠후의 말기와 메이지 유신

토쿠가와(德川) 바쿠후 말기에 대해서는 약간의 주의가 필요한 부분이 있다. 물정을 모르고 유신(維新)의 대업을 보고 갑자기 생긴 것으로 생각한다면 큰 잘못이다.

메이지 이후에 태어난 자, 아니 그때의 고난을 알지 못하고 편안하게 잠에서 깨어나 밥을 먹는 자는 수많은 난관을 알지 못하여 조린 도미를 주면 오리스프를 바라고, 달걀을 주면 소고기는 없는가 뭔지 부족하다고 주장하며, 지금이라도 요리의 본체를 뿌리부터 뒤집으려고 하는 자가 나올 것 같다.

그렇다면 유신(維新)의 대업은 어떻게 이루어졌는가를 묻는다면 그 기원은 상당히 심오하다. 한 마디로 말한다면 무사도(武士道)로 이루어졌다고 하면 되겠지만, 이것으로는 한없이 넓고 끝이 없어 이해에 고심하는 자가 많기 때문에 지금 약간이라도 설명해 둔다.

그 기원은 상당히 멀고 또한 심오하지만 언어로 적시(摘示)하여 거의 상상이 되는 부분부터 이야기한다.

생각하면 정권무문(政權武門)에 귀착되어 무사가 신용(信用)을 세상에 떨쳤기 때문에 어리석은 자의 생각에는 무문(武門)만을 알고 높은 황실(皇室)이 있다는 것을 잊고 있다. 그래서 조정에는 말씀드리는 것도 송구스럽지만 매우 쇠퇴의 지경에 이르게 되었다 하더라도 호죠(北條)와 아시카가(足利) 시대와 같은 경우는 말이 안 된다.

토요토미(豊臣)씨가 근황(勤皇)의 뜻이 있어 토쿠카와에 이르러 마침내 황실의 존엄을 염원하여 미토(水戶)의 미즈쿠니(光圀) 공(公)이 근황(勤皇)의 대의를 『대일본사(大日本史)』에 소개하여 쿠스노키(楠)씨의 정충(精忠:순수하고 한결같은 충성)을 예로 들어 그 비석을 미나토가와(湊川)에 세워 근황충신(勤皇忠臣)의 모범을 세상에 알리고, 또한 카이바라 에키켄(貝原益軒) 옹(翁)이 쿠스노키씨의 작은 비석을 가시덤불(荊棘) 사이에서 발견하여 비애의 눈물을 흘렸던 것과 같이 기타 학자와 무인에게 근황론(勤皇論)은 여기저기 할 것 없이 춘풍에 초목이 싹트듯이 다이묘(大名)에서는 이미 삿슈 시마즈시(薩州島津) 공(公)과 같이 마침내 천하는 시끄럽게 되었다.

때마침 외함(外艦)이 내항하여 출몰하기 시작하였다. 그렇기 때문에 뜻이 있는 무사와 국가를 걱정하는 자들을 보고 들을 때마다 다양한 이상(理想)이 마음 속으로 비추어 왔다.

그래서 단련대반(鍛鍊大磐:몸과 마음을 큰 반석 같이 훈련시킴)과 같은 우국울발(憂國鬱勃:나라를 걱정하는 마음)한 결사가 어떻게 침묵하겠는가?

아무리 동해의 작은 섬에서 생을 보낸다고 하더라도 외적(外敵)에 굴욕당하여 침묵할 것인가? 특히 동서에 둘도 없는 국사(國史)를 가지고 고요한 동해양(東海洋)의 먼 바다에 솟았다면 엄연히 국가를 이루고 있는 일본 무사가 아닌가?

장래 제현이 어떠한 작용을 할 것인가를 생각해보고 묘응변화(妙應變化), 무사도의 큰 활동범위를 살펴보자. 그런데 앞으로의 활용은 귀신출몰로서 간발(間髮)을 두지 않는 눈부신 활동이기 때문에 잘못 들었다면 어떠한 사람이 참 무사도를 활용하였는가? 어느 것이 비도(非道)인지, 미치광이인지, 바보인지 알지 못하기 때문에 충분히 주의하기 바란다.

11. 존황양이론(尊皇攘夷論)과 사바쿠(佐幕) 개국론

일본의 무사라는 것은 나오고 들어감(出所進退)을 분명히 하여 확고한 자기의지를 결정한 이상(以上)은 지성으로 일관하는 것이 참된 무사(武士)이며 또한 무사도(武士道)이기도 하다. 이제 세상은 묘하게 되었다.

개국 당시 어떤 곳에는 존황론(尊皇論)이 소리 높고, 다른 곳에는 양이론(洋夷論)이 떨치고 있다. 또한 빈번히 개항론(開港

論)을 주장하는 자도 있으며, 또한 사바쿠(佐幕:바쿠후 보좌파)나 토바쿠(討幕:바쿠후 토벌파)의 출몰이 끝이 없고, 국내 일원(一圓:일정 지역)이 기치당당(旗幟堂堂:내세우는 주장이 당당한 모습)함이 심하여 차마 볼 수 없는 상태이다.

그 한 예를 보면 하야시 시헤이(林子平) 이하 3기인(三奇人)을 비롯하여 저 북해도의 구석구석까지 찾아다니면서 해방(海防:해양 방비)을 주장한 마츠모토 인츠우(松本胤通), 콘도 쥬조(近藤重藏), 이노우치 쥬케이(伊能忠敬)를 비롯하여, 개국론자인 타카노 쵸에이(高野長英), 와타나베 카잔(渡辺崋山), 또는 해외 도항을 꾀한 요시다 쇼인(吉田松陰), 이들의 스승인 사쿠마 조산(佐久間象山), 이이 타이로(井伊大老)의 정책을 승인하지 않았던 우가이 키치자에몬(鵜飼吉左衛問), 쿠사카베 이사지(日下部伊三次), 라이미키 사부로(賴三樹三郞), 하시모토 사나이(橋本左內), 우메다 겐지로(梅田源次郎) 같은 제사(諸士:여러 지사)와 같이 혹은 사쿠라다 몬가이(櫻田門外)에서 이이타이로를 찌른 사노 타케노스케(佐野竹之助), 아리무라 카네코(有村兼淸) 이하 17사(士), 혹은 존황양이론(尊皇攘夷論)을 주장하며 각지에 봉기한 쿠사카 미치타케(久坂通武), 히라노 쿠니오미(平野國臣), 오하시 슌조(大橋順藏) 등과 같이 노중(老中) 안도 노부마사(安藤信正)를 상처 입힌 코다 켄조(甲田顯三) 등의 한 무리, 또는 삿슈(薩州)번의 안도 타테와키(安藤帶刀), 도슈(土州)의 사카모토 료마(板本龍馬), 쵸슈(長州)의 번노(藩老)

후쿠하라 에치고(福原越後), 타카스키 신사쿠(高杉晋作), 메이지(明治)에서의 에토 신페이(江藤新平), 시마요시 아리(島義有), 사이고 타카모리(西鄕隆盛)와 같이 하나하나 열거한다면 실로 수천명으로 끝이 없다.

이들 각자의 소업(所業)은 천차만별이다. 출소퇴진(出所退進)・거취(去就) 모두 다르며, 일견(一見)하여 충인가, 불충인가, 광인인가, 바보인가 하나하나 판단하는 것이 매우 어렵다. 누구도 한 가지 사안(思案)을 요구하는 것이나, 조용히 그 발심(發心)을 찾는다면 매우 자연스럽다. 이들 모두에게 깊이 감사해야 한다.

졸자가 이렇게 말하면 이상하게 생각하는 사람도 있을 것이다. 지금(메이지 20년・1887)은 사이고(西鄕) 등은 국적(國賊)이기 때문에 졸자도 또한 국적일지도 모른다.

요점은 누구나 모두 지성(至誠)의 단심(丹心)에서 발하였기 때문에 이상의 각 지사(志士)는 모두 비난할 수 없는 지성(至誠)의 무사도적 인물이다. 세상 사람이 국적(國賊)이라 부르는 사이고(西鄕)와 같은 경우도 졸자는 우러러 완전무결의 참 일본인이라고 믿어 의심치 않는다.

12. 지사(志士)의 마음에 공통적인 것 : 성(誠)

이상의 모든 지사(志士)는 당시의 국법이 허락하지 않았기 때문에 사형으로 또는 자살하여 끝을 맺고 말았으나 결코 부끄러워해야 할 사람은 아니며, 모두 훌륭한 무사도적 인물이다. 세상 사람은 근황주의나 개국주의나 양이주의나 토막(討幕)주의나 다양한 이름이 붙어있지만 졸자는 종합 일괄하여 모두 근황(勤皇:천황을 섬김)이라 한다. 원래 일본의 인사(人士)는 근황(勤皇)이 근본이다.

때문에 그 잎과 줄기도 근황(勤皇)이 틀림없다. 생각이 모자란 자 혹은 근황(勤皇)과 개국의 본지(本旨)는 그 논법에 있어서 달리하고 있기 때문에 그 지성의 발현지도 전혀 다르다고 해도 좋으며, 일단 지당(至當) 천만(千萬)하게 들리는 것도 그 본원을 궁구하는 데에 있어서는 전혀 다른 것이 아니다.

마음을 진정시키고 그 원리를 바르게 생각한다면 충분히 알 수 있다. 이러한 것은 지나치게 이야기가 길어지기 때문에 가까운 예를 들어 보자.

양이론자(攘夷論者)가 말하는 것은 외국인과 같은 자들을 접근해오게 하는 것은 추악하며, 국가의 존위를 더럽게 한다는 근황애국주의(勤皇愛國主義)에서 나온 말이다.

개국론자(開國論者)가 말하는 것은 개항을 허락하여 그들과 널리 교제하여 일본 국체가 허락하는 한 그들의 장점을 취하고 신속하게 우리 것으로 만들어 후일의 변란에 준비해야 하며, 이대로는 우리들 부모의 나라가 위험하다고 하는 근황우국(勤皇憂國)의 염려에서 발심한 것이다. 알고 보면 모두 국가를 생각하는 염려는 모두 같다. 또한 일본은 군왕과 국가가 하나로 군국일체(君國一體)로 되어야 군민동심(君民同心)이 되는 것이다. 나머지는 각자가 판단해 보면 졸자의 이야기도 자연스럽게 깨닫는 부분이 있을 것으로 생각한다.

이상과 같은 보조로 무사도가 결국 개항논지(開港論旨)로 매듭을 지었다. 그래서 널리 지식을 세계에서 구하고 백성 상하(上下)의 마음을 하나로 하여 후일의 충격을 막고자 한 것이다.

13. 개국진취(開國進取)의 산모(産母)는 바쿠후(幕府)

여기에 조금의 주의를 필요로 하는 부분은 국가를 개국하여 진취(進取)를 결정하게 된 것은 좋으나 그 개국진취(開國進取)의 산모(産母)에 주의하기 바란다. 유신(維新)의 큰 대업을 이룩한 무사는 사츠마번(薩長藩)이라는 것을 말하는 것이지만 졸자가 말하는 것도 들어주기 바란다. 그 개국진취의 산모는 바쿠후(幕府)라 해야 할 것이다.

일반적으로 높은 안목으로 일본을 이야기함에 있어 삿슈(薩州), 쵸슈(長州), 사츠마(薩長) 각 번의 바쿠후라는 것은 속세에 한하며, 먼저 참고의 이야기이다. 그것도 실은 이미 메이지의 신천지(新天地)로 옮겨지므로 바쿠후도 머지않아 끝나기 때문에 예를 위하여 오랫동안 무사도 교육의 큰 사업자로서 국민정신의 상속자(相續者)로서 훈도자(薰陶者:사람을 덕으로 이끌어 간 사람들)로서 유신대업(維新大業)의 무사자(武士者)로서 깊이 큰 은혜를 감사하는 바이다.

14. 바쿠후(幕府)의 진보적인 정책

졸자가 바쿠후(幕府)를 개국진취의 큰 사업자라 한다면 사츠마번(薩長藩)과 같은 경우는 하나의 공도 없는 것은 아닌가의 질문을 받을지 모른다. 세상 사람도 너무 생각이 모자란 자만 있어도 곤란하다. 이야기의 진상을 파악할 수 있어야 한다.

그러면 바쿠후를 유신(維新)의 원유자(元由者)라고 하는 것은 저 외선 도래(外船渡來:페리함대 도래) 이후, 해방(海防:바다 방어)의 설비 소동이 있을 즈음 그들의 사정(事情)을 연구하기 위하여 난학(蘭學:네덜란드 학문)의 수업자는 대부분 바쿠후에 봉사하며 그들의 여파는 마침내 외교 정치기관에 활용되어 암암리에 개항의 유도자(誘導者)가 되었으며, 저 와타나베 카잔(渡辺崋山)이 『게키제츠소기(鴃舌小記:알아들을 수 없는 짧은 기록. 설문형식의 문답)』·『신키론(愼機論)』 등을 저술하면서 러시아와 교통하여야 한다고 논하였으며, 카츠 아와(勝安房:카츠 카이슈, 카츠 린타로, 카츠 야스요시 이름이 많음)도 『외교여세(外交余勢)』를 논하였으며, 타카노 쵸에이(高野長英)는 『유메모노가타리(夢物語)』를 저술하고, 기타 다양한 이들의 각 서적은 당시 일본인의 사기(士氣)를 유발시켰다는 것은 대단한 것이었다. 또는 조선항해술 수업을 위하여 에노모토 나베지로(榎本釜次郎)를 네덜란드로 유학시키고, 카츠 린타로(勝麟太郎)는 나가사키로 가서 네덜란드 사람에게 해군술을 배우고, 타카하시 데이슈(高橋泥舟)와 졸자(야마오카 텟슈)가 교습소(講武所)를 열어 무사도를 장려하며, 기타 해군조련소와 네덜란드 서적과 문서(蕃書)의 취조소(取調所:번역소)나 혹은 오쿠리 코스케(小栗上野), 오쿠보 이치오우(大久保一翁) 등에게 내외시세(內外時勢)의 기운을 시찰시키는 등 개국진취(開國進取)로서는 어떻게 공헌하였는가는 곰곰히 생각날 것이다.

그러나 당시 이와 같은 작업은 주위의 큰 반대의 대단한 기세로서 사람을 때려 죽였다느니 찔러 죽였다는 등 보통 이야기는 아니었다.

그것의 용단을 내려 대담하게 결행한 무리 등을 생각한다면 참으로 그 노고에 한없이 흐르는 눈물을 주체할 수 없다.

실로 충군(忠君)의 애국지사로서 아침에 향기나는 산벚꽃은 실로 이와 같은 무사로 '일본의 혼이 있는 신국(神州:神國·일본이 자기 나라를 자랑하여 일컫는 말)'건아(健兒)라 할 수 있다.

혹은 묘하게 매도하는 자도 있을지 모르지만 특히 졸자는 감사의 뜻을 표하여 여기에 한 마디 주의를 첨부하여 둔다.

이상의 대요(大要:대략의 줄거리)로서 봉건 무사도의 유래도 상당히 생략된 이야기로 끝내고, 나머지 이야기는 왕정부활, 유신(維新) 메이지의 신무대로 나아가는 바 무사도가 얼마나 그 흐름을 바꿀 것인가는 그 근저에서 판단하기 바란다.

오늘 강화는 이것으로 끝내고 싶다. 교토 사람이 예약한 휘호(揮毫)를 애써서 받으러 와있다는 것은 보시는 대로이다.

이때 이노우에 코와시(井上毅)씨, 코테다 야스사다(籠手田安定)씨, 문학박사 나카무라 마사나오(中村正直)씨, 육군소장 야마카와 히로시(山川浩)씨 그외 많은 내청자가 있었다.

이노우에(코와시) : 정말로 온고지신(溫故知新)은 경세(經世: 세상을 다스림)의 중요한 대목이라고 생각합니다.

야마카와(히로시) : 송구스럽게도 지금 문무(文武)의 공위(公位)에 몸을 두고 있으면서 사리(私利:개인의 사사로운 이익)·사정(私情:사사로운 정·情實)에 방황하는 자가 있는 것은 오늘날 계속되고 있습니다. 지금 선생님의 말씀은 듣는 자는 부끄럽기 짝이 없습니다.

나카무라(마사나오) : 무사도기발(武士道起發)의 뜻을 훨씬 전에 알아야만 했습니다.

■ 카이슈 평론 (Ⅱ)

1. 인간만사(人間萬事) 지성봉공(至誠奉公) 정신에 있다

나는 역사의 평(評)은 하지 않겠다. 사학(史學)박사가 아니기 때문이다. 요약하면 이 한 편(編)과 같은 경우는 오늘날 학문의 독(毒)에 해당하고 있는 금박(金箔)한 서책(書冊)을 무리가 보았다면, 이것저것「내력도 알지 못하는」그럴싸한 이치가 있을 것이다. 나는 깊은 서적(書籍) 학문을 하지 않았기 때문에 그럴싸한 이치는 알지 못한다.

또한 아무리 이야기해도 나는 벌써 76살(메이지 31년, 1898년 10월, 몇 달후 1899년 1월 21일 77세로 생을 마감했다)이 되었다. 죽는 것이 남은 일과이다.

자네들은 젊기 때문에 지금부터이다. 가능하면 세로풍상(世路風霜)에「놀라지 않도록」단련하는 것이 제일이다.

지금의 대학생들과 같이 대학교를 졸업하면 세상의 학문은 일단 졸업하였다고 생각하는데 그것은 지극히 곤란하다. 또한 그 부모들도 자녀가 학자라도 된 듯이 생각하는 것은 당치도 않다. 자네들에게도 매번 말했듯이 야마오카의 이야기는 결국 인간만사(人間萬事) 지성봉공(至誠奉公)하라는 것이다. 백성·상업가·대신(大臣)이라는 구별은 없다.

여기에 한가지 옛날이야기가 있지만 시종일관(始終一貫) 내가 사람에게도 말하는 이야기이다. 몸을 두는 곳에 공사(公私)의 구별이 따로 없고 진심으로 일관하는 것이다. 세상의 일은 모두 정신(精神)이 제일이다. 그 이야기를 뒤에 이야기한다.

2. 무학자(無學者) 정치와 박식자(博識者) 정치와의 비교

구 바쿠후 시대에 타누마(田沼)라는 남자가 있었다. 이 타누마는 누구라도 알고 있는 사람이지만, 타누마가 살던 시대의 재미있는 이야기가 있다.

당시 성묘(聖廟:문묘, 공자를 모신 사당)가 크게 훼손·붕괴하자 모리(森)라는 대학의 학장이 수선(修繕)의 의(義)를 자청하였다. 문구(文句) 중에 「문선공(文宣公)」이라는 글자가 있었다. 그런고로 당시의 유희츠(祐筆:재상의 측근) 등 누구 하나 그 글자의 뜻을 알지 못하였기 때문에 즉시 부전지(付箋紙)를 붙여 "문선공은 어디의 신인가"라고 되물었다. 그래서 대학의 학장은 "문선공은 중국의 츄지(仲尼:공자)를 말한다"고 답하였다. 그러나 츄지라는 신은 지금까지 들어보지도 못한 신이라며 다시 문답이 시작되었다.

모리라는 대학의 학장은 어이없다는 듯이 다시 답변하기를 문선공은 츄지로, 츄지는 논어 책 중에 "자왈(子曰)이라는 것이 있다. 자(子) 즉 공자를 말하는 것이다"고 답변하였다. 그래서 비로소 미혹에서 깨어났다고 한다. 당시의 유히츠는 지금의 대신(大臣) 비서관(祕書官)이다. 그래도 국가를 요리하는 재상의 측근이기도 한 유히츠가 공자의 이름도 모를 정도이다.

이것을 생각하면 오늘날의 비서관 등은 국서(國書)는 물론 외국어 하나 둘 정도는 대략 통달하여, 정치・법률・교육 등을 입으로 말하는 그럴싸한 이치만은 알고 있다.

그러나 공자의 이름도 모르는 유히츠 등을 이용하여 정치를 한 것에 비한다면 만능 비서관을 거느리고 있는 오늘날의 정치가의 무리가 특별한 정치를 잘하지 못하는 것은 이런저런 이유는 있겠지만 야마오카(山岡)가 탄식하고 있는 대근원(大根元)인 지성봉공(至誠奉公)의 정신이 결여되어 있기 때문이다.

이 한편의 대요는 여기에 있는 것이다. 인간의 정신교육(精神敎育) 등은 야마오카로서는 처음 말하는 것이다.

3. 사이고를 움직인 텟슈의 지성(至誠)

야마오카(山岡)가 얼마나 무사도적 인물이었던가, 또한 얼마나 무사도를 단련하였던가, 또한 그의 언행은 일치하는지 어떤지 그 자체의 행적(行蹟:업적) 일부를 들어서 증명해보면 나머지는 추측하여 판단할 수 있을 것이다.

보신(戊辰) 전쟁 때 장군 요시노부(慶喜) 공(公)은 우에노(上

野)에 틀어박혀 순순히 정부의 처분을 바라고 공순근신(恭順謹愼)할 당시, 에도(江戶) 시내는 차마 눈뜨고 볼 수 없는 대소동으로 관군(官軍, 정부군)은 바쿠후군(幕府軍)에게 점점 가깝게 다가오고 정부의 대총독(大總督) 본영(本營:본진)은 이미 순푸(駿府)까지 도착하였다.

　이 때 군공(君公)의 명령에 따라 근신하는 요시노부의 성의를 조정에 하소연하는 자가 없는 비탄지극(悲嘆至極)의 경지에 빠져 있을 때였다. 이때 충용금철(忠勇金鐵:금철같이 용감하고 충성스런)과 같은 지성(至誠)으로 귀신도 울게 하는 애국무이(愛國無二)의 걸사(傑士) 야마오카 테츠타로(山岡鐵太郞)가 나섰다.

　이때 카츠 카이슈 선생의 목소리 약간 상기되어 사뭇 고인을 생각하여 옛날을 추념(追念)하는 정을 참지 못하고 이야기는 중단되었고, 선생의 두 눈에 눈물이 가득하였다.

　편자(아베 마사토:安部正人)도 무심결에 그 감정에 빠져 오열(嗚咽:설움에 복받쳐 목메어 욺)의 정을 금할 길 없었다. 잠시 머리를 숙인 후 선생은 말을 이었다.

　그렇듯 야마오카는 신명(身命)을 뒤돌아보지 않은 것이다. 즉시 관군의 대총독부에 가서 천하의 미망(迷妄)을 설명하고, 주군(15대 장군 토쿠가와 요시노부)의 성의를 상세하게 호소해야 한다고 반석과 같은 대결심으로 오로지 생각하는 것은 전도애국(前途愛國)에 있으며, 눈앞에는 에도(江戶, 지금의 토쿄) 백만 일반 백성의 생명(生靈)을 대신하여 한 목숨을 버리려고 하였기 때문에 그 지성(至誠)은 반석도 뚫을 기세로 이것저것 중요한 점을 관계자와 협의한 것이다. 그러나 속물배는 상대되지 못했다. 그래서 야마오카는 "멍청한 짓을 했구나 이때 유예(猶豫)가 있을까?" 하던 말을 자르고, 내(카츠 카이슈)가 있는 곳으로 왔다.

야마오카는 나에게 일의 내용을 자세히 설명하고 답변을 구하였지만, 나도 지금까지 야마오카라는 이름만 들었지 아직 그의 심사(心事:마음속으로 생각하는 일)를 잘 알지 못하였기 때문에 즉답하지 않고 조용히 야마오카의 언동을 살펴보니 왠지 모르게 기회를 잃지 말아야겠다는 것을 깨달았기 때문에 내가 야마오카에게 물었다.

"먼저 관군(官軍)의 진영에 가는 수단은 어떻게 할 것인가?" 야마오카의 대답은 "임기응변은 가슴에 있으나 먼저 마음으로 정한 것은 일단 관군의 진영에 들어가면 그들이 일도(一刀)하에 졸자의 목을 자를 것인지 아니면 잡아 묶을 것인지 그 두 가지가 나올 것이다. 이런 경우에는 졸자는 조용히 양도(兩刀)를 풀어 그 앞쪽으로 내밀고 묶는다면 조용하게 묶이고, 죽인다면 죽어주겠다. 어쨌든 저쪽에 맡기고 떳떳하게 처분을 받아들이자. 그렇지만 아무리 적(敵)이라 해도 적어도 사람 한 사람을 죽이는데 한 마디 말도 못하게 하고 주살하는 등 그러한 선후의 도리(道理)에 맞지 않는 짓은 하지 않을 것이다.

졸자는 그들이 죽이려고 할 때 다만 한 마디 총독부에 말씀을 드리고 싶은 것이 있다. 만일 그 뜻(意)이 부정(不正)이라고 생각한다면 그 때는 신속하게 죽이라고 말하려 생각한다. 귀전(貴殿)은 어떻게 생각하십니까? 하고 물을 것입니다." 텟슈의 의연한 결심이 견고함에 카이슈는 감복하였다.

그래서 나는 손뼉을 치며 "좋아, 이토록 지성(至誠)이 확고한 결심이라면 실패는 없다"고 답하고, 사츠마인(薩摩人) 마스미츠 큐노스케(益滿休之助)를 수행인으로, 그리고 사이고(西鄕) 앞의 소개장을 부여하였다.

나는 야마오카라는 남자의 이름 정도는 알고 있었지만 이와 같은 인물이라고는 꿈에도 몰랐다. 오쿠보 이치오우(大久保一翁) 조차도 야마오카는 너를 죽이려고 생각하고 있기 때문에 주의하라며 면회를 허락하지 않았다. 그런데 이때 두 사람의 회합(會合)은 그 후 막역한 사이를 엮어 주는 계기가 되었다.

이상의 이유로 내가 야마오카에게 추천장을 건네자 야마오카는 "카츠씨, 이것으로 일은 끝났습니다"하고 또렷하게 한 마디를 남기고 일어서서 에도를 떠났다. 후일에 이야기를 들으니 야마오카가 나에게 고별을 청하고 에도를 출발 순푸(駿府)를 향하여 시나카와(品川), 오모리(大森)를 거쳐 로쿠고(六鄕)의 선착장 근처에 다다르자 벌써 관군(정부군)의 선봉은 종대를 이루고 깃발이 당당하고 엄연하게 보였다고 했다. 그러자 야마오카는 수행한 마스미츠를 격려하여 평상심으로 이 한 복판에 나아가 본진(本陣)으로 생각되는 곳으로 다가가 큰 소리로 "나는 조적(朝敵:조정에 반하는 적)의 이름을 입은 미나모토노아손(源朝臣) 토쿠카와 요시노부(德川慶喜)의 가신, 야마오카 테츠타로이다. 이번 총독부 궁에 탄원을 청하기 위하여 왔다. 이점 특별히 말해 두겠다"고 했다.

진중(陣中)에 누구 한 사람 제압하는 자가 없고 당시의 대장 시노하라 쿠니모토(篠原國幹)는 멀리 야마오카의 그림자가 보일 때까지 견송(見送)하였다고 한다.

야마오카는 길을 서둘러 순푸를 향하여 마침내 도착하자마자 즉시 참모 사이고 타카모리(西鄕隆盛)의 진영에 도달하여 면회를 청하자, 사이고는 이의(異義) 없이 면회를 허락했다. 따라서 야마오카는 사이고를 향하여 절을 한 후 즉시 진의를 말하였다.

"졸자는 토쿠카와 요시노부의 가신 야마오카 테츠타로입니다. 선생님의 높으신 명성은 익히 잘 알고 있습니다. 이번은 조적(朝敵) 정벌을 위하여 동하(東下)하는 취지이오나 곡직정사(曲直正邪:사리정사의 굽음과 곧음)에 관계없이 진격할 것인가, 반란이 진정된다면 만족할 것인가, 어느 쪽이든 결심을 해 주시기를…"

사이고는 더 이상 말하는 것을 기다리지 않고

"본인은 군에 참모(參謀)하는 것은 애초 사람을 죽이는 것이 예(藝:禮)가 아니다. 오로지 반란을 진정시키는 것이 큰 목적이다. 당신은 왜 이와 같은 당연한 말로 본인에게 대답을 요구하는 것인가?"하며 예사롭게 야마오카에게 반문하였다. 그러자 야마오카는

"그러하옵니까? 취지는 지당하십니다. 일의 도리는 필시 있을 것입니다. 그렇다면 저의 주인 토쿠카와 요시노부는 순순히 명령에 따라 근신하며 우에노 토에이잔(東叡山)의 보다이지(菩提寺)에 은거하여 벌을 기다리고 있습니다. 생사는 다만 조정의 판결에 있사옵니다. 그러함에도 무슨 이유로 이 대군을 진군시키는 것입니까?" 하고 되묻자 사이고는 스스로 고민하여 말하기를

"당신은 무슨 말을 하고 있는가? 생사는 단지 조정의 판결에 달려 있다느니 순순히 명령에 따라 근신하고 있다느니 하지만 현재 병력을 일으켜 항전하고 있는 증거로 이미 코슈(甲州:かい·甲斐·東海道에 속해 있는 지역) 일원은 관군에 대적하고 있다는 보고(注進)가 있었다. 이로 본다면 당신이 말하는 것은 진실이라고 생각할 수 없다. 어디에 순순히 명령에 따라 근신하고, 생사는 단지 조정의 판결에 달려있다고 하는 실증이 있는가?" 하고 추궁하였다.

그러자 야마오카가 답하기를 "그러하옵니까? 미심쩍은 부분은 있는 것 같으나 저의 주인 요시노부는 나아가 스스로 성의를 보이며 토에이잔(東叡山)에 은거하여 가신 등에게는 엄하게 순순히 명령에 따라 근신해야 한다는 뜻의 훈회(訓誨:가르

치고 타일러 깨우치게 함)를 내리고 있으며, 다소간 수많은 가신 중에는 주군의 명령에 반대하여 혹은 탈주하여 각소에서 봉기하는 것도 헤아릴 길 없으나 이점은 주군이 크게 걱정하는 부분입니다. 또한 이와 같은 도적배가 출몰하더라도 저의 토쿠카와가(家)는 관계가 없는 일입니다. 귀전(貴殿)이 믿고 있듯이 코슈지방에 봉기라는 것도 또한 이러한 도적배라고 생각합니다.

그러하기 때문에 미천한 신(臣)이 그 뜻을 주지하여 주인 요시노부가 공순근신(恭順謹愼)·성충무이(誠忠無二)한 심사를 조정에 관철시키지 않는다면 끝내는 주인 요시노부도 탈주 도적배와 같이 혼동할 것을 우려하여 호구(虎口)를 인내하며 귀 진영까지 찾아오게 되었습니다. 원하옵건대 졸자의 뜻을 대총독의 궁에 주청해주시기를 바랍니다"고 거듭거듭 그 뜻을 진정하였다.

사이고(西鄕)는 잠시 침묵하여 확답을 하지 않자, 야마오카는 말을 이어 "졸자는 주인 요시노부의 뜻을 대표하여 예(禮)를 갖추고 말씀을 올리고 있습니다. 이러한 부분을 선생님께서 만일 이 예(禮)를 주선해주시지 않으신다면 애석하게도 어쩔 수 없이 다만 졸자는 죽음만 있습니다. 애초 이와 같은 경우에 이른다면 휘하(麾下) 에도(江戶:지금의 도쿄) 백만의 생명을 애석하게 생각하지 않는 것은 미천한 신 테츠타로 뿐만 아닙니다. 이렇게 된다면 바쿠후는 고사하고 미래 일본의 천

하는 어떻게 되겠습니까. 그래도 선생님은 진격을 멈추지 않으시겠습니까? 만일 그러하시다면 오우시(おうし·王師:천황의 군대)의 전쟁이라고는 할 수 없습니다.

삼가 생각해 보건데「천자는 국민의 부모」이며, 비리를 명백히 밝혀 불온을 처단하는 것이야말로 참된 오우시(王師)입니다. 삼가 조명(朝命)에 배반하지 말 것을 청하는 충신에 대하여 관전(寬典:너그러운 처분)이 없다면 암운이 사방에서 일어나 천하는 마침내 대란이 일어날 것입니다.

청하옵고 원하기를 선생님께 약간의 추량을 베푸시기를 바랍니다"고 말하니 정성스럽고 지성의 정리(情理)가 명백하게 드러났다. 그러자 지성금철(至誠金鐵)의 사이고이기 때문에 어찌 깨닫지 않을까? 그는 즉시 자세를 바로하고 마음을 열고서 말하기를

"조금 전 세이칸인(靜寬院)의 궁 및 텐쇼인(天璋院) 전(殿)의 사자(使者)가 왔는데 그들이 요시노부가 순순히 명령에 따라 근신의 취지를 말씀드렸지만 불행히도 그 언어질서가 전혀 도리에 맞지 않았다. 그런 사자(使者)가 왔기 때문에 한층 의혹을 증가시켰다. 그러나 그대는 그러한 무리들과는 천지 차이로 처음으로 함께 이야기할 수 있는 사람이다. 이야기는 충분히 잘 알겠다. 따라서 나는 즉시 그대의 성심을 대총독부 궁에 말씀을 올려 명을 받을 테니 힘들겠지만 잠시 휴식을 취하게나" 말하고, 사이고는 즉시 궁의 윗전에 여쭈었다.

사이고는 얼마 후 돌아와 궁의 윗전 회의의 결과로 이러한 명령을 받았다며, 아래의 5가지 조건을 제시하였다.

"제1. 성을 비울 것.
 제2. 무기를 내 놓을 것.
 제3. 군함을 내 놓을 것.
 제4. 성의 병사를 부(府) 밖으로 옮길 것.
 제5. 주사(主師) 토쿠카와 요시노부는 비젠(備前)에 유배할
     것."
이상의 명령이다.

그대의 주인 요시노부 공에 있어서 진성(眞誠)의 명령을 순순히 따라 근신하고 있다면 성충무이(誠忠無二)의 진심을 보여, 이상의 명령을 이의없이 존경하여 받든다고(尊奉) 한다면 이것으로 비로소 관전(寬典:너그러운 법)의 판결이 될 것이며, 그대에 있어서 받아들일 수 있을지 없을지…"라고 하자.
 야마오카는 즉시 답하기를
 "삼가 언지(言旨)를 받들어 위의 5가지 조건 중 4가지 조건은 이의없이 받들겠습니다만 마지막 제5의 조건인 즉 주인 요시노부를 비젠(備前)으로 유배시키라는 명으로서 이 조목은 신 테츠다로에 있어서 받아들이기 어려운 조건입니다. 부디 다시 한번 더 평가해주시기를 바랍니다"고 진정하자,

사이고는 대답하기를 "이 계획은 조정의 뜻에 의해 나온 것으로서 우리들이 이것저것 참견할 것이 아니다"라고 하자, 야마오카는 "분부는 지당하신 것이오나 선생님이 진력(盡力)으로 재평가를 청하여 만약 그렇게 되지 않는다면 결국 오우시(王師)는 살인자라는 이름을 얻게 될 것입니다. 시험 삼아 다시 재고해 주시길 바랍니다.

토쿠카와 요시노부를 비젠으로 유배하겠다는 등 말씀을 드린다면 부하 후다이(譜代:대대로 주인을 섬겨온 신하)의 무사는 감수하며 승낙할 수 없습니다. 결국 병초(兵哨:도적을 방비하는 병사)를 풀어 오우시(王師:임금의 군대)에 대항하는 것은 필연일 것입니다. 그리할 때에는 적인 우리 편, 동포 국민의 수만명 백성의 생명(生靈)을 잃게 됩니다. 이러한 것은 필경 오우시가 평범한 살인자와 같이 생각하게 될 것입니다. 정말로 오우시가 취할 방편은 아닙니다.

또한 재고를 부탁드리고 싶은 것은 애초 일본국에 태어난 우리들이 각자의 주군에게 진력을 다하는 것은 고금 동일한 것입니다. 만일 선생님께서 주인이신 시마츠(島津) 공이 불운하여 이와 같은 경우를 당하거나 조적(朝敵)의 이름을 뒤집어 쓰고 관군의 토벌을 당하게 되었다고 가정한다면 선생님은 미천한 신 테츠타로의 처지에 서서 주인을 위하여 전심전력할 것은 당연한 일, 카쿤(寡君:과군, 자기의 군주) 요시노부와 같은 처치를 받는다면 선생님은 가만히 시마츠 공(公)을 타인의 손에 맡기고 다른 곳으로 옮기시겠습니까. 불초 테츠타로와 같은 것은 죽어도 주인을 타인의 손에 넘기지 않겠습니다. 선생님 부디 생각하여 주시기 바랍니다"라고 방바닥을 치며 지성의 눈물을 흘렸다.

그래서 사이고는 동감의 정을 억제치 못하고 충분히 재고한 후 답변하기를 "아아, 그대가 말하는 것은 지극한 도리이다. 설명한 대로 그대로이다. 본인은 어떻게든 토쿠카와 공(公)을 위하여 헤아릴 것이다. 그대는 걱정하지 말라"고 성심으로 야마오카를 위로하고 이의(異議)없이 맹약을 마쳤다.

당시 8살의 연상(1828년생)인 사이고(西鄕)는 야마오카(山岡, 1836년생)의 지성(至誠)이 마음에 스며들어 조용히 일어서서 야마오카의 어깨를 쓰다듬으며 진심을 드러내어 말하기를 "아아, 그대는 보기 드문 용사이다. 그대는 얻기 어려운 모사이다. 참된 무인이다. 실로 호혈(虎穴)에 들어와 호아(虎兒)를 찾은 것이다. 본인은 그대의 대결심이 실패하면 살아서 돌아가지 않는다는 것을 알고 있다. 참으로 진정한 용사로 지덕겸비(知德兼備)의 무사라고 할 수 있다. 실로 일국의 존망은 그대의 어깨에 걸려 있다. 그대 자중하기 바란다"면서 성심으로 지성(至誠)을 보였다.

그 때의 두 사람의 마음이야말로 나는 거듭거듭 헤아리지 않을 수 없다. 주의하라. 이 무사도의 활용하는 곳을 나는 늘 이 일례가 지나간 일을 돌이켜 생각(追想)하게 된다.

그리고 진영(陣營)에 있어서는 번갈아 깊이 야마오카에게 예를 다하였으며, 야마오카가 돌아갈 때 사이고는 대총독부 진영 통행증(割符)을 야마오카에 건네었다. 야마오카는 그의 성의에 깊이 감사하였으며 사이고는 시간을 내어 진영에서 영문(營門)에 이르기까지 야마오카를 전송하였다.

야마오카는 사이고에게 이별을 고하고 사츠마인 마스미츠를 데리고 동쪽을 향하여 유유히 에도 성으로 돌아와 대총독부궁의 명령을 5가지 조건에 근거하여 사이고와 맹약한 전말(顚末)을 참정(參政) 오쿠보 이치오우와 무리에게 피로(披露:널리 알림)하였다. 나는 그 때 야마오카야말로 진정한 일본인이라고 생각하여 지금도 감사한다. 그 때 바쿠후는 즉시 이것을 법령게시(高札:높은 곳에 공표한 글)로서 부중(府中)에 포고하였다. 따라서 인심이 비로소 안도하였다. 무사는 이와 같은 것이라 생각한다.

이것이 무사도의 유래(由來)의 평(評)으로서는 일견 이상한 것 같으나 메이지 유신의 대업도 이러한 유래가 있다. 따라서 수천 년의 일본 무사도와 그 도(道)의 발단이 추찰(推察)될 것이다. 또한 유래(由來)가 있다 하더라도 그렇게 긴 스미타카와(墨田川)와 같은 것이 있는 것은 아니다. 먼저 이것은 한 예의 이야기다. 요컨대 지성(至誠)으로 봉공(奉公)하라는 것이다. 야마오카가 전도우국(前途憂國:앞날의 나라 걱정)의 뜻이 있다는 것은 철면피라도 알게 된 것이다.

좋은 기회라서 한 마디 해두지만 유신 때 바쿠후에 야마오카와 오쿠보 이치오우가 없었더라면 상당히 어려웠을 것이다.

4. 야마오카와 사이고와의 이상한 대화 : 정한론의 진상

아베 마사히토(安部正人) : 사이고, 야마오카 두 선생의 언동에 대하여 매우 의심이 끊이지 않는 하나의 기담(奇談)이 있다. 그들의 견문담은 지금의 야마오카 선생의 자제 나오키(山岡直記)와 고 선생의 미망인 후사코(英子) 여사 등이 직접 말한 이야기로, 때는 1873년 신춘 1월로 기억하고 있다.

야마오카 나오키는 당시 어렸기 때문에 현관에서 놀고 있었는데, 괴물처럼 거칠고 엉성한 풍체의 사람이 문으로 다가 오기에 가만히 보고 있으니, 오른 손에 두터운 나무 지팡이를 쥐고 왼손에는 술병을 들고 대나무 껍질의 삿갓을 쓰고 눈이 내리는 추운 가운데 짚신발로 눈을 밟으며 현관까지 다가 왔다. 보니 정강이를 길게 드러내고 짚신을 신었고, 안면은 눈썹이 많고 눈이 크고 우락부락하고 엉성하며, 귀는 귀끝이 크게 늘어져 입 양측까지 내려왔기 때문에, 나오키는 은근히 두려워하여 괴물이라고 생각하고 있던 중에 그 사람은 중얼거리듯, "아버지 안에 계시는가, 사이고가 찾아왔다고 말해주겠니"라고 말했다.

어린 나오키는 두려운 마음으로 '귀신이 무슨 이야기를 하지'하면서 안으로 달려가 텟슈 선생에게 "아빠! 현관에 이상한 괴물 같은 사람이 와서 '사이고가 왔다고 전하라'고 합니다" 아무 생각 없이 텟슈 선생은 건성으로 듣고 스스로 현관에 가보니 뜻밖에 사이고 선생이었다. 곧바로 "자. 들어오시죠"라고 말을 건네자, 사이고는 응대하고 가슴에서 수건을 꺼내 손과 발을 닦고 도롱이와 삿갓을 벗고 텟슈 선생에게 이끌려 안으로 들어가 서로 인사를 나누었다.

난슈(南州:사이고의 호) 선생은 가지고 온 술병을 내밀며 말하기를 "일본은 아직 추우니 조금 열을 내도록 하죠."

텟슈 선생이 대답하기를 "말씀대로입니다. 외부(外部)를 따뜻하게 하는 것은 먼저 자신의 내부(內部)부터죠"라고 말하고 기뻐하며, 곧 일어나서 부엌으로 가 2개의 소금 절임 단무지를 꺼내어 스스로 이것을 샘물로 씻어 그대로 통 단무지를 접시에 담고 술 그릇 2개를 함께 들고 와 난슈 선생과 함께 따르고 함께 마셨다.

나오키는 곁에서 은근히 생각하기를 '사이고는 어떤 사람이지'하고 가만히 이상한 마음으로 쳐다보았다고 한다.

야마오카 선생 부인 후사코 여사는 건너 방에 있어서 두 영웅의 언동을 살폈다. 두 사람의 상태를 말하면 마치 바보 같고 또한 천진난만한 유년의 어린아이 같기도 하였다.

이러한 인물이 어떻게 유신 때 대단한 작용을 하였는가 일견 의심되며, 또한 두 영웅이 담화 중에 빈번하게 중국·조선

·러시아 등 다양한 이야기가 나왔으며, 그 중 가장 기의한 말은 사이고 선생의 말에 "조선·중국은 지금 기운을 신장하는 것은 좋지 않다. (사이고가) 일전을 펼치지 않으면 안 된다"고 하자, 야마오카 선생이 답하길 "그렇습니까? 병사 등은 쉽게 움직이는 것은 아닙니다"고 대답하자, 사이고 선생이 다시 말하기를 "꿩이 울기 때문에 포수가 온다"고 하는 등, 전후 이치가 맞지 않는 것을 이야기하며 그만 이야기에 정신이 팔려 함께 마시고 있던 술병을 넘어뜨리고도 아무렇지 않았다는 등, 이것은 후사코 여사와 나오키의 직접적인 이야기로 기억하고 있던 말입니다.

선생님 부탁드립니다. 이 전말에 대하여 깊게 평가해 주세요.

카이슈(海舟) : 자네 참 엄청나게 큰 문제를 짊어지고 왔구먼. 게다가 나의 평(評)까지 덧붙여 짊어지고 돌아가겠다니. 그 이야기는 오대주(五大州)의 크기라고 하고 싶으나 대충 어림잡더라도 동양 대륙의 크기이네. 자네가 말하는 후사코 여사의 이야기 중에 사이고와 야마오카의 대담 중, 전후 이야기가 이치에 맞지 않는다는 부분, 이것이 일대사건이네.

내가 가장 중요하게 생각하는 것으로 평론하고 싶은 큰 이치가 있는 부분이네. 앞의 두 사람의 대화에서 사이고가 술병을 꺼내며 「일본도 아직 춥다. 조금 열을 내도록 하죠」에 야마오카의 대답은 「말씀대로입니다. 외부를 따뜻하게 하는 것은 먼저 자신 내부부터죠」라고 하는 것은 조금은 편언(片言: 한 마디의 말·간단한 말) 같으나 지성의 우국심(憂國心)이 넘치고 있다. 또한 달인·달관의 말이다. 대체로 세상 사람이 천하의 광란(狂瀾)을 만회한다느니, 정치의 개선을 꾀한다며 떠드는 정치가의 어리석은 자를 보면, 외부가 아니라 가까운 내 자신이 먼저 치료하지 않으면 안 되는 자가 무엇을 말할 수 있겠는가? 생각해보면 사이고나 야마오카의 편언은 좌흥(座興: 여럿이 모인 자리의 흥취)으로서도 재미있다. 지성(至誠)의 두 글자를 움직일 수 없는 말이다.

 기타 질문 중에 도롱이와 삿갓을 쓰고 온 것과 술병이 넘어졌다. 통단무지를 먹었다 등은 질문할 부분이 아니다. 사이고·야마오카의 이야기를 후사코 여사가 일견 「바보」 같았다고 하는 것도 무리가 아니다.

 보라, 대신(大臣)들이 바람을 불게 하여 정치가·학자라는 무리가 사이고와 야마오카의 진의(眞意)를 알 수 있는 자는 몇이나 될까? 지금의 어리석은 자가 「바보」·「늙다리」라고 하는 것은 모두 이러한 자이다.

 저 이홍장(李鴻章)은 「늙다리」이기 때문에 뭐, 어떻다고 하며, 바칸(馬關)조약에 참석한 무리가 있었으나 그 후 어떻게 되었는가? 그 「늙다리」라는 이홍장과 진짜 단판을 지을 수 있는 일본인은 누구인가? 아마도 손가락을 꼽을 수 없을 것이다.

앞의 사이고의 두 마디, 야마오카의 한 마디의 불가사의한 부분은 동양정략(東洋政略)의 준비담(準備談)을 우연히 야마오카에게 흘린 것인지? 세속의 이른바 정한론(征韓論)에 상당하는 것이다. 이것이 중요하기 때문에 주의해야 한다. 내가 뒤에 설명하겠다. 조금 여기의 이야기에 대하여 생각하는 바가 있다.

저 청일전쟁이 막 일어나려고 할 때 내가 각각의 사람에게도 주의를 주며 바보 같은 전쟁을 하는 것은 아니다. 애만 쓰고 공은 없고, 끝내 국가를 빈곤케 하는 원인이라고 반대와 더불어 주의를 주었다. 그러자 어떤 자가 "무슨 소리지, 늙다리가 이 자리에 눈독 들이고 있다"는 듯이 「카츠의 늙다리, 익살스런 말」을 하고 욕설을 퍼부었다.

나는(카츠 카이슈) 일체 어리석은 자의 허튼 짓에 관계치 않고 혼자서 시를 지었다.

인국교병일 (隣國交兵日)
기군갱무명 (其軍更無名)
가련계림육 (可憐鷄林肉)
할이여영로 (割以與英魯)
세사양아희 (世事羊兒戲)
기감위단평 (豈堪爲短評)
장백산두월 (長白山頭月)

공조록강청 (空照綠江淸)
가까운 나라의 병사가 교전하는 날
그 군사를 대신할 이름이 없구나.
가엾고 불쌍한 계림의 고기와 같이
영민하고 미련함이 더불어 나뉜다.
세상 일에 양이 어린이와 희롱하니
어찌 짧은 평으로 감당하랴.
장백산 꼭대기에 솟은 달
압록강 푸른 물에 허공에서 비춘다.

일본이 지나치게 중국·조선에 헛소동을 일으킨다면 타국은 조용히 주시하고 충분히 움직이게 한 후 피로한 틈을 타서 오히려 공격당하게 되니까, 그렇게 주의를 주었는데 좀처럼 듣지 않는 것 같았으나 이상하게도 그대로 되는 것이 불가사의하다.

동양 대륙의 일은 중국과 러시아에 방임(放任:간섭하지 않고 내버려 둠)하라. 또한 모든 외국이 중국 등에 개항과 철도와 학교라도 만들겠다면 만들면 좋은 것이 아닌가? 그래야 중국은 스스로 열고 나갈 수 있다. 중국도 덕분에 문명화되고, 일본의 경우는 그 기세(氣勢)를 보고 뒤 따라 가면 편하지 않은가?

내가 그렇게 말하는 데 일본인이 주제넘게 참견하고 싶어하하니 슬픈 일이다. 일본인은 성격이 급하고 건방져 스스로 휘저으며 자국을 위태롭게 한다.

청일전쟁과 같은 경우는 그 전에 중국이 조선으로부터 고용되어 군대를 출진시키면 일본이 어떻게 되는가?

억념(憶念:늘 생각함)의 마음은 없고, 즉시 낭패하여 당연히 어리석은 자와 같게 된다. 우리의 국가를 바보로 만들고 있다.

오쿠보도 사이고도 이것이 안 된다는 등, 원한이 거듭되는 싸움이라는 등, 멍청하지 않은가?

5. 정한론의 진상 : 사이고 다카모리(西鄕隆盛)의 진의

세속(世俗)이 사이고(西鄕)의 유지(遺志)를 이어간다는 등은 한쪽 배가 아파진다. 어디에 사이고의 유지가 있는 것인가?

정한론(征韓論) 등은 바보 같은 짓이다. 만일 사이고가 정한(征韓)의 의지가 있었다면 당시의 해군경(海軍卿)인 나 카츠아와(勝安房)에게 한 마디의 상의가 있었을 것이다.

특히 사이고와 카츠와의 사이는 다른 어리석은 자가 알 수 있는 부분이 아니다. 나에게도 상의하지 않는 그런 카츠가 적(敵)은 아니다. 아니, 그런 얼간이는 아니다.

나는 정한(征韓)의 소리가 어리석은 자의 입으로 전해지기 때문에 어떻게 할 생각인지 묻자, 자신 혼자서 담판(談判)에 나갈 생각이었다고 본인이 직접 한 이야기였다. 나(가츠)도 그럴 수 있을 것으로 다른 자구책(自救策)은 발견할 수 없었다.

그러나 키리노(桐野)와 시노하라(篠原) 등이 곁에서 부채질하여 자르고, 때린다고 퍼뜨렸다. 정한(征韓), 정한(征韓)이라며 마침내 여론을 정한론(征韓論:1870년대를 전후로 일본 정부에서 일어났던 조선 정복에 대한 주장)으로 굳혀 버리고 사이고(西鄕)의 의지라는 것이다.

가련한, 뛰어난 금옥걸사(金玉傑士) 사이고를 허무하게도 성산(城山)의 지하에 묻은 것은 울어도 눈물이 나지 않는다.

(이때 카츠선생의 심정은 지나간 일을 그리워하는 마음에 참을 수 없는 것이 있는 듯, 갑자기 평론의 이야기를 멈추고 묵연하게 담배를 몇 모금피운 후에 말을 이었다)

〔편저자주〕 카츠와 사이고는 다 바쿠후(幕府) 출신이다. 가고시마(鹿兒島) 출신 사이고 다카모리(西鄕隆盛, 1828~1877)가 1877년 1월 29일 반란의 지도자로 추대되어 구마모토성(熊本城)에서 정부군과 대치중 총공격에 치명상을 입고 1877년 9월 24일 진지로 돌아가 자결한 후 22년이 지난 후 카츠도 메이지 31년 1899년 77세로 죽었다.

젊은 무리들이 어찌 사이고를 알겠는가? 그 후 10년의 내란이 발생하였다. 그래서 나는 자택에서 남몰래 사이고를 가련히 여겼다. 사이고의 의지도 아닌 것을 제멋대로 사이고의 이름을 짊어지고 마침내 사이고를 죽이는가 생각하여 추회(追懷)의 정을 금할 수 없다.

일찍이 사이고가 고향(故山)으로 돌아 갈 때 나도 함께 스미타가와(黑田川)의 강 위에서 키네가와(木下川) 부근에서 마음을 열고서 이별을 고한 것이 눈앞에 어른거린다.

당시 세속의 어리석은 자는 사이고는 국적(國賊)이다, 적의 괴수(魁首)라며 부르짖는 것을 무릅쓰고 키네가와 부근에 사이고의 이별 기념비를 세우고 깊은 경의의 뜻을 표하였다.

세속이 입을 맞추어서 카츠가 미치광이 사이고와 동적(同賊)이라고 엄청난 욕을 하였다. 그것은 범인(凡人)의 눈에는 무리가 아닌 것으로 나는 마이동풍(馬耳東風)으로 개의치 않았다. 그러나 어떠했는가, 최근 또한 사이고, 사이고하며 시끄럽게 칭송하지 않은가, 보라 내가 세속을 어리석다고 하는 것과 같지 않은가?

아울러 국사(國史)의 오진(誤診)에 절망한다. 충분히 생각하기 바란다, 야마오카 후사코 여사가 여자의 귀로 듣고 기억한 구절 중에 "군대를 출진시켜야…" 그런 막연한 것을 세상 사람들은 말하였으나 사이고는 조선을 칠 의지가 없었다. "조선·중국은 지금의 기회를 신장시키게 하는 것은 잘못이다. 졸자가 가서 전쟁을 해야 한다"고 들었다고 하는 것은 후사코 여사가 이야기를 중간부터 들은 것임이 틀림없다.

사이고의 말에 졸자가 전쟁해야 한다는 말은 자신이 하나의 크고 무거운 짐을 짊어지고 한번 어려운 담판을 맡겠다는 의미로서 그 말보다 앞에 전쟁 등에서 병사를 움직이는 것은 불이익이라는 것을 누누이 설명한 것이다. 그 증거는 야마오카의 대답을 들어보라.

"그렇습니다. 병사 등을 쉽게 움직이는 것은 아닙니다"라는 대답으로 명료하게 부절(符節:대나무나 옥으로 만든 판에 글을 쓴 다음 두 쪽으로 나누어 각기 가졌다가 증거로 합해서 맞추는 것)을 합하는 것이다.

그 뿐만 아니라 또한 사이고는 마지막 말에는 "꿩이 울기 때문에 포수가 온다"라고 하는 것은 병사 등을 움직여 소동을 피운다면 국가는 피폅(疲乏:몸이나 마음이 지쳐서 고달픔)하고 또한 자국의 틈을 들키게 되어 모든 외국은 그 틈을 파고든다는 손오병법(孫吳兵法)을 포함하고 있는 구절이 된다는 것을 스스로 헤아려야 할 부분이 아닐까?

보라, 사이고 등이 서둘러 부운(浮雲)에 편승하는 바보가 아니라는 것이 알려질 것이다. 이와 같은 일을 지금 또한 사이고를 정한론자(征韓論者)라고 하는 것은 일본의 역사가 당연히 거짓되어, 제국(帝國)의 전도(前途)가 더욱 더 걱정이 된다.

참 무사도의 활용을 알지 못하는 어리석은 자에게는 어렵다. 자네들은 아직 22, 23세의 어리다는 것, 나에게 첫째 이러한 것을 묻는 것은 빠르다. 제군도 상당히 중후한 자들이다.

우선 먼저 도리를 충분히 단련하라. 야마오카가 말하는 것을 저 텐포(天保, 1829~1843)시대의 농촌 부흥을 목적으로 개혁정치를 펼때「한쪽 사람만의 것」으로 치부하는 것은 안된다. 사물에 구속되지 말고 활용에 주의해야 한다.

제5장 메이지 천황시대의 무사도

1. 메이지 유신(明治維新)의 원동력 : 무사도

앞의 이야기로 거의 무사도의 유래 및 메이지 유신의 대업도 어느 정도 이해하였을 것이다. 그래서 오늘은 메이지 초년부터 오늘까지(메이지 33·1899년)의 상태를 조금 이야기하여 그것으로부터 앞으로의 각오에 대하여 이야기하겠다. 전날 이야기한 대로 유신(維新) 이전은 양이(攘夷:외국인 배척)·존황(尊皇:천황을 높임)·개항(開港)·토막(土幕:바쿠후 토벌)·좌막(佐幕:바쿠후 지지)의 이런저런 주의가 형이상(形而上)으로 이름이 바뀌었지만 근황우국(勤皇憂國)의 성의에서 발한 것이기 때문에 즉 발원의 본소로 되돌아가면 개국진취(開國進取), 존황애국(尊皇愛國)으로 왕정(王政)을 복고(復古)하여 황조황종(皇祖皇宗) 신선(神宣)의 뜻에 따르는 메이지 천황시대가 된 것이다. 마침내 유신대업은 성공하였다.

생각하면 앞에 지성순국(至誠殉國)한 지사의 정신도 비로소 관철되어 해양은 파동을 멈추고 만물은 녹색으로 평화스러워 유혼(幽魂:죽은 사람의 넋)이 조용하게 지하에 잠들 수 있게 된 것이다. 아, 깊이 감사드려야 한다.

― 이야기가 여기에 이르러 야마오카 선생의 두 눈은 눈물이 넘쳐난다. 또한 당시는 선생이 병을 견디며 근신정좌(謹愼正坐)하여도 조금의 형태를 흩트리지 않았다. ―

무사도(武士道)는 시세(時勢)에 따라서 변형하는 것도 있겠지만, 게다가 그 내실(內實)을 움직여서도 안 된다. 생각하니 메이지의 오늘이 된 것은 지극히 당연하나 종래 오랫동안 군자국(君子國)으로서 동양의 한쪽 땅에 고립되어 있었기 때문에, 형체상(形體上)으로 일대 진보를 이루고 있는 유럽 제국과 교통을 시작한 신기(新奇)함에 경악하였다.

그래서 만사가 모두 새롭고 달라져 걸음을 재촉하지 않으면 안 되었다. 또 이것도 일리가 있는 것으로 타인에게 부끄럽지 않아야 한다는 '일본혼(日本魂)을 가진 산 벚꽃'이기 때문에 생각대로 일본이 한 마음이 되어서 오로지 그것을 따라 배운다는 각오에 달린 것이다.

그래서 종래의 영활(靈活:신통한 활동)한 정신을 수양하고 있던 도의적으로 세계에 둘도 없는 이런 나라가 문명국의 과학적 이상(理想)인 물질적 문명(文明)에만 마음을 빼앗김으로 자연스럽게 도의(道義)가 점차 사라졌다.

그 결과로서 과학 일변도에 근거하여 추상적으로 세계 만반(萬般)의 일을 규정하려고 형체상은 물론 실체 영활한 도의 부분까지 과학 외에 길이 없다고 하며 방황하는 자도 있다. 이 부분에 매우 주의해야 할 부분이다.

일본인은 이 부분에서 일찍이 무사도를 되찾지 않으면 안 된다. 또한 어느 정도 무사도가 사라졌다 하더라도 수천년의 생명을 가져 온 무사도가 그리 간단하게 수십년 정도로 완전히 사라지는 것도 아니다. 지금 주의하지 않고 이대로 방임한다면 큰일이 된다.

이제 1, 2년만 지나면 제국의회(1890년 11월 29일 개원)도 열리게 된다. 그렇다면 이를 보조로 하였다면 걱정할 것이 없겠지만 의원(議員) 등은 민선이기 때문에 투표는 돈으로 매수하고도 아무렇지 않게 생각한다. 그뿐만 아니라 도덕이고 뭐고 다 소용없다. 위계도 이만저만 아니고 훈장(勳章)도 돈으로 좌우하게 된다면 어떻게 사회를 걱정하지 않을 수 있겠는가?

벌써 이렇게 되었다면 단지 인간이라는 형체뿐이다. 아니, 그 형체도 면피(面皮)를 깨어 엉망진창인 가련한 참상을 폭로해야 한다. 졸자는 일체중생(一切衆生)을 가엾게 생각한다.

2. 참다운 문명은 지(知) · 덕(德)의 육성

참다운 문명(文明)에는 형이상(形而上) 두 종류의 길이 있다. 그러나 그 내실(內實)은 둘이 아닌 하나의 도(道)에 있다. 즉 불이(不二)의 하나는 도의적(道義的) 영성(靈性)의 문명, 다른 하나는 과학적 이상(理想)인 물질적(物質的) 문명이다.

이 두 가지는 수많은 중생(衆生)이 서로 모여 이 사회에 생존하는 한 없어서는 안 되는 것이다.

우리들 중생은 모두 생존을 바라는 욕심이 있다. 그러므로 이 중생(衆生)에는 동물적 욕심이 있다. 그렇지만 인간이 동물적 욕망(慾望)을 마음대로 하여 자타를 뒤돌아보지 않고 욕심의 길로만 나아간다면 동물적 욕망의 추구이지 고등한 영성(靈性)을 가진 인류라고 말할 수는 없다.

이를테면 동물은 반드시 음식을 바라는 욕심이 있다. 그러기 때문에 보통의 동물은 다른 동물을 압도하여 자신의 육신을 살찌우는 동물적 욕망을 가진 것이다. 그러므로 인간은 이와 같은 경우에는 충분히 자신의 몸을 활용하여 천지의 기운(氣運)에 어긋나지 않게 여유를 가지고 신체건강에 적합한 의식(衣食)을 취하는 인욕(人欲)을 가져야 한다. 이 인욕은 동물 중 고등한 인간욕(人間欲)이다.

인류 이외의 동물이라도 일부 고등동물에는 각자의 반려(伴侶)를 위해서는 고락(苦樂)을 배려한다고 하는 태생적인 사상이 있다. 그렇지만 인간과 같은 영성(靈性)의 관념에 근거한 도의(道義)라는 질서가 있는 것은 아니다. 그렇지만 인간에는 도의에 근거한 고등한 인류적 진미(眞美)의 욕구를 갖추고 있다.

이런 욕구현상은 일반 동물이 만물의 영장(靈長)인 인간과 다른 점이다. 그러나 오늘날 세계 동서의 참된 인욕(人欲)은 결여되고, 동물적 욕망(慾望)인 수욕(獸慾) 쪽으로만 치우치고 있다.

그 이유는 서양 제국은 완전무결하지 않은 편각문명(片脚文明:외다리 문명), 즉 과학적 편중(科學的偏重)의 대기압(大氣壓)이 생겨 그 여파가 동양에 미치어 일본까지 도달하였다.

그러므로 졸자는 영성(靈性)의 도의(道義) 및 과학(科學)의 발달(發達) 2가지를 총합해서 관찰·도출하는 것이 참다운 문명(文明)이라고 제시하고, 동시에 장래 일본 무사도(武士道)의 진로를 지도하고자 한다.

그러나 모두 극히 간단하기 때문에 영성적 내실의 진리에 이르러서는 별도의 불교교리(佛敎敎理)를 설명하는 자리에 양보한다.

먼저 참 문명의 인류욕(人類慾)이란 불명불암(不明不暗:깊은 어리석음)의 대도(大道)를 수련하여 지식을 연마하고 덕조(德操:변함없는 굳은 절개)를 높여 신체건강에 힘쓰고, 진미(眞美)의 경지로 나아가 진여(眞如:절대의 진리)의 달과 실상(實相: 만유의 진상)의 꽃으로 즐기는 안심입명(安心立命:생사의 도리를 깨달아 몸을 천명에 맡김)의 경지(境地)를 바라는 데 있다고 말해 둔다. 어폐가 있는 부분은 용서바란다.

3. 추상적인 과학주의는 편중사상

과학의 진보를 초래한 것은 하나의 큰 원인이 있다. 그것은 자유사상(自由思想)이다. 그 모태는 그리스도이다. 그 자유는 추상과학(抽象科學)의 연구와 함께 무제한으로 발달해 왔다. 그 결과는 자유에 다양한 가지를 뻗게 되었다.

이기심(利己心)과 같은 경우는 바로 이것이다. 자유로운 이기심은 가족제도(家族制度) 등은 상관하지 않는다.

자기만 자유롭다면 다른 것을 돌아보지 않기 때문에 선조·부모·형제자매에게는 각별히 중요성을 두지 않는 것이다. 모든 것은 자기를 중심점으로서 산출(算出)한 것이다. 때문에 정치·법률·경제·도덕 기타 제반의 것 모두 추론의 한 결과인 권리의 신장물(伸長物)이다.

여기에 있어서 모든 사람은 자유의 권리에 따라서 자기를 만족시키는 이익이라는 것을 알게 되고, 따라서 지식경쟁으로 과학적 연구, 물질적 편중을 낳은 것이다.

그러므로 과학적 물질의 대진보를 이룬 것에 대해서는 지엽(枝葉)의 문명으로서 감사하지만 개탄하는 이유이다.

단지 물질적 편중, 편각문명(片脚文明)은 마침내 빈부(貧富) 서로 반목하여 자타를 돌아보지 않는 무미(無味)하고 무정(無情)한 두려운 상속자(相續者)를 낳은 것이다.

현재 서양 제국을 보라. 개인적 사상이라는 자유의 이상 보다 노동문제라는 폭동이 발생하고 있다. 이것도 순간적 임기응변으로 속일지는 모르겠지만 아직은 그 정도는 아니다. 그 배후에는 무서운 맹수가 숨어있다.

맹악강건(猛惡强健:매우 사납고 모질며 강하고 건강함)한 신체로 다수자의 불평이 큰 소리를 내며 뛰쳐나올 때는 사회는 와해(瓦解)되어 대란이 일어나 심하면 눈뜨고 볼 수 없는 비참한 경지에 빠지게 된다.

이상으로 이야기한 것은 과학숭배의 서양에 대하여 언급하였다고 해도 상관 없다. 그로부터 방향을 바꾸어 동양의 것에도 주의해 두자.

4. 동양문화와 서양문화와의 비교

건국(建國)과 문명(文明)은 동양(東洋)이 서양(西洋) 위에 있다. 동양의 것은 모두 건국부터 문명까지 모두 세계의 선배인 스승이다.

저 중국의 주역(周易)과 같은 경우는 그 본의(本義)에 이르면 영성상(靈性上)을 근거로 하며, 오늘의 이른바 과학은 새로운 것이 아니다. 그 의(義)를 파헤친다면 훌륭한 질서가 있는 가르침을 포함하고 있다. 그것이 중도에서 변하여 오늘날에 중국(中國)의 상황을 형성하게 된 것은 안타깝지만 이 뜻은 중국 역사를 조금만 아는 자는 깊은 학리(學理)를 연구하지 않아도 이해할 수 있을 것이다.

　또한 인도(印度)의 경우는 세계문명의 근원지(根源地)이다. 지금으로부터 약 3천년 전 석가모니 세존의 출현지(出現地)이다. 그들은 알아채지 못하고 서양 제국에 태어난 말년(末年)의 사람들이 자유의 일변도(一邊倒:한쪽으로 치우침)로 나아가기 때문에 이들을 뒤돌아보지 않는 것은 애석하다.

5. 그리스도교 중심의 세계 역사관(歷史觀)

　오늘의 세계에 유포(流布:세상에 널리 퍼짐)하는 만국(萬國)의 역사(歷史)는 유례가 없는 그리스도교국(敎國)의 역사이다. 지금 그들 서양인의 손에 의해서 기록된 세계역사, 만국의 역사는 단지 그리스도교국의 역사일 뿐이다.

　또한 원래 그들의 뇌리에는 그리스도교 신자보다 다른 고등한 인류는 없다고 믿고 있다. 적어도 일본에 태어난 자는 충분히 무게를 두고 잘 세겨 들어야 할 부분이다.

6. 일본 국체(國體)의 유현성(幽玄性)

　일본인에게 주의깊게 들어주기를 바라는 것은 별거 아니다. 어떠한 대의(大義)에 근거하여 어떠한 문명을 이루었으며, 일본이 지금까지 어떻게 역사해 왔는가이다.

일본은 신황(神皇)을 중심으로 봉사하고 충효를 정신적 골수로 한 그 바탕 위에 유교·불교가 건너와 국체(國體)를 장려하고 유도한 것이다.

그러나 유교·불교의 도의적 정신이 일본건국 초기부터 원기(元氣)에 부합하고 있는 것으로 마침내 도념(道念)의 방향으로 진행되어 온 것이다. 특히 불교의 심오한 부분을 궁구(窮究)하면 일본 건국의 역사와 부합하는 도리관(道理觀)이 있다.

그러므로 적어도 인간세상에 대처함에 있어서는 불교의 이치를 궁구하면 조금도 유감없는 교도(敎道)이다. 이것도 불교의 진리를 해석하는 자리에 양보한다.

그런데 신황(神皇)을 중심으로 한다는 것은 어떠한 것인가 하면 천손(天孫)을 대신하여 뒤를 이어(相繼嗣) 일계(一系:한 핏줄을 이어받음)를 무궁하게 전하는 것, 저 역상법(易象法:역의 현상법)과 불교의 금광명최승왕경(金光明最勝王經:중국 북량의 담무참이 번역한 대승불교의 경전)과 기타 모든 경전에 있어서의 불타의 말씀과 부합하는 신의(神宜)의 뜻이다.

그러므로 일본 민족은 이 신의(神宜)의 뜻이 선천적으로 정신을 증장(增長)시켜온 것이다. 이것이 이른바 만국(萬國)에 비유가 없는 진미대덕(眞美大德)이라 할 수 있다.

이 관념(觀念)이 황실(皇室)을 존경하게 하는 도념(道念)이며, 군부(君父)를 존중하는 충효가 되며, 따라서 가족적 관념(觀念)도 함께 발달해 온 것이다. 그러므로 일본인의 사상을 작게 말하면 일가단란(一家團欒)하여 서로 화합하고, 부모 선조의 은혜와 사랑에 감사하고, 더불어 자손대대로 전하여 서로 도우며, 크게 말하면 일국이 상통하여 황제를 국친(國親)으로 우러르고 상황조(上皇祖)를 국조(國祖)로 우러러 모시고, 천손(天孫)의 무궁을 기원하며 일국(一國) 일가(一家)의 단란을 원하고 바라며 낮밤으로 염려하지 않을 수 없는 이유이다.

이러한 확고불발(確固不拔:확고하여 흔들림이 없음)의 원기(元氣:본디 타고난 기운)에 유교·불교가 서로 합쳐져 국민 선천(先天)에 부합하도록 이것을 장려교도(獎勵敎導)하여 마침내 반석과 같은 충효·용무·염치의 미덕은 오늘날까지 전해졌다.

도저히 이러한 사상은 서양인 등과 같이 천부인권(天賦人權:인간이 태어날 때부터 부여받은 권리) 등을 주장하는 무정의(無情誼:친함의 정이 없는 것)한 무리가 꿈에도 생각하지 못하였던 부분이다.

만일 졸자의 말에도 모르겠다면, 우러러 우리 황실(皇室)의 지존(至尊)을 뵙고 아울러 일본 고금의 선인(善人)과 현사(賢士)의 언행을 생각해 보면, 생각 중에 스쳐 지나가는 것이 있을 것이다. 이것이 일본의 무사도로 명명하여 달리 비유할 수 없는 도(武)의 발원지다.

오늘날 동서제국(東西帝國)의 기원 및 발달에 대하여 그 취지를 달리하고 있다는 것을 알 수 있다. 그러므로 우리는 인간의 감정적 근원이 도의를 향하여 발달하여 문명을 이끌고,

그들은 그 지엽적(枝葉的) 예술의 추상적 과학의 방향으로 진행한 사유를 알 수 있을 것이다. 충분히 주의하기 바란다.

졸자의 이야기가 극히 간단하기 때문에 무엇을 말하는 건지 도리를 알 수 없다고 하는 자가 있을지 모르겠으나 사물의 도리는 길고 짧음에 관계하는 것은 아니다.

그러나 사리(事理)의 견해는 그 사람들에게 있는 것으로 갑자(甲者)의 눈에 귀신으로 보이는 것이 을자(乙者)의 눈에는 부처로 보이는 것은 그 이치가 여기에 있는 것이다. 한 마디 주의를 추가해 주는 바다.

7. 장래 일본인의 생활태도

그렇다면 앞으로 일본인은 어떠한 방침을 가지고 목적을 정해야 하는가가 큰 요점이다.

삼가 고카쿠 천황(光格天皇:119대 천황, 1779~1817)의 노래를 봉배(奉拜:받들어 절함)하오니 / 옛일본(시키시마・敷島)의 야마토(일본 나라)에 사계(四季)로 내리는 곳 / 진홍색으로 빛나는 저기로다.

저 천황의 뜻이듯, 앞으로는 선조전래의 무사도를 두뇌로 하여 추상과학과 물질적 사상을 수족으로 할 때, 무사도(武士道)인 두뇌가 지휘관이 되고, 물질적 과학이 수족(手足)과 같이 되어서 일본 미래의 전국사회(戰國社會)에 있어서 인의(仁

義)의 군을 이끌고 구세군(救世軍)이 되어야 한다.

그러므로 추상적(抽象的:具體的:실제적이고 세밀한 부분까지 갖춘) 과학에 있는 수족을 무턱대고 증장(增長)하여 동배(同輩)의 도의(道義)도 상관하지 않고, 한 군단을 붕괴시키고 멸망시키는 개인주의를 노래하라고 도모한다면 무사도인 두뇌의 지휘관이 한 마디의 명령으로 제압하고 전군(全軍)의 위엄을 관철시켜야 한다.

이를테면 더욱 더 앞으로 진군(進軍)하더라도 일본군의 두뇌로 봉앙(奉仰)하는 부분에는 천황폐하로 봉배(奉排)하는 지존(至尊)의 신이 있다는 것을 일본군(日本軍)은 누구라도 알고 있는 대로다.

따라서 이 인의(仁義)의 군단이 단란한 가족을 이루고 당당하게 전장에 설 때는 하나의 군령 하에 그 범위 내에서 과학적 병졸은 몸에 불편한 거동이 생겨서는 안 된다. 육지에는 기차도 달리게 하는 것도 좋고, 물위는 속력이 빠른 군함을 운용하는 것이 좋다. 수뢰·지뢰·전신·전화 같은 적합한 것을 사용하여 대공(大功)을 세우는 것은 일본군의 명예이다.

그것은 우리들의 이익을 도모하는 전쟁은 안 된다. 단순히 과학적 일편의 진보한 결과, 사리(私利)를 탐하여 마침내 암운(暗雲)과 같은 대란을 일으킨 가련한 인류사회를 개발 유도하여 참된 문명의 경지로 이끄는 것이 인의(仁義)의 대군이다. 또한 이렇게 되지 않으면 안 된다.

과학과 무사도는 두 종류가 아니며 둘 다 무사도이다. 본절의 예는 편법적(便法的)인 말로 이해하기 바란다.

생각하건대 추상과학의 연구를 필요로 하는 것은 당연히 체내에 잠복하고 있는 영성(靈性)을 외부로 활동시키는 도화선(導火線)이다.

8. 과학의 진보는 내가 바라는 것

졸자가 일본은 황실을 중심으로 하여 국민 모두 어디까지나 가족제도를 중요시한다고 하면, 아니 널리 인류사회는 이것이 본도(本道)라고 말하면 웃는 자도 있을지 모른다.

또한 추상과학의 연구는 실체적(實體的) 관찰로서 개인을 근거로 실행하고 있기 때문에 일본 무사도를 주장하여 족제주의(族制主義)를 주창한다면 과학연구는 싫다든지 물정을 모르는 자가 다른 논리를 아주 그럴싸한 이치만을 추구하는 것도 헤아리기 어려운 것이다.

그렇지만 그들과 같은 경우는 일본 국체의 원천을 몽상(夢想)으로 헤아려 알지 못하는 문맹배(文盲輩) 등이 말하는 것으로 아주 그럴듯한 일본 국체의 조직을 아는 사람의 말이라고 생각하지 않는다. 사물의 도리를 뒤섞지(混成・混交) 않도록 거듭 주의를 필요로 하는 부분이다.

9. 조상숭배는 일본 국체의 근원(根源)

 황실숭배(皇室崇拜)의 관념은 어떠한 도리에 근거한다고 해서 조상숭배를 조롱하고 이것을 믿는 인도·그리스·이집트·페르시아와 같이 망국의 예를 증거로 인용하여 터무니없는 것을 말하여 일본의 조상숭배(祖上崇拜)를 비난하는 것은 정말로 도리에 근접할 수 없는 무책임하게 지껄이는 유치한 것으로 흘려버려야 한다. 여기에는 큰 도리(道理)가 있다. 이 주제는 후일 언젠가 때를 보아 이야기하겠다.

10. 무사도는 과학의 진보와의 양립

 물질진보를 장려하는 것은 인류에 외형의 욕구를 유발시키고, 따라서 생계도(生計度)를 높이려 하므로 과욕(寡慾)의 장려(獎勵)는 무사도주의와는 충돌을 일으키기 때문에 언젠가 파멸을 초래한다고 말하는 것이 전혀 일리(一理) 없는 것도 아니다. 그러나 그것은 아직 도리(道理)를 분별할 수 없는 자의 말로서 과학적 물질의 진보는 결코 무사도가 금지하는 것은 아니다.

 또한 인욕부화(人欲浮華:실속은 없고 겉만 화려한 그런 사람의 욕심)를 궁구하더라도 무사도 중에는 명절(名節:명분과 절의)·염치(廉恥)의 대도(大道)를 포함하고 있다. 참된 무사도를 알고 있는 자는 이것저것 여러 가지 의심으로 방황하는 자가 아니다.

옛날은 무사 즉 일본의 사족(士族:선비나 무인의 집안) 이상인 자에게는 평민 이하에 대하여 생사(生死)의 특권을 가지고 있었다. 그렇지만 무법(無法)으로 사람을 죽였다는 자가 있었다는 것을 들어보지도 못한 것은 무사도의 성과이다. 이것이 즉 무사도의 정화(精華:정수精髓가 될 만한 가장 훌륭하고 뛰어난 부분)이다.

이상 본절에 있어서는 다양하고 단편적인 이야기이므로 판단하기가 매우 어렵겠지만 중요한 부분은 무사도의 정신으로서 과학적 외형의 수족(手足)을 사용하지 않으면 안 된다는 것이다.

특히 세계가 지금의 상태에서는 더욱 더 무사도를 추구해야 한다. 마음과 기예(技藝)가 양립하여 비로소 지덕불이(知德不二)의 대원리에 적합하게 되는 것으로 이것이 졸자의 지론인 무사도이다. 또한 어떠한 학리를 궁구하더라도 이 이치는 결코 움직이는 것은 아니다.

나카무라 마사나오(中村正直) : 서양문명은 어떤 부분의 문명도 동양에서 비롯된 것은 틀림없습니다. 석존시대에는 도저히 서양에는 석존(釋尊)에 필적(匹敵)하는 것은 없었습니다. 아니 그 후에도 없었습니다.

또한 서양인이라고 해서 나쁜 짓을 해도 좋다고 생각하는 자는 원래 없습니다만 개국 당시는 이미 과거에 있어서 그 취지를 달리하여 왔기 때문에 자연 상태에서 자기 사업(事業)을 깨닫고 열심히 과학의 방향으로 나아가 오늘이 되었습니다.

조용히 생각하면 말씀과 같이 매우 전도(前途)가 걱정됩니다. 그러나 도(道)의 발원(發源)은 선생의 높은 해설과 같이 달리 도(道)의 근원을 추구할 여지는 없습니다.

그런데 선생의 해설은 심원한 철학적 이치에서 나온 말씀이기 때문에 그저 감사할 뿐으로 이것저것 변호(辯護)도 없습니다. 앞으로의 국민교육 정책에 관해서도 예견 대로입니다.

■ 카이슈 평론 (Ⅲ)

1. 유(有)의 입장·무(無)의 입장 : 과학과 무사도

이 한편에서 아주 진지한 이치를 말할 필요도 없다. 또한 야마오카도 지엽적(枝葉的)인 주의(注意)의 이야기까지 깊이 파고들지는 않았지만 대략적으로 주의(主意)해서 깨닫지 않으면 안 된다. 먼저 인류사회를 나의 신체에 비유하여 말한다면 인간은 하루라도 음식섭취(飮食攝取)를 멈출 수 없으며 무사도에게도 마땅히 이와 같다.

이런 음식(飮食)이라 하더라도 소금과 다른 첨가물이 있다. 이것이 과학의 연구부분이다. 무사도 안에도 이와같이 모든 도의(道義)를 일괄하고 있다. 그것은 야마오카의 이야기로 충분히 설명되었기 때문에 나도 이것을 무사도로 명명한다.

인간은 반드시 음식을 먹어야 살 수 있다. 이 음식인 무사도에는 다소의 소금 조절이 필요하다. 이 조절로 당연히 식욕에 만족을 주어야 한다. 사람은 한 끼마다 맛이 좋고 나쁨을 느끼고 조금이라도 맛있는 것을 바라는 것이다.

그러므로 최초 물에 콩을 넣고 소금으로 삶은 것을, 다음은 간장이나 된장으로 변용(變用)한다. 그것이 점점 설탕·술·기름·식초나 다양한 것을 생각나게 한다. 그래서 음식물의 조리방법을 깨닫는다면 신체를 위하여 적당한 자양분(滋養分)이 되게 한다.

이것과 같이 무사도(武士道)라는 말 안에는 무형·무색·유무·불가득(不可得:모든 존재는 고유불변의 실체를 가지고 있기 때문에 구하거나 이해할 수 없다는 불교용어)과 같은 깨달음을 이루는 명암들 사이에 뚜렷한 대도(大道)가 있다.

이 도(道)는 때로는 유(有)를 나타내며, 때로는 무(無)를 나타낸다. 그러므로 야마오카(山岡)가 무(無)를 영성(靈性)의 무사도라고 가르치고, 유(有)를 물질적인 지식과 기예의 학도(學道)를 제시한 것이다. 야마오카가 지덕(知德)의 둘을 합쳐서 무사도라는 설명의 가설(假設)로서 지덕 모두 야마오카가 말하는 바 한결같음이 무사도라고 말하는 것의 방편(方便)을 설명으로 삼은 것이다. 그러므로 내가 말하는 음식도 같은 것으로 무(無)와 같은 깨달음을 이룬 자도 있으며, 유(有)와 같은 물질적 도(道)를 이룬 자도 있다.

그래서 무사도는 어디까지나 무의 경지에 서서 유의 과학연구에 의(意)를 다하여 참된 문명의 경지로 나아가야 한다. 그렇게 한다면 야마오카도 편히 영면(永眠)했을 것이다.

2. 어떤 교장(塾長)의 남녀 동권설同權說과 천작설天爵說

어떤 교장이 일찍이 나에게 남녀가 동권(同權)이라든지, 개인주의라든지 혹은 "선생은 유신의 원훈(元勳)이니 그 당시 전후의 지위를 생각하며 자연을 즐기심이 어떠신지요. 몸을 공직에 두지 말고 평민주의(平民主義) 천작(天爵:남의 존경을 받을 만한 타고난 덕행이 있는 사람)으로서 만족하심이 어떠신지요"라고 말한 적이 있다. 나는 그때 "자네도 이치에 맞는 말을 하는군" 하며 칭찬의 뜻으로 끄덕이자 그자는 기분이 좋아진 것 같았다.

원래 남녀의 동권이라든지, 천작(天爵)이라든지, 인작(人爵:작위·관록 따위의 사람이 정한 영예)이라든지 어디에서 어떤 이치가 있는 것인가? 대체로 깊은 진리의 경지까지 생각한 것도 아니다. 생리상(生理上)·관습상(慣習上) 어떠한 이치인가를 알고 있는 것도 아니다.

도대체 그들이 주의(主義)라는 것은 무엇을 말하는 것인가? 여하튼 입에서 나오는 대로 지껄이고 있다. 또한 오늘날의 인간이 학리(學理)라든가 수리(數理)라든가 하는데 이것도 어린이 교육이라면 용서할 수 있으나 그들은 스스로 교육가(教育家)를 자처하며「허튼소리」를 하고 있는 것이다.

내가 일찍이 나카무라 마사나오(中村正直)에게 자네들은 금박부착의 제본(製本)한 책이라고 하였으나 나카무라는 그래도 대강 말만으로 이치가 통했다고 하겠다.

어떤 교장과 같은 경우는 공인이기 때문에 도리(道理) 등 어처구니없는 아주 그럴싸한 이치로 말릴 수가 없다. 이들은 즉 야마오카가 세상에 말하는 과학적 학문에 경악(驚愕)하였듯이 오로지 과학의 방법만 맹신한 한 사람이다.

나는 어떤 때 모임의 대중 속에서 "자네는 도둑이다"고 풍자하였다. 그가 서양에서 태어난 자라면 군주(君主) 등은 머리(마음)에 없다. 그것은 일본에 태어나 어린이의 마음으로 유전적 교양을 이어받아 머리를 억누르고 있기 때문에 꺼리고 있는 것이다.

과학자들이 오늘날의 경계(境界)를 얻게 된 것은 시세(時世)가 막 과학적 방향으로만 나아가야 한다고 국민 전체가 방황할 때였으며, 다른 학교도 없었기 때문에 성공한 것이다.

이번은 그렇게 할 수 없다. 또한 그렇게 행하면 곤란하다.

나는 위와 같은 한쪽으로 치우쳐진 인물은 국가 밖으로 추방하고 싶은 것이다. 그런 반문명적(反文明的) 인물로서는 깊이 감사하는 것도 완전한 인류사회를 만들려고 하는 것도 도저히 안 된다. 혹은 그를 숭배하는 젊은이가 말하기를 그 사람이 교육을 받아 국가의 주요 위치에 서면 공사(公私)를 위하여 많은 일을 행하게 된다고 했다.

그렇게 본다면 교육가라 하더라도 반드시 조리에 맞지 않는 것은 안된다며 변호(辯護)할 것이다. 그것은 슬픈 일이다. 그렇기 때문에 야마오카가 근심하는 것이 거기에 있다.

최근의 인기는 어떠한가? 상당히 경박(輕薄)해져 있다. 특히 한 점 주의할 것은 이를테면 그들의 문하(門下)에 들어가 교육을 받은 자 중에서 그와는 반대로 도의적 인물이 있다고 한다면 이것이 즉 야마오카(山岡)의 이른바 무사도적 인물이다.

이를테면 가르치는 자가 도둑질을 하라고 하더라도 그것이 악(惡)이라고 본다면 멀리하고, 또한 선(善)이라고 보았다면 취하여 자기의 것으로 활용하는 것이다. 이것이 즉 취사선택의 묘를 깨달은 참 일본인(日本人)인 것이다. 반드시 사람은 스승과 같은 것은 아니다. 충분히 주의하기 바란다.

3. 사이고(西鄕)와 야마오카(山岡) 같은 인물의 크기

좋은 기회이기 때문에 좌흥(座興)으로서 야마오카의 역사

담인 도(道)의 단편을 이야기하겠다.

세속은 야마오카(山岡)와 사이고 다카모리(西鄕隆盛)를 보면 동양류의 호걸이라든지 옛날류로 무골이라든지, 조금도 알지 못하는 주제에 "스모를 알지 못한다"고 품평을 하는 자와 같으나 세상 사람이 생각하는 속이 좁은 남자가 아니다.

오늘날의 젊은이는 겨우 밥이나 먹으며 품위를 지키려는 마음가짐만 높아져 다른 방법이 없다.

야마오카 등이 사람을 상대로 하는 것은 자네도 알고 있을지 모르겠으나 어느 날 정육점 사람이 간판에 휘호를 써달라고 청하러 왔다. 그러자 문하생들이 화를 내며 "괘씸한 정육점 놈, 황송하게도 텟슈 대선생님께 네놈의 가게 간판을 써달라는 것은 무슨 짓이냐. 무례하기 짝이 없다"고 그를 경솔하다고 꾸짖었다. 그러자 야마오카(山岡)가 뒤에서 그 소리를 듣고 즉시 서생(書生:정육점 사람)을 멈추게 하고 "괜찮아, 내가 적어 준 간판으로 사업이 번창하면 더 이상 좋은 것이 없다"라며 즉시 적어 주었으며, "나는 글씨를 파는 사람이 아니다, 써달라고 하는 사람에게는 누구에게라도 써주겠다, 노점의 간판이라도 좋고, 출산신고서라도, 편지라도, 증문(證文:증서)이라도, 어떤 것이라도 써주겠다"고 말했다.

따라서 사이고(西鄕)의 이야기라 하더라도 따로 재잘거릴 필요가 없는 것이다.

4. 황실에 대한 야마오카(山岡)의 충성(誠忠)

야마오카(山岡)는 유신의 소동도 정리되었기 때문에 순푸(駿府)에 은거하여 풍월로 생을 보내고 있는 것을 조정에 인물이 필요하다며 불러들이므로 궁내성(宮內省)에 출사하여 전 토쿠카와(德川) 장군에게 충성하였듯이 황실에 대하여 봉사하고 변함없이 충근(忠勤:충성스럽게 근무함)에 힘썼다.

야마오카는 메이지의 화기청마공(和氣淸磨公:온화한 기색과 맑고 깨끗한 사람임을 높여 부름)이다. 그는 당시에 시를 적었다고 나에게 읽어 주었다.

청명하여도 좋고 흐려도 좋은 후지산
원래의 모습은 변하지 않네.

이 시는 편안한 언변(言辯)이지만 천지의 도(道)를 한 모금 흡입하므로써 그 자신의 지성을 침범할 수 없다는 것을 표현하고 있다. 그 후에도 하나 재미있는 것은 야마오카가 자작(子爵)을 받기 전에 내명(內命:천황이 직접 내린 벼슬)이 있었다.

야마오카에게는 백작·자작의 그것에 신경을 쓰는 것은 아니지만 우선 그 소문을 듣고서 다음 시로 자신을 표현하였다.

"먹고 자고, 일도 하지 않는 자에게 포미(襃美:포상)에
화족(華族)이 되어 다시금 피를 마시는구나."

이것은 특별히 야마오카(山岡)가 시(詩)로서 읊은 것이 아닌 「흥얼거린」 것을 옆의 사람이 듣고 남긴 것이다. 자구(字句)의 형식도 상관없다. 이것이 야마오카다. 무엇이든지 보통사람과 다르다.

5. 카츠 카이슈(勝海舟) 자신의 출처진퇴(出處進退)

아베 마사히토(安部正人) : 선생님은 백작(伯爵)입니다만 최초부터 상훈국(賞勳局)의 내명(內命)으로 백작이 되셨나요.

카츠 카이슈((勝海舟) : 아니, 나에게는 사척(四尺:子爵) 정도가 충분하였을 것이다. 최초의 내명은 자작(子爵)이었다.

아베 마사히토 : 그럼 자작(子爵)이 아닌 백작 카츠 아와(伯爵勝安芳)는 무슨 이유인가요.

카츠 카이슈 : 거기에는 이유가 있다.

아베 마사히토 : 그 이유는 어떠한 의미인가요.

카츠 카이슈 : 내가 백작을 「원했기」 때문에 백작이 된 것이다.

아베 마사히토 : 선생은 후지와라 토키히라(藤原時平)와 같군요.

카츠 카이슈 : 아니 나는 호죠 요시토키(北條義時)이지요.

아베 마사히토 : 선생의 바쿠후 말기의 대성공은 송구스럽게도 다른 자리에서 듣고 싶습니다. 선생이 호죠 요시토키

라고 하신 것은 바쿠후 말기의 선생의 지위를 풍자한 것입니까?

카츠 카이슈 : 자네는 밤(栗)의 가시를 본 것 같구먼.

아베 마사히토 : 선생님 그것은 틀렸습니다. 저는 스스로 소금(塩)이라고 생각하고 있습니다. 백(伯)은 최초 작위를 받을 때 구 막료 신하 오쿠보 이치오우(大久保一翁), 야마오카 테츠타로(山岡鐵太郞), 에노모토 타케아키(榎本武揚)의 모든 호걸과 함께 일동 자작에 봉한다는 상훈국으로부터 내명을 받자마자 카이슈 선생님은 즉시 아래의 한 시를 음미하며 작위를 사퇴한 것은 저도 이미 알고 있습니다.

"지금까지는 평범한 신분이라고 생각하였으나
오척(五尺)에 모자라는 사작(士爵)이 된다는 것은…."

[편저자주] 귀족의 작위(爵位) 다섯 가운데 ① 공작(公爵) ② 후작(侯爵) ③ 백작(伯爵) ④ 자작(子爵) ⑤ 남작(男爵) 순이다. 지금 일본은 제2차대전의 패전으로 작위 모두 없어지고, 왕실가족 가운데 불리어지기도 하나 대부분을 미야(宮)라 호칭되는 친왕(親王)으로 쓰고 있다. 우리 대한제국이 일본에 합병시 을사오적 모두 작위를 받았는데 이완용(伯爵), 이지용(伯爵), 이근택(子爵), 권중현(子爵), 박재순(子爵)이 각기 받았고, 이왕가 종친 몇 사람은 후작(侯爵)의 직위를 받았다.

제6장 무사도의 정화(精華) : 무아(無我)의 실현

1. 무사도의 불교적 해석

이상의 이야기로 대략적이지만 무사도 발달의 유래에 대하여 형이상(形而上)으로 자연스럽게 깨달을 수 있다는 생각으로 이야기하였으나, 지금부터 다양한 원리에서 그 활동한 부분의 형적(形跡)을 약식으로 이야기한다. 극히 생략된 이야기이기 때문에 주의하기 바란다.

먼저 그 한, 두 가지의 예를 제시하니 마음을 진정시키고 듣지 않는다면 졸자의 이야기도 상당히 어눌(朴訥:박눌)하기 때문에 알지 못하게 될 것이다. 우선 군신(君臣)의 의(義)를 약식으로 설명하기 때문에 그 나머지도 같은 방법으로 추측하여 제반(諸般:여러 가지)을 생각하기 바란다.

그런 부분 야마오카의 이야기도 뭔가 어리석게 생각하면 이미 그것이 사견심(邪見心)이 되어 자포자기(自爆自棄)가 된다. 따라서 한마디 주의해 둔다. 졸자는 군신의 예에 대해서는 먼저 여래의 가르침(如來金口)의 말씀에 대하여 힘을 받들어 「대살차니건자경(大薩遮尼乾子經)」의 왕론품(王論品) 제오절록(第五節錄)에서 말하는 바 아래의 경문(經文)과 같다.

"大王當知, 彼大臣者, 代王理政. 一如王心, 愛國忘身, 不營私務. 念護百姓, 如養雙眼, 隨王所念. 如念卽辦. 不礙不着, 修業正道 離於非法, 隨時隨處, 不行憎害. 正依王命, 行十善法, 不違善行 不違如法義, 皆能具足.

대왕을 마땅히 알며, 저 큰 신하된 자는 왕을 대신하여 정사를 다스린다. 왕의 마음과 하나로 되어 나라를 사랑함에 자기 사사로운 몸을 잊어버리고 사사로이 일에 힘쓰거나 경영하지 않아야 한다. 백성의 보호함을 생각하며, 그들을 두 눈동자 같이 기르며 생각하는 바 왕을 따르게 한다. 생각과 같이 한 즉 말로 다스린다. 그치지 않으며 부딪히지 않으며, 업을 바른 도로 닦으며, 법이 아니면 떠나고, 시간을 따르고 장소를 좇으며, 미움이나 해로움을 행하지 않는다. 왕명에 의해 바르게 하며, 십선법을 행하고 선행을 어기지 않으며, 법(부처의 말씀)과 의로움을 이같이 하여 어기지 않으며 다 빠짐없이 고루 갖추어 있게 함이 능해야 한다."

이 경문(經文)을 생각하면 단지 몇 구절의 단어에 불과하지만 그 뜻은 명료하며, 또한 충분히 한 마디로 군신(君臣)의 대도(大道)를 잘 나타내고 있다. 멀리 신화(神代)시대로 거슬러 올라가 아메노코야네노미코토(天兒屋根命)이하 5부의 제신(諸神)이 훌륭히 신선(神宣:신이 선포함)의 뜻을 준봉(遵奉)하고 천손(天孫)을 수호하여 받들어 말대(末代)에 그 귀감을 제시해 주시고, 수천년 오늘에까지 국토를 침범하여 천위(天位)를 더럽히는 자가 없는 것은 일본 국체(國體)가 여래(如來)의 가르침과 같이 자연(自然)과 대도(大道)에 적합하기 때문이다.

이하 역대의 지존(至尊) 모두 이 도(道)에 따라서 위로 황조(皇祖)를 받들고 아래로 만민(萬民)에 임하는 것은 이미 황실의 역사가 증명한 대로다. 아니, 또한 배찰(拜察:삼가 공손히 살핌)하는 대로다.

미천한 신 테츠타로는 불초라 하더라도 공손히 궐하(闕下:천황 앞)를 모시게 하는 천총(天寵)을 입는 것도 심대하다. 따라서 천의(天意)도 현명하게 배찰하여 받들고 있다. 외부인의 상상 이야기와는 다르다.

지금 폐하에 있어서도 역대 주상(主上)의 경적(經跡)과 조금도 변하지 않았다. 어느 군주에 있어서도 같은 삼세인과(三世因果), 선악응보(善惡應報)의 신선(神宣)을 체신통효(體信通曉:몸으로 경험하여 깨달음에 이르름)한 것이다.

모든 사람이 삼가 듣고 싶은 것은 수이코(推古)천황의 칙선(勅宣:칙령의 宣旨·天皇의 명령을 아래로 전하는 것. 또는 그 명령을 기록한 문서)에 따라서 제정된 헌법 17조와 같은 경우는 그 당시 사회의 법률 조문으로서 읽게 하는 것도 만국(萬國) 어느 국가에도 그 예가 없는 것이다. 특히 군신(君臣)의 예를 비롯하여 기타 일체중생의 인과이법(因果理法)을 망라하여 천명(天命)의 자연을 교시(敎示)한 것은 말대의 우리들은 언제까지라도 준봉(遵奉)하지 않으면 안 된다. 이렇게 생각해 보면 열성성덕(列聖聖德)의 원천인 굉대유원(宏大幽遠:넓고 크고 깊고 먼 것)한 것은 겨우 순간적인 찰나의 생명을 가진 우리들과 같은 경우가 이것저것 말하는 부분은 아니다.

졸자는 불교 10선계(十善戒)의 의(義)를 설명하여 무사도의 기원활용(起源活用)을 나타내고 싶은 것이 엄청 많지만 대담이 길어지기 때문에 이 자리에서는 생략하고 후일 담화를 시도해 보고자 한다.

따라서 여러분은 『십선업도경(十善業道經)』을 한 권 숙독하기 바란다. 그렇게 한다면 졸자가 말하는 것이 한층 음미할 수 있으며, 따라서 단순한 눈물이 아닌 조금은 내실이 담긴 눈물이 흐를 것이다. 그 때 비로소 야마오카(山岡)가 말하는 것을 조금 듣고 싶어하는 마음이 생길 것이다.

천조(天祖) 이후 지금의 폐하에 있어서도 모두 같은 치민책(治民策)을 걱정하신다. 졸자가 더불어 주의한 것과 같이 신(神)이라 하며 부처(佛)라 하며 모두 이것은 형이상(形而上)의 존호(尊號)이고, 그 내실(內實)은 동체(同體)이며, 동심(同心)이라는 것을 잊지 말아야 한다. 그것을 충분히 이해하지 못한다면 뒤에서 이야기하는 것도 점점 이를테면 무사도의 정화(精華:정수精髓가 될 만한 가장 훌륭하고 뛰어난 부분)를 표현한 귀감지성(龜鑑至誠:거울삼아 본받을 만한 모범의 지극한 정성)의 열사에 대하여 참고(參考)로 이야기하면서 이들 모든 무사(武士)는 신불(神佛) 어느 것을 믿고 심담(心膽)을 연마하였던가? 어쨌든 진리를 깨닫고 이토록 고결하게 봉사할 수 있었을까? 의문이 생기고 헤아리기 어려운 것에 대하여 거듭거듭 주의해둔다.

일본은 건국 초기 신심(信心)의 대상물을 신(神)이라 하며, 불교에서는 석가모니 세존의 말씀을 불(佛)이라 한다. 그리고 우리들이 신심(信心)으로 어지럽힐 수 없는 도의(道義)의 근원이 세존이 말씀하시는 불칙(佛勅)으로, 일본 건국 초기의 신선(神宣:신이 선포함)과 조금도 다르지 않고 부합한 것으로서 일본 역대의 지존(至尊)을 처음으로 모시고 백관신료(百官臣僚)도 신불동체(神佛同體)로서 존경하고 믿는 것은 참으로 지당한 도리이다. 그러므로 테츠다로가 신(神)으로 공경하고 부처로 존경하는 호칭도 또한 그 마음이 하나가 됨을 이해하기 바란다. 그리고 일본은 신불일체(神佛一體), 영험묘응(靈驗妙應:불보살 등에 빈다든가 경전을 독송하여 그 결과로 나타난 눈에 보이는 영묘하고 신기한 반응)이 정말로 존재하는 국가라고 한다면, 오늘날의 과학 학문에 편신(偏信:치우친 믿음)한 건방진 무리가 과학적으로 증명되지 않는 것이라면 모두 믿을 수 없다고 할지 모른다. 만약 의심하는 자는 불초 테츠다로와 함께 시험을 해보일 테니 누구라도 오면 실험승부(實驗勝負)를 해 보이겠다. 어디가 영험묘응한 부분이 있는가, 학리(學理)라는 것은 어떠한 것인가 명료할 것이다. 아주 그럴싸한 이치를 말하는 자는 아마도 도리는 전혀 알지 못하는 것은 아닐 것이다. 또한 가르쳤다고 해서 자포자기자(自暴自棄者) 따위는 입으로 무엇이든지 말할 수 있다. 실은 졸자는 그것은 가엾게 생각한다.

먼저 졸자가 무사도 정화(精華)를 조금 이야기할 테니 모두 진심으로 듣기 바란다. 먼저, 가까이 진코(人皇:제1대 神武天皇, 神代와 구별한 명칭)를 훨씬 거슬러 내려와 근대부터 이야기하겠다. 아주 태고의 것은 아득하여 한층 헷갈리게 들으면 곤란하기 때문이다.

2. 삼한정벌(三韓征伐)의 진구황후(神功皇后)

삼가 생각건대 진코(人皇) 기원 852년 14대째에 이르러 추아이(仲哀) 천황치세 8년, 천황이 군신(群臣)을 초대하여 츠쿠시(筑紫)의 쿠니카시히(國樫日)의 궁(宮)으로 가시게 되니 지금의 큐슈(九州) 땅이다. 그 당시 쿠마소(熊襲)가 반란을 일으켰기 때문에 이것을 진정시키는 방책을 강구할 때에 영묘(靈妙)하게 신(神)이 출현하여 황후궁(皇后宮:神功 황후, 70년 동안 섭정했다는 일본 고대 전설상의 인물)에 말씀하시기를 "여기서부터 서방 쪽에 국명은 신라(新羅)라 하고 금은(金銀) 기타 보물이 풍부한 국가가 있다. 신속하게 정벌하여 평정(征正)한다면 쿠마소와 같은 경우는 스스로 복종할 것이다"하였다. 따라서 황후궁에서는 즉시 신칙(神勅:신이 내린 칙서)을 천황께 올렸을 때 추아이(仲哀) 천황이 말을 듣지 않아 이로 말미암아 황운(皇運)이 다하여 안타깝게도 카시히(橿日) 궁에서 승하하셨다.

아, 영험유현(靈驗幽玄)한 신명(神明)의 미이츠(稜威:御稜威·천황의 위세)는 만중(萬衆)을 통합한 지존 폐하에 있어서도 위반하는 것이 불가능한 것이다.

말씀드리길 우리들과 같은 열신배(劣臣輩:졸렬한 신하들), 누가 준봉외경(遵奉畏敬:공경하면서 두려움으로 명을 좇아 받듦)하지 않고 또한 반언(反言)을 할 수 있을까?

이상과 같은 상황이기 때문에 황후궁에서는 천황이 신(神)의 가르침에 거역하여 마침내 승하하신 것을 탄식하면서 스스로 백관신료(百官臣僚:모든 벼슬아치와 신하)에 명하여 오야마다(小山田)의 고향에 이츠키노미야(齋宮)를 세우고 황후궁이 스스로 신주(神主)가 되어 대신(大臣) 타케우치노스쿠네(武內宿禰)로 하여금 금슬(琴瑟:거문고와 비파)을 연주케 하고 중신(中臣)인 아손 이카츠(朝臣烏賊津)를 심신자(審神者:신의 심판자)로서 도청(禱請:기도의 청)들게 하기를 칠주야(七晝夜), 황후 스스로 부(俯:부복)하여 말하기를 "일전에 신라를 정벌하도록 교시한 것은 모든 신과 존명(尊名)을 알게 하라"고 기원할 때, 사방(四山)의 소리가 진정하고 모든 신칙으로 말씀하시기를 "그것은 일향국(日向國)의 세 신인 표통남(表筒男), 중통남(中筒男), 저통남(底筒男)의 제신이다"의 어명(御名)을 주창(主唱)하고 또한 정치의 방책도 상세하게 고하였다.

그러므로 신칙에 따라서 해신(海神)을 선두로 지금의 조선 즉 '신라・백제・고려를 정벌(三韓征伐)'*하고 평정한 것이다.

*〔편저자주〕야마오카는 일본서기(日本書紀)를 인용하고 있으나 진구황후(神功皇后)가 아이(후에 15대 오진천황・應神天皇)를 밴 상태인데 복부 주위에 넓적한 돌을 둘러 해산을 늦추어 삼한정벌(三韓征伐) 후 일본에 돌아가 출산했다는 기록이 있으나 물론 이 신화는 사실이 아닌 지어낸 고사에 불과하다는 것이 일본 역사학계의 통일된 주장이지만 1945년까지는 한반도 침략을 정당화하는 이데올로기로 이용되었다.

그 당시는 지금의 어리석은 자와 같이 이것은 이치에 맞지 않고 물리상으로 이와 같이 되지 않으면 안 된다는 등, 또한 과학적으로 이렇게 되지 않으면 안 된다고 하는 시기는 아니었다. 배(船)라도 지금의 무리가 상상할 수 있는 것은 아니다. 그렇지만 훌륭하게 저들의 국가를 평정한 이래, 조선국으로부터 공물(貢物)을 일본에 바치게 하니 오랫동안 두려워 복종(畏服)하였다.

또한 일본에서도 사수(司守:벼슬을 맡음)를 두고서 훌륭하게 제정하였기 때문에 서번(西蕃:신라·백제·고려)이 서로 통하여 국가는 평화롭고 번성하였다. 이 뜻을 생각하면 신화시대보다 먼 옛날인 진코 14대에서도 이와 같은 신위(神威)를 나타내어 치국책(治國策)을 강구하였다. 그리하여 앞의 표통남(表筒男) 이하 삼신(三神)은 후에 세츠츠노쿠니스미요시(攝津國住吉)에 봉헌되었다.

여기서 세츠츠노쿠니는 지금 오사카부(大阪府) 북서쪽 나라이며, 스미요시(住吉)는 오사카부(大阪府) 오사카시 24행정구의 하나이다(편저자주).

지금의 칸페이다이샤(官幣大社), 세츠츠노쿠니스미요시 신사는 이 신들을 모신 신사이다. 그리하여 조선국이 평정되자 신공황후궁(神功皇后)에서는 환어(還御)하시어 츠쿠시(筑紫)까지 이르자 하라노우치(胎中)인 신손(神孫)을 임월(臨月:임산의 다른 이름)하셨다. 그러므로 태어난 이 신손에 대하여 조금 영적(靈跡)을 변명한 것이다.

3. 오진(應神)천황의 영적 에너지: 하치만대보살(八幡大菩薩)

앞의 신손(神孫)은 기원 930년 진코(人皇:신대와 구별하여 진무천황 이후의 천황을 지칭함) 15대의 천위(天位)에 오른 오진(應神)천황, 즉 츄아이(仲哀)천황 제4황자로 유년시절은 타이츄(胎中) 또는 혼다(譽田)라는 이름을 가진 분이다. 그후에 타이츄천황 곧 혼다천황이 되었다. 천성이 현명한 분이셨다. 이 부분은 듣는 자가 크게 주의해야 할 부분이다.

이 오진천황은 정식으로 천위(天位)에 즉위한 분이나 승하한 그 후대 진코(人皇) 29대 기원 1200년, 킨메이(欽明)천황의 재위(御宇:임금이 나라를 다스림)기간에 해당하며, 히고(肥後)의 국가 히시카타(菱形)의 못(池) 옆에 신(神)으로서 출현하여 "나는 진코 15대 혼다의 하치만마루(八幡丸)이다"고 말하였다.

이 말 중에 혼다(譽田)는 오진천황의 어린 시절의 이름이다. 하치만마루라고 한 것은 수적(垂迹:보살·부처의 환생)의 칭호이다. 그리고 이 신위께서 위엄이 혁혁하게 만민 모두가 그 불가사의함을 흠모하고 궁전을 부젠노쿠니우사(豊前國宇佐:지금의 오이타현 우사군 우사정의 칸페이대사의 우사하치만이라는 신)에 축사(祝祀)하여 받들었다.

그렇지만 진코 40대, 기원 1384년, 쇼무(聖武)천황은 불심이 깊어 현재 나라에 있는 도다이지(東大寺)를 건립하였다. 그러자 우사하치만(宇佐八幡樣)이 신탁하여 "도다이지에 순례하기 위하여 신(神)인 나는 절에 들어가지 않는다"고 탁선(託宣:계시)하였다. 따라서 도다이지에서는 쇼무천황의 명령에 따라 영신사(迎神使:신을 맞는 사절)로 하여 절에 봉영(奉迎)한 것이다.

그로부터 진코 56대, 기원 1519년, 세이와(淸和)천황의 기간에 있어서 교토의 다이안지(大安寺)의 승려인 타케노우치노 수쿠네(武內宿禰)의 츄에이(冑裔:맏아들)로 교쿄(行敎)라는 사람이 우사하치만궁에 참배하여 일하구순(一夏九旬:여름 음력 4월 15일부터 7월 15일까지 90일간의 하한거) 동안에 낮에는 대승경(大乘經:대승교법인 화엄경·대집경·반야경·법화경·열반경)을 봉독하고, 야간은 밀주(密呪:서원시에 외는 주문)를 봉송(奉誦)하여 독경(讀經)드리자 최후의 결원(結願:불교 법회나 기도가 끝나는 날)에 당도하여 황송하게도 신칙(神勅:신의 가르침)이 나타나 "신(神)인 나는 너와 함께 수도로 가지 않는다"고 말씀하셨다.

교쿄는 두려운 마음으로 근신하여 수행원을 앞세워 교토의 오토코야마(男山)에 있는 이와시미즈(石淸水)의 땅에 봉안(奉安)하였다.

천황은 칙서로서 황국 팔백팔천의 신과 함께 헤이하쿠(幣帛:신전에 드리는 공물)를 받들고 특히 아마테라스오미카미(天照大神)와 같이 합사하여 황국(皇國) 2개소의 대종묘(大宗廟:왕과 왕비의 위패를 모시는 사당)로 우러러 받들고 오토코야마하치만궁(男山八幡宮)으로 받들게 되었다.

지금의 이와시미즈(石淸水) 하치만궁(八幡宮) 및 우사(宇佐) 하치만궁(八幡宮)은 모두 이 신(神)이다.

하치만으로 칭하며 받드는 존칭은 탁선(託宣:啓示·神託)에서 得道來 不動法性, 示八正道 垂權迹. 皆得解脫 苦衆生. "도를

얻어오니 법성이 부동하며, 팔정도(八正道)를 계시하여 권위의 수적(垂迹:환생·幻生)을 드리우니 중생의 괴로움에서 다 해탈을 얻었도다." 그러므로 하치만대보살(八幡大菩薩)이라 부르는 것이다. 이 하치만대보살은 불교 이름을 가진 최초의 일본 신이다. 또한 미나모토노 요리토모는 겐지의 씨신(氏神:우지가미)을 하치만으로 결정했다. 이후 하치만은 일본 사무라이의 전쟁 신이 되었다.

탁선(託宣) 중 팔정도(八正道)라는 어구는 정(正)에 8가지가 있다는 것으로 즉 정견(正見)·정념(正念)·정사(正思)·정정진(正精進)·정어(正語)·정업(正業)·정명(正命)·정정(正定) 이 8정(八正)을 이름 붙여 8가지의 바른 도(道)를 말한 것이다. 그러므로 심정(心正)이라면 자신의 몸과 입(身口)은 청결하다. 이렇게 된다면 삼업(三業:身業·口業·意業)에 사기(邪氣)가 없어져 내외 모두 진정(眞正)이다. 이것이 제불(諸佛)의 본회(本懷:본디부터 품었던 속마음)에 해당하는 것으로 신(神)의 수적(垂迹:환생·幻生)이 같은 것이다. 충분히 이해해 보자.

혼다(譽田) 황자가 되시는 분은 한편으로는 오진천황에 오르고 다른 편에는 하치만대보살(八幡大菩薩)로서 출현(出現)하시어 널리 중생을 제도하여 영험묘응(靈驗妙應:신불의 영묘한 감응)이 이와 같다. 그러므로 역성(歷聖:역력한 성황)이 되시어도 특히 국가의 2대종묘(二大宗廟)로서 공경과 존경을 받고 있다. 그러한 것을 또한 누가 흠잡을 부분이 있다고 말할 수 있겠는가?

4. 화기청마(和氣淸馬:와케노키요마로)의 영성(靈性)

위와 같은 도(道)를 준봉(遵奉:관례나 명령을 좇아서 받듦)하여 어떠한 정화(精華)를 드러낼 것인가를 제시하면, 기원 1409년 진코(人皇) 46대 코켄(孝謙)천황의 치세기간에 도쿄(道鏡)가 천총(天寵)을 입고자 할 때, 천황 위를 황자 쥰닌(淳仁)천황에 양도한 후에 다시 기원 1425년 복위하시어 쇼토쿠(稱德·여황제)천황이라 칭하며 받들게 된 것이다.

쇼토쿠 천황의 치세(治世)기간에 앞의 도쿄(道鏡)가 천총을 입고 마침내 비망(非望:야망)을 품고 천위(天位)를 도모하였다.

괘씸하기 짝이 없는 도쿄(道鏡), 넉넉함을 알지 못하고 분수를 망각한 멍청한 놈이구나. 그래서 화기청마(和氣淸馬, 733~799:나라시대 말기에서 헤이안 초기의 公卿)는 어느 정도 도쿄(道鏡)의 말속에 매우 이상한 부분이 있기 때문에 천황은 화기청마(和氣淸馬:와케노키요마로)를 칙사로 우사하치만궁(宇佐八幡宮)으로 가서 도쿄(道鏡)의 말에 대하여 신칙을 구하였을 때 그에 앞서, 키요마로가 교토(京都)를 출발할 때 도쿄(道鏡)는 그에게 고하여 말하기를 "나의 몸 우사(宇佐)에서 돌아와 신칙에 풍자하여 나의 희망을 완수하였다면 나의 몸을 태정대신(太政大臣) 관백(關白)이라 한다"고 하였다.

마침내 키요마로가 우사(宇佐:규슈 오이타 현에 있는 도시)에 도착하여 신칙을 구하여 받들 때 하치만 대신(大臣)이 탁선

(啓示)하길 "황조 신의 뜻에 준거하여 국가를 개벽한 이래 군신의 의(義)는 분명하다. 지금이야말로 비망(非望:바람직하지 못함)을 품은 자는 신속하게 극벌(極罰)하라"는 신칙(神勅)이었다.

키요마로가 두려워하며 받들어 즉시 환조(還朝:조정에 돌아옴)하여 도쿄 이하 백관신료(百官臣僚)가 조묘(朝廟)에 나열한 가운데 청마(淸磨:키요마로)는 어전에 부복하여 하치만대신(八幡大神)의 신칙을 하나도 틀린 곳이 없게 지성으로 진상(秦上)하였다.

청마(淸磨)의 마음이 매우 정화(精華)하였다. 이것이 무사도이다. 이렇게 말하면 어리석은 자는 이상한 무사도(武士道)라고 생각할지도 모른다. 이것이 참된 무사도이다.

이 때 청마(淸磨)가 없었다면 아니, 일본 무사도(武士道)가 없었다면 일본의 앞날은 어떻게 되었을까? 할 말이 없다.

그리할 때, 도쿄가 크게 화를 내며 청마의 「오금근(膕筋)」을 자르고 오스미(大隅)의 나라로 유배시켰다. 그러한 후에 황태자 전하, 고닌(光仁)천황이 즉위하여 청마의 충성을 칭찬하며, 즉시 소환하여 원래의 지위에 복귀시키고, 또한 신위(神威)를 경존(敬尊)하였다. 청마(淸磨)가 불신자(佛信者:부처를 믿는 자)이기 때문에 보다이지(菩提寺)로서 카와치(河內)의 국가에 신간지(神願寺)를 건립하였으며, 후에 터를 다시 현재 교토(京都)의 타카오산(高雄山)에 재건하고 절 이름을 고쳐 신고지(神護寺)라고 한 것이 이것이다.

그리고 조정 헤이하쿠(幣帛:봉물)를 드려 받들어 존숭하는 것은 국민 모두가 알고 있는 대로다. 후세 충신(忠臣)과 의사(義士)를 손가락으로 헤아릴 때 누가 청마를 꼽지 않는 자가 있을까? 제일 먼저 손가락을 꼽을 것이다.

보라, 무사도라는 것의 깊은 뜻은 삼세인과(三世因果:전세·현세·내세의 인과관계)의 진리를 깨닫는다면 무아(無我)라는 것을 알기 때문에 어떤 일을 하더라도 결코 굴복하지 않는다. 또한 이것이 정도이기 때문에 나아가면 갈수록 도(道)를 깨우치게 될 것이다.

아무튼 청마의 행적에 대하여 무사도는 어떠한 것인가를 미루어 헤아리게 될 것이다. 이것은 다만 청마 행적의 일부를 드러내어 무사도 정화(精華)의 참고로서 이야기한 것이다.

다른 곳에 청마 일생의 수많은 행적, 참으로 눈물이 나오는 이야기는 다음 별담(別談)으로 두어 진리의 발원담(發源談)으로 하겠다.

5. 스가와라노 미치자네(菅原道眞)의 영성

스가와라노 미치자네(菅原道眞, 845~903) 공(公)의 행적에 대하여 약간 참고담(參考談)을 한다면 공(公)은 참의(參議) 코레키요(是淸)의 셋째 아들이다.

그는 유년 시절부터 영리하고 슬기로운(穎悟) 천성이었으니 원래 그 부모가 매우 신실한 사람이다. 모친은 부인의 몸으로 세태인정(世態人情)에 정통하며 또한 의(義)가 깊으며, 양친은 깊은 불법(佛法)을 믿어 미치자네(道眞)를 양육함에도 늘 사은(四恩)의 대도로서 가정교육을 실시하였다. 그러므로 미치자네도 깊이 불법을 믿고 그 뜻을 체신통효(體身通曉:몸이 믿음으로 환하게 통달됨)하여 충효인의(忠孝仁義)의 도(道)를 행한 분이다.

이처럼 양친의 깊은 불법(佛法)과 사은(四恩)의 가정교육으로 성장 후에 공이 이룩한 대공과 같은 것은 대단한 것이다. 죠간(貞觀) 18대 때인 862년 몬죠세이(文章生)에 의해 천거되어 토쿠교세이(得業生:학업이나 기예 등을 공부한 생도)가 되고 그로부터 순차적으로 쇼나이키(小內記(성내 서기)인 시키부쇼유(式部少輔:태정관이 통할한 8개성의 하나인 시키부성 벼슬)가 되었다. 그해 텐교(天慶) 5년인 941년 10월 21일, 부모를 위하여 불선(佛善)을 하여 불화회(佛華會)를 수행한 적이 있다.

발원문(發願文)은 상당히 주의해서 들어 둘만한 것이나 문자가 1천자 이상에 이르기 때문에 졸자가 좌상(座上)에서 송독(誦讀)하더라도 이익이 없기 때문에 다른 연구자에 양보하고 이것은 생략해둔다.

미치자네(道眞)의 품성에 대해서는 너무나 성실하기 때문에 우다(宇多)천황은 매우 신임하여 우대신(右大臣)의 현직에 올라 정무의 총재(總裁:전체)를 이루었다.

그 당시는 후지와라씨(藤原氏)의 전제(專制:국가의 권력을 한 개인이 장악한 제도)시대이기 때문에 후지와라 모토츠네(藤原基經)가 죽은 후는 약간 그 전제를 억제하기 위하여 편의상으로 섭정관백(攝政關白) 등은 두지 않았다.

위와 같이 미치자네(道眞)를 우대신(右大臣:일본 천황의 신하 직분으로 태정대신, 좌대신 다음으로 좌대신 유고시 대행하였다)에 천거하여 정치를 하게 하였을 때 미치자네는 군은(君恩)에 감격하여 지성으로 정무에 임하였다. 그러자 원래 소양(素養)이 지성(至誠)인 사람이기 때문에 재결(裁決:행정처리)은 물흐름과 같았다. 그러므로 천총(天寵:임금의 총애)도 점점 심후(深厚)하였다. 이미 섭정 관백의 의자는 미차지네의 것이라 할 정도의 기세였다. 그래서 후지와라 시헤이(藤原時平) 이하 사견비열(邪見卑劣:사악한 생각이나 의견이 천하고 못난 것)한 놈이므로 몹시 싫어하여 질투하는 마음을 일으켜 미치자네를 참주(讒奏:신하가 임금에게 참소하는 것)하게 되었다.

따라서 시헤이가 천황에 청하기를 미차자네는 그의 여자 종이 제세친왕(齊世親王)으로 천위(天位)에 오르고자 빈번하게 폐립(廢立:현 임금을 폐위시키고 다른 임금을 세움)을 꾀하였다고 밀주(密奏:비밀히 상주)하였다. 그러자 천황도 아직 젊기 때문에 시헤이(時平)의 말을 믿고서 슬픈 일이지만 미차자네를 귀양 보냈다. 그렇지만 미차자네는 원래 지성의 무사이기 때문에 유배되어도 천은을 잊지 않았다.

텐기(天喜) 2(1054)년, 다자이노곤노소치(大宰權師)로 유배되어 치쿠젠(筑前) 국가로 배를 타고 가는 도중에 스오우(周防) 국가의 카츠마(勝間)가 포구였기 때문에 사카타루야마(酒垂山)에 쉬면서 코쿠분지(國分寺)에 들어가 수계(授戒)를 받고 이래와 같이 노래하였다.

馴狎燒香散華處, 不違念佛讀經時.
(순압소향산화처, 불위염불독경시)
향을 사르니 그윽하게 흩어지는 곳, 염불 독경할 때와 다르지 않도다.

마침내 유배지(謫所)에 도착하여 사은(四恩)의 대비(大悲)를 잊지 않았다. 그 유배지에 있어서도 오로지 군은(君恩)이 추상(追想)됨을 금할 수 없었다. 그러므로 문묵(文墨)에 의지하여 자신의 생각을 표현하였다.

9월 9일(중구) 가절을 맞이하여 시를 지었다.

一朝逢九日, 合眼獨愁臥.(일조봉구일, 합안독추와)
菊酒爲誰調, 長齊終不破.(국주위수조, 장제종불파)
가절의 아침을 맞으나 향수에 홀로 누워 눈을 감는다.
누가 국화주를 보내와 오래 두러 누워 깨지 못했도다.

또한, 같은 유배지에서 새해를 맞이하면서 시를 지었다.

故人尋寺去, 新歲突門來.(고인욕사거, 신세돌문래)
鬢倍春初雪, 心添臘後天.(빈배춘초설, 심천랍후천)
齊盤靑葉菜, 香案白花梅.(제반청엽채, 향안백화매)
合掌觀音念, 屠蘇不杷杯.(합장관음념, 도소불파배)
옛사람은 절에 찾아가니 새해가 뜰 문으로 들어온다.
귀밑머리 초봄의 눈처럼 서려 섣달 후천의 마음에 쌓인다.
푸른잎 채소는 쟁반에 가지런한데 상 위의 흰꽃 매화 향기롭다.
합장하여 관음에 염불하노니 도소주 술잔 자루 아닌가.

또한 소학·중학생도 알고 있는 시를 여러 편 남겼다

去年今夜侍淸凉, 愁思詩篇獨斷腸.
(거년금야시청량, 추사시편독단장)
恩賜御衣猶在此, 捧持日日拜余香.
(은사어의유재차, 봉지일일배여향)
작년 오늘밤 청량을 대하니 홀로 슬픈 생각의 시편이 창자를 끊네.
임금의 은혜 입어 이같이 있어 날마다 절하며 향기 받들어 모시네.

유배 2년 2월 25일에 다자이 곤노소치(大宰權師)에서 임종을 맞으면서 시를 지었다.

病追衰老到, 愁趁謫居來.(병추쇠노도, 수진적거래)
此賊逃無處, 觀音念一回.(차적도무처, 관음념일회)
쇠하고 늙어 병이 따라 이르고, 귀양 와서 근심과 탄식으로 사는데
이 역적(逆賊)은 도망칠 곳도 없으니, 한 번 관음을 외어본다네.

공(公)의 마음이 이와 같았다. 매우 감복하는 부분이 아닌가? 이래도 누가 또한 비난할 것인가.

이노우에 : 작년 오늘 밤의 시는 서생(書生) 어린애에게는 미치자네 공의 진의는 살필 수 없지만, 공의 성충(誠忠)을 의미한다는 것은 거의 추측할 수 있을 것이다.

그런데 9월 9일의 시 끝 구절에 중국 삼국시대의 위(魏)나라 태위(太尉)장군이었던 장제(長齊, ?~249)의 익숙한 글자라도 아마 공(公)의 진의를 엿볼 수 없는 것이 많을 것이다.

공(公)은 유학자로 또한 불교의 도리를 궁구한 성걸(聖傑)로서 삼장제월(三長齊月:불교도가 8재계를 지키며 근신하는 일로 정월·오월·구월에 초하루부터 보름까지 도살금지·소식·독

경・목욕재계하는 풍습기간)과 같이 늘 공의 염두에 존재하는 부분으로서 기회에 있어 즉시 발심(發心)한 것일 것이다. 기타 모두 불교 교리를 궁구한 것은 매우 감복할 뿐입니다.

텟슈 : (웃는 얼굴로) 이노우에(井上) 씨, 오늘날은 인형(人形)이 많고 인간(人間)이 적어졌습니다. 그만큼 인간이 단명하게 되는 것이 불쌍합니다. 이 부분이 귀하께서 가장 힘을 주는 부분입니다.

이상으로 대략이지만 미치자네가 얼마나 성충(誠忠)하였던가, 게다가 무사도는 어떠한 부분부터 깨달았는지, 혹은 얼마나 활용을 중요시한 것인지 추찰(推察)할 수 있을 것이다.

보라, 미치자네가 참소되더라도 자포자기하지 않고 유배지에 있어서 멀리 황실과 떨어져 있어도 심조(心操:마음을 지키는 지조)는 또한 늘 어전에 시중드는 것을 생각하며 오로지 군은(君恩)이 큰 것을 생각하며, 성충(誠忠)이 반석과 같은 것은 그 술회의 시구절(詩句節) 중에 넘쳐나고 있다.

실로 일본 충신・의사(忠臣・義士)의 본보기로서 손색이 없다. 세상의 승려라며 혹은 장관・대신이라고 하는 자도 그 마음이 미치자네로 얼굴을 붉히지 않을 자가 몇이나 있을까? 또한 사람에게 교편(敎鞭)을 잡은 인간 중에서도 신성(神聖)한 교육을 항상 유의하고 있는 자가 몇이나 있을까?

스가와라(菅原) 공(公)이 몸을 유지하는 것은 가장 엄숙하며 또한 청결하여 당당히 깊은 정치에 통달하고 치적역력(治跡歷歷)하여 역성(歷聖) 5조(五朝)에 봉사하여 총권(寵眷:은총을 돌아봄)이 특히 두텁고, 성충(誠忠)이 천조(天朝:천자의 조정, 황실)를 보좌하고, 인정이 민서(民庶)에 널리 미치고, 내실에 두텁고 불교교리를 궁구하여 사은에 봉답(奉答)한 것이다.

공(公)이 말년에는 비통하고 애석한 최후를 마쳤지만 마침내 그 지성이 천총(天聰:임금의 총애)에 도달하여 후대에 내려와서 엔쵸(延長) 5(1253)년 본관(本官)을 회복하여 정2위 태정대신(太政大臣)을 하사받고 수천년 이후로 그 지성(至誠)은 마침내 향기롭고 정1위에 추증되고, 또한 역조(歷朝)에 있어서도 매년 헤이하쿠(幣帛)로 모셔 받들어 일본 22사(二十二社)의 대묘(大廟)로 봉경(奉敬:삼가 받듦)하는 것이다.

일찍이 미치자네 공(公)의 탁선(託宣:신탁)에 근거하여 텐교(天慶:天安~元慶) 연간에 교토의 키타노(北野)의 땅에 텐만텐신(天萬天神)에 봉배(封拜)하게 되었다. 또한 치쿠젠(筑前)의 나라 다자이부(大宰府·고대 일본에서 지방 행정상의 중요한 지역에 설치되어 몇 개의 구니(國)에 걸치는 넓은 지역을 통치하는 임무를 맡았던 일종의 지방행정기관의 이름)에 있어서도 이와 같다.

그러므로 일본 국민의 상하 모두가 그 지덕(至德)에 훈화(薰化:훈도하여 좋은 길로 인도함)되어 세상에 우러러 성묘(聖廟)로 칭하고, 여러 나라의 군과 촌 모든 곳에 신사(社祠)를 세우고 텐만구(天萬宮)로 배봉(拜奉)하고 있다. 실로 이것이 무사도의 정화(精華)이다. 이래도 누가 흠잡을 것인가?

충분히 마음을 진정시키고 생각해 보면 자연히 생각날 것으로 사람이 단호한 대사(大事)를 완수하기 위해서는 신앙이라는 확고불발(確固不拔)의 대반석 즉 안심입명(安心立命)의 땅이 정해짐으로써 비로소 훌륭한 대사(大事)도 가능한 것이다.

겐페이(源平) 두 가문 이래 토쿠카와(德川) 바쿠후 말 유신(維新)이 오늘에 이르기까지 무문무사(武門武士)라는 자가 예상 외의 대사(大事)를 완수한 일이 헤아릴 수 없을 정도이지만, 이러한 모든 무사(武士)는 모두 무사도(武士道)라는 확고불발(確固不拔)의 대반석이 갖추어졌기 때문이다. 또한 그것이 갖추어짐으로써 비로소 무사도가 완성되는 것이다.

이러한 모든 예는 하나하나 들춰낼 틈은 없다. 또한 형적상(形跡上)의 일만은 중학생도 알고 있는 대로 대략 역사가 진실을 증명하고 있다. 생각건대 그 어떠한 원인으로 이토록 깔끔한 일이 가능하였는가? 그러한 점에 있어서는 아마도 생각이 미치지 못하였을 것이다. 밝음이 없으면 어둠이 없다는 경지에 지성(至誠)의 무사도는 역력하다. 부디 주의하기 바란다.

6. 겐페이(源平)의 무장들

일본은 건국 당시 신(神)의 선언에 근거하여 그 기초를 정한 것이다. 그러므로 이 백성은 그 신의 선언에 어긋나면 안 된다는 정신 작용이 있다. 그 작용은 신불신앙(神佛信仰)이라는 정신적인 대계통(大系統)을 가지고 있다.

가마쿠라(鎌倉) 바쿠후를 열었던 미나모토노 요시이에(源義家:가마쿠라 겐지 가문)가 무용(武勇)이 절륜(絶倫:매우 뛰어남)하다는 것은 어린아이도 알고 있는 대로다.

불법명(佛法名)은 신료(信了:믿음의 완료)이다. 자비충서(慈悲忠恕:사랑하고 불쌍하게 여김이 충만하고 인정이 많음)의 마음이 풍부하고 참회심이 깊은 것은 이를테면 부하장사(部下將士)에게 스스로 은상을 주어 적장 아베지로(安倍次郞) 대부(大夫) 사다토(貞任)를 적진에서 한 칼에 베어 죽이며, 이들을 추방하고 그의 제삼랑(第三郞) 무네토(宗任)를 대우하는 등 실로 무사도의 정화(精華)로서 감탄할 뿐이다. 기타 자세한 행적은 역사에 있는 대로다. 다만 주의해야 할 점은 그것이 무사도의 발원지(發源地)이다.

보라, 무사로서 신앙심이 두텁고, 그 겐(源)씨의 자손은 그의 할아버지 요시이에(義家)가 이 현저한 활용도 거의 하치만신(八幡神)의 궁시(弓矢)의 수호에 관계한다는 생각에서 적어도 몸을 무문(武門)에 던지는 자는 신신(信神)이 중요하다고 하기 때문에 자손이 전장에 나섬에 있어서는 하치만타로(八幡太郞)라는 어조로 전공을 세우고 부(府)를 카마쿠라(鎌倉)에 설치함에 있어서 하치만궁(八幡宮)을 세우고 봉배(封拜)하였다.

또한 일본인으로서는 이와 같이 하지 않으면 안 된다. 이것이 역시 무사도이다.

게다가 헤이씨(平氏)라도 모두 같다. 저 타이라노 시게모리(平重盛)와 같은 경우는 일본의 성인으로서 추앙하는 사람이다. 부(父) 키요모리(淸盛)가 교만 불손한 것을 여러 번 사은(四恩)의 대도(大道)를 들려주고, 엄격히 간(諫)한 것은 모든 사람이 알고 있는 대로이다. 시게모리는 늘 대의명분(大義名分)을 마음에 새기고 천지의 도(道)를 두려워한 사람이다. 평소 흥얼거리며 시를 읊조렸다.

"마음 분별의 어두움을 등불로 비추이니, 아미타(阿彌陀)의 맹서를 바라는 몸은 비치지 않는 곳이 없네."

또한 이것은 시게모리 공(公)의 평소 마음가짐의 표현이다. 이 시는 시게모리 공(公)이 늘 불법을 믿고 거실 사방에 불상을 안치하고 등잔불을 켜고 공양하는 술회(述懷)의 시이다.

공(公)이 스스로 그 몸을 유지하는 것은 이와 같으며, 부(父) 키요모리가 불의를 품는 것을 보고 정에 이끌리지 않고, 종종 이를 간언하였고, 또한 자제(子弟)를 훈계하여 도(道)를 가르쳤다. 후세인들이 우러러 성인(聖人)이라 해야 할 사람이다.

어느 날 키요모리가 괘씸하게도 법황(법황:불법에 귀의한 황제)을 유폐하여 받들지 않으려는 생각을 알고 비탄의 눈물을 흘리며 아래와 같이 고간(苦諫:하기 어려움을 무릅쓰고 정중하게 간함)하였다.

"아들 시게모리는 삼가 어른의 거동을 배찰(拜察:삼가 헤아려 살핌)함에 슬픔과 걱정(悲懼)으로 번갈아 가슴을 찌르는 것이 있습니다. 아들은 몸을 상국(相國:옛날의 재상이나 대신의 호칭)의 위에 있는 자가 갑주(甲冑)를 입는다는 것은 지금까지 들은 적이 없습니다. 하물며 삭발함에 있어서 그러한 일을 하는 자는 없습니다. 불교에 사은(四恩)의 가르침이 있다고 들었습니다. 그 가르침 중에서 국왕의 은혜는 가장 광대합니다. 그리고 이러한 것을 알고 그것을 지키는 자를 사람이라 합니다. 그러하지 못한 자는 금수(禽獸:날짐승과 길짐승)입니다. 대인(大人)은 조금은 이러한 일을 살펴서 모범을 보여주십시오"라며 간언하는 것을 보는 자가 있었다. 그 때문에 키요모리(淸盛)의 악역을 멈추게 한 적이 종종 있었다.

이런 시게모리(重盛) 공(公)의 언행에서 후세의 사람들의 귀감이 된 것이다. 일찍이 시게모리 공이 세상의 무상을 탄식하여 "아, 충효는 두 가지로서 다할 수 없구나"하는 자신의 겸손한 말이었으나 실은 고금에 드문 충효양전(忠孝兩全)의 무사(武士)이다. 결코 충효(忠孝)는 두 길이 있는 것은 아니다.

또한 말을 바꾸어 말하면 시게모리 공(公)은 실로 사은(四恩)의 대도(大道)를 가능케 한 참 무사도를 실행한 지성무결(至誠無缺:결점이 없고 지극히 성실함)의 일본인이다.

7. 쿠스노키(楠) 공(公) 부자(父子)의 영성(靈性)

여기에 일본민족이 고금에 드문 충신으로서 영재(英才)로서 호걸(豪傑)로서 대비(大悲:부처의 큰 자비)의 사람으로서 민족의 귀감으로서 받들고 있는 쿠스노키(楠) 공(公)의 사적(事跡)에 대하여 조금 이야기하겠다.

쿠스노키 공(公)의 사적은 어린이라도 그 행적(行跡)이 바른 것을 조금은 알고 있다. 아니, 모른다고 끝낼 것은 아니다. 그러나 어린이들과 기타 세속은 자세하게는 알지 못하는 것이 있다고 생각한다. 그 부분부터 약간의 예로써 대훈(大勳:큰 공훈)을 이룩한 무사도의 정화(精華)를 들고자 한다.

마사시게(正成) 공(公)은 저 불도신자(佛道信者) 쿠스노키 마사하루(楠正玄) 공의 적자(嫡子:정실의 아들)이다. 마사하루 공(公)이 노년에 이르러서도 아직 자식이 없어 그 아내와 함께 카와치쿠니(河內國, 현 오사카부)의 지기산(志貴山)의 비샤몬텐(毘沙門天)에 가서 기도하여 얻은 자식이다.

비샤몬텐(毘沙門天)의 일명을 타몬텐(多聞天)이라 한다. 그러므로 마사시게(正成) 공의 어린 시절 이름은 타몬마루(多聞

丸)였으며, 성장하여 효에노죠(兵衛尉)로 임명되었다. 따라서 이름을 말하길 쿠스노키타몬 효에마사시케(楠多聞兵衛正成)라 한다. 어느 날 마사시케 공은 그 자정행(子正行:아들 마사시게가 바르게 행할 길)의 글을 남겨서 교훈으로 말하였다.

□ 마사시케(正成) 공(公)의 유훈장(遺訓狀)

"뜻이 불신심(不信心)한 자로는 득업하는 것이 어렵다. 나는 젊을 때부터 일심의 관법(一心觀法)에 마음을 쏟았다. 어느 순간 산중에 백운(白雲)이 걸리는 것을 보고 마음이 놀라서 기전(氣前:미연에 풍우뇌정 등을 예지하는 일)의 법을 얻어 조금 쉬려고 했음에도 이것은 실의(實義)가 아니다. 그러므로 도(道)의 완전한 것을 바라며 공(功)을 허비하더라도 몸은 안정되지만 태평스러운 것은 아니다." 어느 날 남도(南都) 카스카샤(春日社)에 갔을 때, 가는 길에 한 명의 승려가 먹이를 먹고 있는 비둘기를 보고서 시구(詩句)를 읊고(吟句) 사라지려는 것을 만났다.

우리들은 야스마 시치로(安間七郞)에게 이 승려를 불러 세우게 하고 좀 전의 음구(吟句:시가의 구절을 소리 내어 읊는 것)를 물었다. 승려가 읊으며 말하였다.

"도(道) 그것은 불명불암(不明不暗), 역력히 현묘(玄妙)하다."

내가 묻기를 이 도(道)는 어떠한 것인가.

승려가 대답하길 하늘에 없고 땅에 없고 사물에 없고 부처에도 없고 신(神)에도 없고 조수(鳥獸)에도 없고 무정(無情)에도 없고 사람의 일 이것이 도(道)이다.

내가 묻기를 사람의 일은 어떠한 것인가.

승려가 대답하길 선에 없고 악에 없고 행함에 없고 법에 없고 즉심(卽心) 즉 정(正)이 사람의 일이다.

내가 묻기를 즉심은 어떠한 것인가.

승려가 대답하길 자네가 묻고 있는 마음은 즉심(卽心)이다. 내가 답하는 마음은 나의 즉심이다. 이 마음이 변하지 않았다면 일체 촉목(触目:눈에 보이는 것) 모두가 모든 도(道)이다. 이 마음이 변하여 생각되는 것을 범(凡)이라 이름한다.

내가 묻기를 또한 밀의(密義)가 있다고 하였다.

승려가 말하길 공의 이름은 무엇인가.

내가 답하기를 쿠스노키타몬효에 마사시케이다.

승려가 말하길 마사시케로 부르겠다.

내가 답하길 승낙합니다.

승려가 말하길 이것은 무엇이죠?

이때 심중이 활연(豁然)하여 크게 깨달았다.

이것으로 이 승려를 받들어 자교(慈敎:자애스러운 가르침)를 받았다. 다만 안타까운 것은 이 승려가 얼마 지나지 않아 세상을 떠나버려 도(道)를 묻기 겨우 8개월이었다. 그리하였지만 이 도(道)를 받고 가계를 일으키고 이름을 날리는 것은 사은(師恩)이 큰 것이었다.

이상으로 지금 이 서신을 너에게 부속(付屬)한다(그 서신은 중략).

너는, 성장하여 삼보(三寶)를 공경하라.
색(色)에 빠지는 것이 없게 하고
군신(君臣)의 예를 흩트리지 않게 하고
제민(諸民)을 힘들게 하지 말고
군법(軍法)을 마음과 같이하라

이 서신을 모친・형제・종복・처자 등에 보이지 말 것이며, 이 서신의 대의(大意)를 굳게 지켜서 천하에 이름을 날릴 것, 이것이 너의 제1의 효행이다. 등등의 유훈장(遺訓狀)이다.

그리고 사쿠라이역(櫻井驛)에서 또한 유훈문(遺訓文)을 첨부한 것은 소・중학교의 어린이라도 알고 있는 대로다.

이 유훈문은 마사시케(正成) 공의 친아들 마사츠라(正行) 공(公)에 대한 결별(訣別)의 유훈이다.

또한 공(公)이 최후의 경계(警戒)로서 그 하나를 덧붙여 말하면 공은 바야흐로 미나토가와(湊川)에서 전사하기 전 날, 미나토가와 쿠스노키데라(湊川楠寺)인 묘고쿠슌젠지(明極俊禪師)의 선방(禪房)에 참배하여 물었다.

生死交謝之時如何(생사교사지시여하:삶과 죽음을 서로 감사할 때는 어떤가?)

선사말하기를
두 머리 모두 벤다면 일검(一劍)이 하늘에 의해 쓸쓸하다.
공(公)이 말하길
畢竟作麽生(필경작마생: 결국에는 잘 살았는가?)
그때에 선사(禪師)는 위엄을 보이며 일갈하였다. 공은 즉시 배례(拜禮)하며 몸에 흰 땀을(通身白汗) 흘렸다.
선사가 말하길
너 달통하였다.
공이 말하길
만일 여기에 와서 화상을 만나지 못했다면 어떻게 향상(向上)의 칸레이(關捩:빗장을 꺾음)를 초월하여 얻을 수 있었겠습니까? 그런 후, 한 통의 서신을 적어 사자(使者)를 통하여 이것을 아들 마사츠라(正行)에게 주게 했다.

그 서신의 내용은 아래와 같다.

"今度隼人差下 候事非別儀, 我等最後近近覺候, 貴殿成長器量見屆度候得共, 義重處更難遁候, 彌彌勤學無怠成長後, 我等心中可被察者也, 恐恐謹言.

금도준인차하후사비별의/아등최후근근각후/귀전성장기량견전도후득공/의중처정란돈후/미미근학무태성장후/아등심중가피찰자야/공공근언."

"이제 헤아려 새매(隼:새매·맹금猛禽의 총칭)와 사람의 차이가 내려지는 일은 별다른 법도가 아닌 것이다/최후로 우리들의 아주 가까운 무리들과 생각하는 것이다/고귀한 궁궐에 성장하여 기량의 구멍(요소)을 보는 법도를 다 얻는 것이다/의로움의 중요한 곳을 고침에 어려움을 피할 것이다/오랜 기간 부지런히 배우며 나태함이 없이 장성한 후 우리들의 마음 가운데 살피는 바를 나타내는 것이 옳을 것이다/몹시 두려움으로 삼가 말한다."

수천 년 후에 이 서신을 읽는 자, 누가 공(公)의 심사를 추념(追念)하여 감읍(感泣)하지 않는 자가 있을까? 따라서 다음 날 미나토가와(榛川)에서 적과 접전하기를 수십 회, 마침내 허무하게도 맷돌이(磨)이 포풍(捕風:바람을 잡음)에 날림 같이 사라졌다.

아, 공(公)이 심중(心中)은 군국(君國)에 목숨을 바치고 도(道)를 수련하며 법(法)을 실행하며, 죽음에 있어서도 또한 나아가 도(道)를 남겨 자손을 가르치고, 칠생(七生:불교에서 인간이 일곱번 환생하는 한계윤회수)을 서약하여 적을 멸망케 하는 등 충용·의열(忠勇義烈)은 아무리 들어도 그 의로운 마음을 살펴보면 뜨거운 눈물이 흐른다. 보라, 신앙이라는 큰 바위 같은 마음에서 넘쳐흐른 결심은 그대로 정화(精華)를 들어낸 것이다.

마사시케(正成) 공(公)이 이와 같은 정화(精華)로서 그 아들 마사츠라(正行) 공에게 거듭거듭 부탁한 유훈(遺訓)이다. 그 유훈은 어떠한 결과를 낳았을까, 조용히 그 미래를 보자.

엔겐(延元) 원년(1336년) 아시카가 타카우지(足利尊氏)는 큐슈의 병사 20만명을 이끌고 셋슈(攝州) 효고(兵庫)에 도착하였을 때 쇼난(小楠:마사츠라) 공(公)은 겨우 11살이었다. 대인(大人) 마사시케 공(公)을 따라서 사쿠라이(櫻井) 역(驛)에 있었다. 그 당시에는 마사시케 공(公)은 이미 효고(兵庫)의 적정(敵情)에 따라 전사할 각오였다. 그래서 마사시케 공(公)은 「조칙(詔勅)」을 꺼내어 눈물을 흘리면서 쇼난 공(公)에게 주며 말하였다.

"아비가 듣기로는 사자는 새끼를 낳고서 3일만에 새끼를 천길 낭떠러지 절벽으로 던져서 충분히 비약(飛躍)하는지 어떤지를 시험한다. 너는 어리다고 하더라도 이미 11살이나 된다.

부디 아비의 말을 새겨듣기 바란다. 내가 죽는다면 천하는 반드시 타카우지(尊氏)가 장악하게 될 것이다. 그 때는 몸을 움츠리고 사졸(士卒)을 무육(撫育:어루만지듯이 잘 돌보아 기름)하여 나의 뜻을 이어 충절로 노력하여 천자(叡:성인)를 격정하며 받들라. 이익과 손해(利害)에 방황하여 집안의 이름을 더럽혀서는 안 된다"며 자세한 말로 교시하여 고향 카와치(河內:지금의 오사카부)로 돌아가라고 하였다.

그 말을 듣고 쇼난 공(公)은 눈물과 함께 떠나지 못하고 함께 전사하자고 애원하였다. 그러자 노공(老公)은 크게 꾸짖으며 떠나라 한 것이다. 당시 쇼난(小楠) 공(公)은 은근히 깨닫는 부분이 있었다. 넘쳐흐르는 눈물을 훔치며 친부(親父) 노공(公)의 곁을 떠났다.

그러나 전부터 각오한 노 공(公)은 미나토가와(湊川)의 격전에 용감하게 최후를 마쳤다. 따라서 적장 타카우지(尊氏)는 마사시케 공(公)의 수급을 상자에 담아 쇼난 공(公)이 거주하고 있는 카와치(河內)에 보냈다.

쇼난 공(公)이 그 목을 보자 오인(嗚咽)을 참지 못하고 별실(別室)로 갔다. 그 행동이 평상시와 같지 않았기 때문에 자모(慈母)가 이것을 살펴 본 결과 뜻하지 않게 쇼난 공(公)이 막 자살을 하려고 하기 때문에 자모 놀라며 칼을 빼앗고 꾸짖으며 말하였다.

"너는 제정신이 아니구나. 부친이 너를 집으로 돌려보낸 것은 집에서 죽으라는 것이 아니다. 자신을 지키면서 적(賊)을 멸망시켜 주군(主君)의 치세를 이루라는 가르침이라는 것을 네가 돌아 왔을 그때에 너가 나에게 고한 것이 아니냐. 그 말은 아직도 나의 귀에 남아있다. 그런데도 너는 갑자기 그것을 잊었단 말인가?"라며 그 뜻을 자세히 들려주었다.

쇼난 공(公)은 모친의 훈회(訓誨:가르치고 타일러 깨우치게 함)를 느끼며 깨닫는 부분이 있어 즉시 그 자결을 단념하였다. 그 이후 마사츠라(쇼난·小楠) 공(公)은 밤낮으로 문(文)을 수련하고 무예(武藝)에 노력하여 마침내 충효양전(忠孝兩全:충성과 효도를 모두 갖춤)의 명장이 되었다. 실로 말대(末代:먼 후대)까지의 표본이다.

보라, 마사츠라 공(公)이 부모의 훈회(訓誨)를 지키며, 힘겨운 고난을 맛보는 등 마침내 성장하여 벤노나이시(辨內侍)를 하사받는 칙명(勅命)을 받았으나 즉시 사의를 표하며, "도저히 세상에 있어도 없는 몸으로 일시적인 약속을 어떻게 맺을 것인가?"하고 지성(至誠)의 간담(肝膽:속마음)을 피력하여 봉답(奉答:웃어른에게 공손히 대답함)한 것 등은 오늘날 조수(鳥獸:새와 짐승을 아울러 이르는 말)의 흉내를 내는 놈들은 적어도 얼굴을 붉힐 것이다.

또한 마사츠라 공(公)이 시죠나와테(四條畷:4조의 곧은길)에서 죽을 각오를 결심한 당시에 일가족이 다 같이 뇨이린도(如意輪堂:7관음불상의 하나로 모든 중생의 고통을 덜어주고 소원을 이루어주는 관음을 모신 불당)의 벽판(壁板)에 화살 끝으로 적어나간 그 문장의 시는 상당한 무사도가 표현되어 있다.

"돌아오지 못한다고 생각하면 재궁(滓弓)으로
죽은 사람 축에 끼는 이름을 남기네."

여기의 재궁(梓弓)은 질기고 뒤틀리지 않는 특성을 가진 가래나무 활을 말한다. 부디 세상에 두눈 두발(橫目二足)의 사람인 이상 조금은 엄하게 반성하기 바란다.

8. 토쿠카와 시대의 무사도

졸자가 무사도(武士道)의 정화(精華)를 이야기하는 것은 그저 그 두, 세 가지의 예지만 역사적으로 하나하나의 정화(精華)를 열거한다면 도저히 하루에 설명할 수 있는 것은 아니다.

따라서 이번에는 토쿠카와(德川)시대 이하로 생각하였으나 이 시대는 무사도에 대해서는 현저한 이야기가 있으며, 이미 이들은 최근의 것으로 얼마나 토쿠카와(德川) 씨가 무사도 장려에 의(意)를 다했는가는 이미 우리들이 보고 들은 대로다.

또한 젊은이들은 부모에게 물어보더라도 거의 알 수 있을 것이다. 그러나 토쿠카와 시대에 대해서는 후일로 미루고 토쿠카와 시대의 15대(十五代) 가운데 아래 이야기를 한다.

(1) 아코(赤穗) 47의사(義士)와 야마가 소코(山鹿素行)

토쿠카와 쓰나요시(5대 장군)시대(1701~2년)의 무사의 꽃으로 사람이 알고 있는 아코(赤穗) 47의사(義士)의 복수는 과연 무사도의 정화(精華)라 할 수 있다. 여기에는 크게 주의를 요하는 것이 있다.

물론 오이시 요시오(大石良雄)가 천산만악(千山萬嶽)의 고배를 마시고 47의사(義士)가 서로 의심하지 않고 지성으로 서로 합심하여 마침내 그 주인의 원수를 갚은 것 등의 추신구라(忠信藏) 정화(精華)는 새삼스러운 것은 아니다.

이 경우 의사(義士)의 두뇌라 할 수 있는 오이시 요시오의 스승인 야마카 소코(山鹿素行)의 언행에 대하여 좀 더 연구를 요하는 부분이 있다. 이 소코(素行)에 대해서는 세인이 크게 평판하지 않지만 소코의 언행(言行)은 무사도의 성쇠에 관하여 가장 필요하다. 그러나 졸자는 이야기가 길어지기 때문에 이것을 생략한다. 여러분은 야마카 소코의 언행에 대하여 어떤 사람인가를 알기 바란다. 조금은 어리석은 자들에게 참고가 되는 것이다.

앞에서 이미 말한 것과 같이 토쿠카와 시대는 무사도의 발달, 정화(精華)에 관해서는 특히 다른 기회에 이야기하고 여기서는 모두 생략한다.

(2) 아이즈(會津)의 백호대(白虎隊) 19의사(義士)

메이지 보신(戊辰) 내전(內戰) 때, 시키시마(敷島)의 야에자쿠라(八重櫻:겹벚꽃)가 아직 꽃이 피지 않은 꽃봉오리인 채로 허무하게 안개비에 모두 떨어진 『경국미담(經國美談, 야노류케이:矢野龍溪의 정치소설)』이다.

이름 붙이기를 백호대(白虎隊:1862년부터 보신내전戊辰內戰을 거처 평화가 찾아오는 1866년까지의 격동의 7년 세월의 이야기)라 한다. 지금 졸자의 집안에도 백호대(아이즈 번의 소년병 부대. 약 340여명의 아이즈번의 10대 소년들로 구성된 사관생도 같은 엘리트 무사 양성조직)의 형제 친족이 있다.

이 이야기도 대략은 세상 사람들이 알고 있으나 전체, 메이지의 보신전쟁(戊辰戰爭)은 그 실체에 있어서 관군—적군이라는 전쟁은 아니다. 한편은 순풍을 타고 반대쪽은 역류를 탔다고 하면 좋을 것 같다. 바쿠후군이라면 지금의 요시노부(慶喜)공(公)을 비롯하여 후다이(譜代:토쿠가와를 섬겨온 신하)의 제번일동(諸藩一同), 미신(微臣) 테츠타로(鐵太郞)라도 일천만승(一天萬乘:수레 만승을 가진 천자)의 폐하에 대하여 반역의 의사는 조금도 없다. 테츠타로와 같은 경우는 황공하기 그지없기에 스스로 충·불충의 신(臣) 등은 변호하지 않는다. 천하만중(天下萬衆)의 공론에 맡겨두자는 것이다.

먼저 위의 시대에서 그 당시 마츠타히라(松平) 히고노카미(肥後守)가 거주하는 성(城)이었던 아이즈(會津)에는 현재의 키타시라카와(北白川) 궁(宮)의 전하(殿下)를 봉배하고 있었다.

그리하여 300년 동안 은고(恩顧:은혜로 보살핌)를 입은 토쿠카와 본가(本家)의 멸망이기 때문에 누구라도 나아가 스스로 신명을 바치려하였기 때문에 다른 것은 제쳐 놓고라도 마음씨는 기특한 것이다.

겨우 16, 17세의 소년으로 그 수는 18, 19명으로 부대를 만들어 수만의 대군(大軍)에 대항하겠다고 한 것이다. 이 사랑스러운 마음씨가 너무나도 불쌍하여 소름이 끼칠 정도로 누가 울지 않을 수 있을까?

이 부대가 조직되자 각자 용기를 내며 주군(主君)을 위하여 죽는다며 부모 곁으로 돌아가려 하지않고 각자는 모든 본회(本懷:본디부터 품고있는 생각)라 만족하며 웃는 얼굴로 출진(出陣)의 축배를 주고받으며, 이미 서로 마음을 합하고 하나가 되어 생사(生死)를 함께 한다며, 모두 손을 잡고 천지사방(天地四方)에 절하고 삼배구배(三拜九拜)하여 주군을 위하여 만세의 뜻을 표하고, 부대의 부장(部將) 히나타 나이키(日向內記)와 하라다 카츠키치(原田克吉) 등은 백호대(白虎隊)를 인솔하여 출진하였다. 때는 메이지 원년인 1868년 2월 22일로 기억한다. 그리고 이 부대는 결코 다른 부대의 원조의 유무에 따라서 격난(激難)의 중요한 곳이 아니라고 하는 비겁한 금수의 무리와는 동일하지 않았다. 내가 여기라고 인정한 곳은 확고하여 물러서지 않는다. 이러한 각오이기 때문에 이 젊은 소대(小隊)가 마침내 패군이 될 때까지 주공(奏功:공들인 결과)한 마음 상태는 아무래도 눈물이 난다. 여기다 저기다 할 것 없이 굶주리고 피곤하여 상당히 고전하였다.

여하튼 그들의 적(敵)은 이름도 관군(官軍)으로 넘쳐날 정도의 대군이기 때문에 자연히 전투력도 다하고 고전하면서 본성(本城)인 와카마츠죠(若松城:후쿠시마현에 있는 성으로 달리

츠루가 성이라 함)의 동북에 해당하는 이이모리야마(飯盛山)에 올라 먼저 한 숨을 내쉬고 서북을 바라보니, 의외로 본성인 와카마츠죠는 이미 적들이 육박하여 멀리 천주각(天主閣)의 머리만 보일 뿐 포성은 산천을 진동시켰다.

당시 이 소년부대는 수일의 연전(連戰)으로 음식도 탄환도 떨어져 너무나 피로한 상태이기 때문에 아무리 정신은 반석을 부수는 백호대라고 해도 백방의 술책도 소진되어 막연한 일성(一聲) "아, 끝이다"고 울면서 강개비관(慷慨悲慣)하여 말하기를 "더 이상 취할 방법이 없다"고 하며 일동이 일어나서 맹세하고 서로 현세의 덧없음을 서로 이야기하고, 미래는 호국의 귀신이 되겠다며 깨끗한 물을 손바닥으로 퍼올려 건배하고 모두 죽음의 여로에 오른다.

서로 이이모리야마(飯盛山)의 높은 곳에서 고성인 와카마츠죠를 향하여 넘쳐흐르는 눈물과 함께 공경의 예를 올리고 천지에 배례(拜禮)하였다. 일동 겉옷을 벗고 조금도 당황하는 기색도 없이 급소를 찔러서 훌륭하게 그 뜻을 완수하였다.

이것은 졸자가 이야기하는 것보다도 그 마음씨의 충용(忠勇)과 무열(武烈)을 달리 아주 그럴싸한 이치로 말할 여지가 없다. 이것이 참된 무사도의 정화(精華)라고 할 수 있다.

여러분은 그것을 어떻게 느끼든지 말든지 모르는 바다. 이것으로 선생의 이야기는 끝이 났다.

일동 감연(感然:감탄)하여 야마카와(山川) 소장(小將)은 눈물을 흘리면서 곧 화가(和歌:와카, 대표적인 5·7·5·7·7, 5구 31자의 단가)를 읊는다.

"きずなくて / よ(世)にふるかわら(瓦) / おお(多)けれど / たま(玉)とくだ(砕)けし / たま(玉)はこのたま(玉)

상처 없어도 / 세상에 낡은 기와는 / 많구나 / 옥(玉)과 부쉬 버리는 / 옥(玉)은 이 옥(玉)이런가."

■ 카이슈 평론 (Ⅳ)

1. 무사도의 지극한 뜻은 무아무심(無我無心)의 경지(境地)

무아무심(無我無心)의 경지 한 구절은 야마오카(山岡)가 극히 간략하게 언급한 것의 전치사 같지만, 그것은 야마오카 자신을 말하는 것으로 범심속장(凡心俗腸·평범한 사람과 속인의 마음)의 무리는 그 참된 뜻을 이해할 수 없다.

우선 생각해 보면 왠지 역사적 지식으로 역사를 띄엄띄엄 이야기한 것 같으나 야마오카가 이러한 쉬운 「허튼 소리」를 말하였다고 생각하면 안 된다. 말에 있어서 어려운 말로 하면 더욱더 우습게 보인다. 따라서 듣는 자의 귀에 익숙한 것을 인용하여 그 사이 암암리 속에 자연스럽게 요지(要旨)를 이해시키는 수단이다.

이것을 보면 야마오카도 그렇게 어설프게 말한 것은 아니다. 상당한 모사(謀士)다. 따라서 본절(本節)을 듣는 자는 그저 이야기의 형이상(形而上)만으로는 안 된다. 자연히 그 본의(本意)를 깨달아야 한다. 상당히 의미가 깊다. 이 본의를 물어보는 것도 쉽지 않다. 나도 꼭 이 경지에 도달하려고 필사적(必死的)이었던 적도 있었으나 결국 야마오카와 같은 경지에까지는 도달하지 못하고 유감스럽게도 오늘에 이르고 있다.

본절에 야마오카도 지적하고 있으나 칸공(菅公)과 와케(和氣)공과 같은 경우는 분명히 이 도(道)를 깨닫고 군신의 예와 세상의 도(道)에 통달한 사람이라고 생각한다. 쿠스노키(楠)공과 같은 경우는 바로 무아무심의 정화로 그가 깨끗한 일을 하게 한 것이다.

또한 호죠 야스토키(北條泰時)도 미나모토노 만츄(源滿仲)도 쿠마가이 나오자네(熊谷直實)도 기타 겐페이의 모든 장군, 도요토미(豊臣), 토쿠카와(德川) 각 장군에서 유신(維新)에 이르기까지 눈부신 대업을 이룬 자가 대부분이라 해도 좋다. 그들의 눈을 놀라게 하는 파초(芭蕉)의 구절과 같은 것도 대부분 선(禪)에서 인용하였다.

한마디로 말한다면 도(道)의 근원은 무아무심(無我無心)에 있다. 야마오카 자신이 말한 대로다.

나도 불교 교리는 좋아하기 때문에 20살 전후에 시마다(島田)라는 검사에게 검술을 배울 때 시마다가 검술을 배우려면 먼저 선(禪)을 배울 것을 권하였기 때문에 나도 4, 5년간 필사적으로 선(禪)을 수련한 적이 있다.

선기(禪機:선의 기틀)라는 것은 만기(萬機:만 가지 기틀)에 응용할 수 있는 것으로서 실지로 해 본적이 없는 자라면, 보지도 않고 먹지도 않는 자에게는 이것저것 말하더라도 알 수 있는 것이 아니다.

나는 야마오카와 같이 깊은 뜻은 알지 못하지만 얼마간 배운 적이 있기 때문에 상상은 된다. 그러나 나에게 그 증거를 보여 달라고 한다면 나의 일생의 역사를 들추어내어 하나하나 말하지 않으면 안 된다.

간략하게 말한다면 바쿠후 말기의 대난(大難)에 있어서 내외 많은 일에 있어서 어떠한 큰 산이 무너지고 큰 바다가 파동하는 것도 자신하는 바 엄하게 움직이지 않고 천하 일적(一敵)의 무서운 것이 없고, 유일하게 대도(大道)를 지켜 마침내 그 목적은 달성하였다. 이것을 가지고 증거라고 할 수 밖에 없다. 생각해보라. 그 이치를 나열하더라도 알 수 있는 것은 아니다. 사이고(西鄕)는 확실히 이 도(道)를 깨닫고 있었다.

에도성(江戶城)을 양도할 때 조막(朝幕:조정과 바쿠후)과 나란히 두견새 눈과 매의 눈으로 인도식(引渡式)을 할 때 사이고(西鄕)는 멋대로 아무렇지도 않은 듯 구석진 곳에서 자고 있었다. 인도식이 끝나고 오쿠보 참정(大久參政)이 "사이고씨, 사이고씨 식이 끝났습니다. 모두 돌아갑니다"라고 말하자, 사이고는 눈을 비비며 슬슬 돌아갔다는 것은 대단한 오쿠보 이치오우(大久一翁)도 혀를 내둘렀다.

이것이 즉 먼저 오늘날의 역사에 수많은 미담을 남기고 있는 참 무사도의 정화를 탐구하기 위해서는 이 부분을 물어 본다면 크게 틀리지는 않을 것이다. 오늘날의 어리석은 자가 경박하여 부주(浮舟:떠가는 배)에 탄 것같이 보이는 것은 이 한 점의 토대가 마음에 없기 때문이다.

제7장 무사도의 광의적(廣義的) 해석

1. 넓은 의미로의 무사도

이상에 있어서 극히 평범한 단락으로 무사도(武士道)의 모든 도의(道義)를 이야기하였으나 그러나 의심하는 마음을 일으켜 이것도 저것도 죽음을 두려워하지 않고 몸을 돌보지 않는 것이 무사도라고 해석하는 무리들, 즉 무너진 장사(壯士)의 남자와 집안이 몰락해서는 당치도 않은 중요한 일이기 때문에 지금 약간 충고해두겠다.

졸자의 이야기를 듣고 일신(一身)을 버리기만 한다면, 그래서 도(道)는 이루어진다고 생각하는 것도 헤아리기 어렵지만 다만 어떤 경우에는 일신을 버리고 덤벼든다면 우선은 좋으나 그 마음은 어떠한 지반(地盤)에서 발하며, 그리고 어떠한 활용을 가진다는 점이야말로 무사도의 심오한 뜻이다.

적어도 무사도라 칭하는 단어 중에는 이것을 상세하게 설명하면 짧(短)은 시일로는 안 된다. 세상 사람이 충의·효행·애국·복종·예의·염치·인내·우애·질소(質素:꾸밈이 없고 수수함)·명예·자비 등 하나하나 예를 든다면 그 수가 끝이 없다. 모두 이것은 무사도로 각 사물의 심정에 대한 언어상(言語上)의 이름이다. 세상 사람이 혹은 무슨 주의(主義), 무슨 파(派)라고 하는 유행어가 있으나 실은 진리를 알지 못한 결과로 혹은 명의상(名義上)의 편리를 도모한 말이다.

나도 그래서 앞 단(前段)을 이야기할 때에 서양류(西洋流), 아니 세속류(世俗流)의 뜬소문을 파악하고 차용해서 개인주의 등 편리상 말하여 보았지만 일률적으로 언어에 방황하지 말아야 한다. 다만 저 말은 사람 귀에 익숙하기 때문에 방편(方便)을 이용한 것이다.

서양인 중, 아니, 일반 당세류(當世流:지금 세상의 흐름)의 일본인에게도 지극한 뜻을 알지 못하고, 무슨 주의(主義)라고 말하기 때문에 그것은 「위험」하다고 주의(注意)해 둔다. 이름이야말로 다양하게 있는 것도 지극한 뜻을 터득한 자는 그러한 주의(主義)는 수없이 많다고 해도 놀라지 않는다. 다만 그 경우에 있어서 말을 만들 뿐이다.

2. 「일본인적 삶의 방식」으로서의 무사도

먼저 사람(人)이라고 하면 일언지하에 인류(人類)로 생각하지만 그러나 사람 중에는 남자나 여자가 있으며, 남자 중에는 마사시케(正成)도, 타카모리(隆盛)도, 테츠다로(鐵太郎)도 있으며, 여자 중에는 하루코(春子)나 우타고(歌子)가 있고, 하나코(花子)도 있듯이, 예를 들면 국가주의와 개인주의라는 것도 그 진리를 구분하는 자가 말한 것이라면 돌아갈 곳은 일도(一道)이기 때문에 지장은 없으나, 다만 물정 모르는 건방진 자가 사정(私情)이라는 한 마디에 폼을 잡고 부화뇌동(附和雷同:소신없이 따라함)하는 것이 참으로 가엾게 생각한다.

때문에 한 나라를 통치하는 자는 먼저 가까운 자신부터 도(道)를 행하지 않으면 안 된다. 친자·형제 일족을 통치하게 되어 지장이 없다면 이 비법은 즉시 만기(萬機:정치상의 온갖 중요한 기틀)에 응용할 수 있다.

그러므로 도리에 걸맞게 부모에게 효도하는 자는 군왕에 충성하고, 사람에게 믿음을 갖게 한다. 그러나 예(禮)에나 다른 제반(諸般)의 인정에 어긋나게 살아가는 것은 이미 도(道)가 아니다.

그리고 또한 무사도(武士道)라는 어구 중에는 또 졸자가 앞에서 말한 대로「일본인이 지켜야 할 도」라는 의미가 있기 때문에 졸자가 앞에서부터 설명하는 의미를 구분하였다면 위는 왕후귀족(王侯貴族)부터, 아래는 산골 동네의 초부(樵夫:나무꾼)까지 또한 포구의 어민(漁民)까지 평등하게 국민 전반이 수신보도(修身寶道)하는 것이다. 충분히 주의해주기 바란다.

3. 학교는 단편적 지식의 공장

졸자가 유심히 사회상태를 둘러보니 사설편편(邪說片片:그릇된 말마다) 참새가 대나무 덩굴에서 지저귀는 것 같다.

이 자리에 있는 제자(諸子) 중에는 문부(文部)의 중심인물과 대학의 교수(敎授) 등도 있지만, 또 이해하고 있듯이 학사(學士)라고 하면 동서 각국과 함께 거의 학문을 연구한 자인 것 같지만, 현재 졸자의 집안에 서생(書生) 아이인 학사 등이 있으나 인간적 도리(道理)를 구분하지 못하는 것에는 참으로 민망하다. 그러나 이것도 또한 무리인 것도 있다.

저 의학·이학·공학·농학 등 분야는 철학의 도리를 배운 자가 아니다. 정직하게 말하면 그 분야의 장인(匠人)이라고 하는 것도 무리는 아니며, 사람인 이상은 누구라도 인간의 본분을 다해야 한다.

인간(人間)인 이상은 다른 동물과 다른 인간다운 도(道)를 걷지 않으면 안 된다. 학문(學問)은 달리 이치는 없다. 또한 문학사는 철학적으로 학문을 하였다고 하지만, 조금도 학문의 이치를 결정하지 않고 미문(迷門:미혹의 문)의 문을 닫고서 아직도 열지 않고, 점점 더 그 방황의 경지에서 배회하고 있다. 그러나 이것도 또한 심각하게 비난하지 않고 있다.

방황의 경지는 곧바로 천제회외(天諦悔悟:하늘이 살펴 잘못을 뉘우쳐 깨우침)의 토대를 만들고 있는 때이기 때문에 옳고 그름도 없다. 그렇지만 그 방황에 만족하여 나도 방황하고 타인도 방황하게 하는 것은 학식자의 마음을 다치게 하는 것이다. 이것을 조심함이 중요한 점이다.

4. 현대인의 방황은 심각

세속 등의 간사한 말 조각들(邪說片片)이라는 것은 다른 것이 아니다. 최근 졸자에게 내외 수많은 사람들이 온다. 그러한 사람들의 말 중에 그리스도주의나 유교주의(儒教主義)를 하나하나 열거하기 어려울 정도로 많지만, 중요한 것은 모두 방황하는 이야기의 지엽(枝葉:자질구레한 것)에 힘겨워할 정도이다.

이를테면 부처(佛)와 신(神)과는 이미 그 내실을 달리한다든가, 국가주의와 개인주의와는 상반(相反)하여 전혀 수용할 수 없는 것이라든가, 이것저것 방황하는 이야기로 그 끝이 없다.

그리고 그들이 말하는 단어 자체를 대조하면 바로 달라지며, 또한 그들 자신으로서도 실리(實利)를 알지 못하기 때문에 각자 모두 그 생각에 미로(迷路)를 걸어가고 있다는 것이 얼마나 불쌍한가?

여기에 약간의 주의(注意)가 필요한 것은 주의(主義)라고 말하는 방법이 다를 뿐으로 귀착점은 한 가지이나 그 형체를 파악하여 한 덩어리로 이해해서는 안된다. 이를테면 그 신불(神

佛)은 발달 역사를 달리하고 있기 때문이다. 그리스도교와 불교를 그대로 한 덩어리로 논하는 것은 매우 어려운 일이다. 다른 제반(諸般:여러가지)의 도리(道理)도 유추하여 조심하지 않으면 안 된다.

5. 일본의 장래를 교육자에 기대하며

특히 눈앞에 주의할 것은 일본인으로서 스스로 자국을 위태롭게 하는 간사한 말을 하는 자가 있다. 이것은 방황하는 자의 방언(放言:함부로 말하는 것)이지만 크게 주의하지 않으면 안 된다. 이렇게 해서는 국가의 전도기우(前途杞憂:장래의 전망에 쓸데없는 걱정)에 참지 못하는 자가 있다.

교육대도(敎育大道)를 잘못 이해하는 것은 곤란하다. 사람에게는 반드시 신심(信心)이라는 종교심(宗敎心)이 제일이다.

그와 같은 부분이 심각하게 된 것은 교육의 당사자를 비롯하여 학생·어린이 및 관민(官民) 모두에 신심(信心)이라고 하는 것이 있을까? 지금은 과학연구만 하면 된다며 다른 길은 없다고 스스로 문명을 위장하여 낡은 것은 배제하고, 새것을 좋아하고 옛것은 일개 나쁜 관습(陋習·누습)이라 하여 새로운 것을 미화하고, 신불(神佛)을 무시하고 군부(君父)와 성현(聖賢)을 멸시하고, 또는 스승과 연장자를 업신여기므로 그 심각함에 대해서는 신불의 교법(敎法)으로서 방편가설(方便假設)

의 허탄(虛誕)이라고 떠들어대고, 가정교육(家庭敎育)과 같은 것은 미개야만(未開野蠻)의 유풍(遺風)이라 하고, 또는 부모의 교훈과 같은 것을 듣고는 개혁을 부르짖었던 텐보시대(天保時代, 1830~1844)의 헛소리라고 모독하고, 아무 거리낌 없이 제멋대로 행동하고, 간사하고 방자하길 실로 그 끝이 없다.

이 상황에서 교육을 방임(放任)한다면 어처구니없는 일이 생길 것이다. 혹은 말하길 불교(佛敎) 등은 일본 국체(國體)에는 적합하지 않다고 하거나 신불(神佛)도 원래 모두 인간이기 때문에 우리들이라도 선(善)하면 신불과 같이 된다는 등, 입에 뚜껑이 없기 때문에 거리낌없이 함부로 말하는 것이다.

그런데 우리들이라도 조금 선(善)하다면 하고 말하는 그 선은 어떠한 것이 선일까, 먼저 그것이 알 수 없다. 애초 진리는 그와 같이 서로 격절분할(隔絶分割:사이가 끊어지고 나누어짐)되는 것이 아니다. 게다가 자주 이것저것 상통하여 존재하는 것으로 태양이 유곡(幽谷:깊은 계곡)과 촌락(村落)과의 사이가 없다고 하더라도 유곡에 있어서는 유곡을 비추고 촌락에 있어서는 촌락을 비추는 것이 결코 다르지 않다.

또한 저 물을 보면 된다. 둥근 그릇에 담으면 둥글게 되고 각(角)이 있는 그릇에 담으면 각이 된다. 각각 그 그릇에 따라서 형태가 변하더라도 물 그 자체가 둥글고 각진 형태를 가지고 있는 것은 아니며, 그릇 그 자체의 형체에 기인한 것이다. 누가 이 모양을 보고 물의 성질은 둥글다, 또는 각의 형체를 가진다고 말할 것인가? 물의 성질이 이와 같지 않음은 이미 세인이 알고 있는 부분이다. 도(道)가 상통(相通)하는 것은 이와 같은 것이다.

졸자가 말하는 바 신불(神佛)도 그 이치가 같고 형태의 이름만이 다를 뿐 그 내실은 참 진리 하나라는 것을 이해하기 바란다. 여기에 있어서 무사도(武士道)의 의(義)도 거의 알게 되었을 것이다. 충효·인의·용무·염치로 각각의 그 이름은 다르지만 모두 이것은 일언지하(一言之下)에 무사도(武士道)라 하는 것이다.

최근 졸자가 시비를 잘 분별하지 못하고 이야기한다는 자가 있는데 이 부분에 주의(注意)해야 한다. 그런데 한층 심각한 것은 무턱대고 이야기를 싫어하는 무리가 있다.

신(神)도 부처(佛)도 유교(儒敎)도 종교의 무엇을 어떻게 깔볼 수 있다는 것인가? 나는 "내 자신의 법이 있다"고 하는 무리들을 알고 있다. 그런데 그 어리석은 자가 말하는 것같이 무언가 일정불변(一定不變)의 도(道)를 지키고 있다면, 졸자가 먼저 그들의 도(道)를 듣겠다. 그렇지만 이와 같은 망언을 지껄이는 자들은 적어도 일정불변(一定不變)의 도를 지키고 있는 자를 본 적이 없다. 이와 같은 무리를 보면 졸자는 한층 불쌍하게 생각한다.

이미 지금(目下) 사회를 보면 무슨 일이든지 돈의 힘으로 타인을 압도하여 인간다운 도덕(道德)을 머리로 생각하지 않는

축생계(畜生界)가 있다. 또는 그 내실을 묻는다면 참을 수 없는 악도(惡徒)라서 의식주(衣食住)를 가지고 거래하고 있다.

불의부질소(不義不質素:의가 없고 본질에 소박함이 없는 것)한 자가 있다. 아니 대부분이 그러하다. 이 추세를 보아 앞으로의 사회가 걱정이다. 걱정만 되는 것이 아니다. 후세가 가엾고 걱정된다. 근심의 눈물로 마음이 혼란하다. 부탁하고 싶은 것은 모두 깊이 여기에 뜻을 두고 도리(道理)에 어긋남이 없도록 거듭거듭 테츠다로(鐵太郞)의 희망을 유념하지 않을 수 없는 부분이다.

■ 카이슈 평론 (Ⅴ)

1. 진리는 만기(萬機)의 수용

본절은 불필요한 이야기일지 모른다. 나는 말하지 않으면 이해하지 못하는 세속에 질렸다. 달리 이런저런 이치는 없지만 다만 한 점 주의할 것은 참된 진리는 만기(萬機:온갖 정치상의 기틀)를 받아들이는 것을 말한다. 그래서 오늘날의 건방진 무리에게 벼를 보이면 곧 바로 쌀이라고 하는데, 묘한 것은 이런 쌀이 있는가라고 물으면 즉시 논으로 달려간다.

그리고 새하얀 쌀을 한 알도 보지 못하고 불평만 한다. 쌀이라고 해서 논에 있는 것은 아니라고 하는 것과 같다.

대체로 알려진 대로 야마오카(山岡)가 도(道)라고 해서 본보기 두, 세 가지의 예를 들어 보이면, 곧 바로 야마오카가 이것이 도(道)인가라는 상태에서 지레짐작으로 벼도 백미(白米)라고 생각한다면 오류이다. 등겨에 섞여 있는 쌀도 있다.

도(道)도 경우에 따라서는 형체를 바꾸고 있다. 이것이 주의할 요점이다.

2. 바보인가 걸물인가

세상 사람들은 사이고(西鄉)와 야마오카(山岡)를 외면(外面)에서 멀리서 보고 그 인물의 평가를 하는 것, 이를테면 도롱이와 삿갓에 짚신을 신은 것을 보고 즉시 그와 같은 흉내를 내며 무골(無骨)인 체하는 바보가 있다.

이들은 원래 사람을 잘못 판단한 미친 짓으로 그 사람의 흉내가 아니고 스스로의 마음의 사견(邪見)이 반사하여 그 사견심(邪見心)이 들어난 것이기 때문에 멍청하기 짝이 없다. 이러한 예는 끝이 없다. 중요한 것은 불교 교리에 오해하지 말라는 야마오카 선생의 충고이다.

이런 알기 쉽고 명확한 말로 하지 않으면 알지 못하는 바보는 참 일본인에는 없을 것이다.

제8장 여자 무사도

1. 남녀 구별이 없는 무사도

 앞에서 무사도(武士道)에 관한 대요(大要)를 이야기하였기 때문에 이쯤에서 끝내려고 생각하였으나 졸자가 특히 여자무사에 대한 것을 끄집어 내지 않았기 때문에 이상하게 의심이 많은 자는 무사도는 남자의 본분으로 여자는 없다고 생각할 수 있을 것이다. 따라서 부디 주의하기 바란다.
 무사도는 인간인 이상 남자와 여자의 구별은 없다. 이 부분은 극히 상세하게 설명하고 싶으나 오늘 밤은 매우 절정에 이르렀기 때문에 자세한 이야기는 후일에 하겠다. 아울러 미리 양해를 구한 것과 같이 앞의 이야기는 간단하였으나 그러나 거의 도리를 깨달았을 것이다.
 그렇게 보면 무사도는 남자에 한정된 것이 아니라는 것을 알게 되었을 것이다.

다만 주의해 두고 싶은 것은 최근 남녀동등이라는 것이 요란스럽다. 졸자도 그 이야기는 원래 받아들이는 부분이다.

또한 그렇게 할 수밖에 없는 인간으로서 공동 생존하고 있는 현상에 어긋나지 않도록 서로 사랑하고 서로 도우며 제세안민(濟世安民:세상을 구제하고 백성을 편안하게 함)하기를 바라는 것을 거듭거듭 원하고 바라는 부분이다.

2. 여자의 품성과 상호(相互) 경애(敬愛)

그런데 그 원(願)하고 바라는 것과 함께 조심하기를 바라는 것은 생리상의 인연에 의해서 근본적으로 남녀동등하지 않다는 것이 가까운 한 예이다. 또한 혹은 동서 지리가 다른 것과 함께 국체(國體) 풍속이 같지 않다는 것에 주의하기 바란다. 전후의 생각도 없이 쓸데없이 사정(私情:사사로운 인정)에 이끌려 곧바로 세속에 편승해서는 안 된다. 이 부분은 남녀 모두에 특히 주의해야 할 부분이다.

졸자가 앞에서 이야기해 온 것이 참으로 가슴에 와 닿았다면 남녀 모두 누구라도 그 분수에 넘치는 부도의(不道義:도덕적 의리가 아닌 것)를 하고자 해도 할 수 없는 것이다. 이것이 이해가 되지 않으면 다양한 간사한 말에 방황하게 된다. 충분히 주의해야 할 부분이다.

3. 일본 여성의 진면목(眞面目)

또한 어떤 자가 말하길 일본여자는 겁쟁이나 멍청이, 도움이 되지 않고 다만 남자의 노리개라며 멋대로 말하고 있다. 게다가 외국 여자를 보면 여자 대명신(大明神)이라며 미혹되어 있다. 졸자도 별로 말 많은 것을 좋아하지 않지만 그들은 지나치게 현혹된 마음에 빠져있는 것이다.

먼저 일본 상고부터 근세에 이르기까지 여자가 얼마나 충용(忠勇)하고 정절(貞節)하며 건강하고 치국평천하(治國平天下)의 도(道)에 이른 자가 얼마나 많은지 그것은 부인언행감(婦人言行鑑:결혼한 여자가 말하고 행하는 본보기)에 대하여, 일본 역사의 진상을 훤히 파악한다면 여자가 얼마나 참 무사도를 이행하여 얼마나 일본국 여성의 진면목(眞面目)을 잘 드러냈는지는 역력하고 명료하다. 부디 일본국 어머니의 교육에 미로(迷路)가 생기지 않도록 거듭거듭 유의하기 바란다.

4. 여성의 무사도 교육

이를테면 남자가 아무리 현인(賢人)이라고 해도 후사(後嗣)를 가진 여성이 불완전하다면 그 사이에 생기는 아이는 모친의 기풍(氣風)에 감화되기 때문에 이러한 대요점(大要點)에는 특히 주의해 주기 바란다.

더욱이 여자 교육에 있어서는 특히 졸자가 부탁하는 것이 있다. 실은 하나하나 예를 들어 도리에 맞게 자세한 설명을 하고 싶으나 밤도 깊었기 때문에 오늘은 이것으로 끝내고 다른 날을 기하여 남녀의 각 분한(分限:分數・일정한 한도) 대도(大道)에 절절(節節)히 상세하게 논하기로 한다.
　때는 밤 12시가 지나고 코테다(龍手田)씨가 먼저 선생의 수고를 감사하고 더불어 각자의 생각들에 그 뜻을 언급하고 각자 선생의 노고를 감사하고 작별을 고한다. 이것으로 무사도의 제의대요(諸義大要)를 마친다.

◼ 카이슈 평론 (Ⅵ)

1. 일본 걸사(傑士)의 대업은 여성의 조력에 기인

　남자라고 또 여자라고 해서 도의(道義)의 관념에 매우 오랜 세월을 보낸 적이 있는가? 앞의 여자 무사도(武士道)에서 이야기는 좀 지나쳐 버린 감이 있다.
　나는 일본 부인에게는 감사하는 마음이 크다. 옛날부터 일본의 예를 보면 신화시대(神代)부터 오늘날까지 걸사(傑士)가 대사업을 이룩한 사적(事跡:일이나 사건이 있었던 흔적)을 찾아보면 대체적으로 여자로부터 격려의 힘으로 이룩되었다.

멀리 상고는 말하지 않더라도 카마쿠라(鎌倉)시대부터 요리토모(賴朝)의 모친과 처는 호죠(北條)씨가 장군이 된 후 경제법(經濟法)을 처로부터 도움을 받았으며, 쿠스노키 마사시케(楠正成)의 모친 및 처도, 히데요시(秀吉)의 모친도, 나의 「조군(祖君)」이에야스(家康) 공(公)의 모친도, 영주의 부인도, 미츠쿠니(光圀)의 부인도, 가까이는 나의 문하생 사카모토 료바(坂本龍馬)의 처도, 또한 키도 타카요시(木戶孝允)의 시녀도, 너무 많아서 일일이 셀 수가 없다. 모두 여자의 도움을 받아 이룩한 것이다. 실로 일본 건아(健兒)는 대체로 여자가 교육을 유도하였다고 해도 과언이 아니다.

나의 집은 자네들이 알고 있는 대로 집안 일은 모두 옛날부터 여자들이 다해 왔다. 대략 관습으로 일하고 있는 것이다. 오늘날은 여자도 좀 느슨해진 것 같다. 이전에 나의 집에 있었던 하녀는 나의 집에 밤손님이 종종 쳐들어오는 것을 모두 이들 여자가 내 쫓았던 것이다. 자기 부인이 억척스러운 자는 상당히 기특한 자이다. 여자가 완력으로 남자를 이기지 못하더라도 부인이 비재(秘才)가 있는 자에 이르러서는 남자의 마음을 꺾는 오의(奧義)는 참으로 묘하다.

이것이 필요한 것이다. 그러므로 여자에게 무사도 교육을 단련시키면 참으로 집은 건전한 것이다. 아니 국가가 견고(堅固)해지는 것이다. 그래서 여자의 교육은 참으로 등한히 해서는 안 되는 것이다.

아베(安部正人) 당시 선생의 집에 자객이 빈번히 쳐들어오는 것은 선생의 누이동생 즉 사쿠마 쇼잔(佐久間象山) 옹의 미망인으로 지금의 히카와(氷川)의 저택 내에 빈발설(鬢髮雪: 귀밑머리가 센)의 노파(老婆)가 있어 이야기를 주고받으며 즐거워하는 이른바 선생(카츠 카이슈)의 여자도 무사도로서 늘 선생을 돕고 그 폭행천지가 휩쓸 때에 태연하게 손님을 접대하고 선생을 대신하여 무상(無狀:무례함)을 꺾은 것과 같은 경우는 그 전후의 내력을 살펴보면 참으로 무사도적 여걸에 대한 기대에 어그러지지 않는다.

그 예를 제시하면 사카모토 료마가 현관에 들어서서 "카츠 아와모리(勝安房守)는 집에 계시는가"라고 물었을 때 카이슈의 여동생은 즉시 응대하여 "계시옵니다"라고 했다.

료마가 말하길 "졸자, 면회가 필요하다"고 말하자마자 여동생이 답하길 "그러하옵니까? 그와 같은 언동으로 타인에게 면회를 청하는 자가 있을까요? 그러한 도(道)를 모르는 무례한 자와 면회하는 나의 오라버니는 바보가 아닙니다"고 거절하자 료마는 즉시 검을 올리고 죽이겠다는 자세였다. 여동생도 또한 즉시 병기를 손에 쥐고 상대해 주겠다는 상태였다. 이때 료마가 활연히 깨달은 부분이 있어 즉시 검을 내리고 용체(容體)를 조용히 하고 입을 열어 말하기를 "졸자는 토슈(土州)의 번사 사카모토 료마(坂本龍馬)라는 사람으로 이번 카츠 아와모리님께 여쭐 것이 있어 짬을 내어 찾아온 사람입니다. 삼가 면회를 청합니다"라고 하자 여동생은 즉시 얼굴에 웃음을 띠며 몸을 바르게 하고 머리를 숙이며 대답하기를 "먼 길에 일부러 찾아주셔서 감사합니다. 그러나 누추한 집으로 실례인 줄 알지만 귀인을 뫼시겠습니다"라는 이와 같은 사정이 있었다고 삼가 들었습니다.

2. 후쿠자와 게이오의숙(慶応義塾) 교장의 인물을 의심

카이슈(海舟) 그렇지만 최근 묘한 일을 말하는 자가 더러 있다. 저 후쿠자와(福澤)가 남녀동권이라고 말한 이야기를 들은 적이 있다. 그것은 상당히 재미있다. 세상 사람들은 그를 교육자(敎育者)라고 하는 것 같다. 이것도 재미있다. 후쿠자와의 과일가게(八百屋:やおや·과일, 채소 가게) 이야기는 나도 들은 적이 있다.

우선 독립자존(獨立自尊)이라는 것이 후쿠자와의 전문용어이다. 말은 멋지게 후쿠자와 같이 들리지만 막무가내로 지껄이는 본인도 재미있다. 또한 언론의 자유를 허락하는 국가도 있으니 짐작(斟酌)가는 부분이다. 이 부분에 약간의 생각도 있으나 생략한다. 주의할 것은 후쿠자와도 상당히 영리한 자라는 것이다.

아베(安部正人) 선생님 부탁이 있습니다. 후쿠자와 옹의 입론(立論)에 대하여 그 실례를 들어서 꼭 평론해주시기 바랍니다. 소생도 크게 득이 되는 부분이 있겠습니다.

카이슈(海舟) 후쿠자와의 이야기는 수없이 많이 있으나 우선 한 예를 들면 후쿠자와가 말하여 "남자와 여자는 동권이다. 그러므로 여자가 남자의 뜻에 반항한다면 남자가 천벌(天罰)을 받을 것이라 했다. 그것은 남자가 여자의 뜻에 반항한다면 신벌(神罰)이라도 받을 것이라고 말했다. 실로 그럴싸한 이치의 이야기이다."

후쿠자와가 여자를 교육한다며 지껄인 말이기도 하다. 도대체 이것이 여자를 교육하는데 용서할 수 있는 말이라고 생각하는가? 사물이 유현(幽玄:이치가 깊고 미묘함)한 진리의 세태라고 하지만 생각도 없이 아무것이나 입에서 나오는 대로 마음껏 지껄이는 그럴싸한 이치로서 국민을 동요시키는 것이 심각하다. 세인은 교육가와 영업가를 혼돈해서는 곤란하다. 이와 같은 것에 마음을 놓아서는 앞으로 2, 30년 내에는 매우 세상이 묘하게 되기 때문에 교육가는 충분히 주의하기 바란다.

대체로 생류(生類) 특히 인류와 같은 것은 나쁜 도(道)와 자유의 관념(觀念)은 가르치지 않더라도 기억하는 것이다. 또한 인간을 교육하는데 권리의 방향부터 그럴싸한 이치(理致)만을 입버릇처럼 말해서는 어떻게 하겠다는 것인가? 이렇게 하지 않더라도 의무(義務)라고 하며 우리 몸에 불편한 것은 가르침마저도 모른 체할 자다. 그러므로 교육가는 모든 의무부터 먼저 가르쳐 인간의 토대가 세워진 다음에 그 토대 위에 집을 세우는 것과 같은 이치(理致)이다. 그러므로 의무를 충분히 이해할 수 있다면 권리(權利)라는 것은 의무와 연결되어 있기 때문에 자연스럽게 깨닫게 될 것이다.

보라. 오늘날의 교육이 이치부터 서둘렀기 때문에 인심(人心)이 부패하는 것이다. 남자가 조금 나쁘다고 여자가 남자를 혼내주려고 단단히 마음먹는 것이 아닌가? 언제부터인지 여자가 팔을 휘두르며 길을 차며 고보(高步)하는 것이 나타나기 시작하였다. 상당히 묘한 세상이 된 것이다. 주의하기 바란다.

제9장 텟슈의 문무양도의 사상
: 카츠베 마타케(勝部眞長) 編輯

1. 야마오카 텟슈의 「무사도 강화(武士道講話)」의 배경

(1) 야마오카 텟슈의 진리관

메이지 20(1887)년에는 아직 「교육칙어(敎育勅語:1890년 메이지 천황이 신민(臣民)들에게 분부한 기본 규범을 말한다. 칙어는 유교적 덕목과 천황에 대한 충성을 강조하는 일본 제국주의 교육의 최고 이념)」 초안의 이야기도 없었을 때이다.

야마오카 텟슈(山岡鐵舟)가 「무사도강화(武士道講話)」 중에서 「국민의 마음을 하나로 하여 대대로 그 아름다움을 해결하고」, 「국체의 정화(精華)」와 같은 어구(語句)를 정말로 이야기한 것일까라는 것이 나의 오랫동안의 의문이었다가 그 강화의 청취자 중에 "나카무라 마사나오(中村正直)"와 "이노우에 코와시(井上毅)"가 배석하였다는 것이다.

만일 교육칙어 중의 몇 가지 어구가 정말로 텟슈의 발상으로, 그 발상을 나카무라 마사나오와 이노우에 코와시가 기억하여 메이지 23(1890)년에 마침내 교육칙어의 원안을 작성할 때 이러한 어구와 생각을 채용하였다면, 교육칙어 생각의 근본에는 무사도의 정신이 들어있다는 것이 된다.

애초 "나카무라 마사나오"안(案)의 교육칙어 초안에는 이러한 어구(語句)는 눈에 띄지 않았다(부록 참조).

아베(安部) 옹(翁)에게 내가 문의하였을 때에는 "야마오카 선생처럼 궁중에 출입하는 사람이 사용하는 말이다"고 했지만 과연 그러할까? 나로서는 여전히 의문이다.

야마오카 텟슈는 메이지 5(1872)년부터 천황의 시종(侍從)으로서 궁중에 봉사하였으니 처음부터 기간은 10년이라는 마음의 약속으로 1882년 5월에는 사표를 제출하였다. 그후 은명(恩命)에 의해서 궁내성 고요가카리(御用掛:어용계원)라는 이름으로 연(緣)은 이어졌으니 정식으로 궁중에 봉사한 것은 만 10년이다.

그러나 이 10년간에 야마오카의 사상이 천황의 측근이 아니라면 도저히 얻을 수 없는 독특한 이론적 변화와 깊이를 보인 것은 확실하다고 생각한다. 그것은 본서『무사도 문화사』를 읽으면 알 수 있지만 한 마디로 말한다면 텟슈의 무아(無我)의 자각(自覺)의 계기가 된 것이 천황의 존재, 황실의 존재라는 것을 깊이 알게 되었다는 것이다.

제9장 텟슈의 문무양도의 사상: 카츠베 마타케(勝部眞長)編輯

물론 '무아의 자각'의 계기로서는 검도가 있다. 그의 경우, 아사리마타시치로(淺利又七郞)의 검 끝이 어지럽게 평소의 뇌리에 어른거리던 것이 근절되고 공안(公案)을 찾았다.

그 공안이 해결된 것이 메이지 13년인 1880년 3월 30일의 새벽녘이다. 이 1880년까지의 8년간의 궁중생활 중에서 텟슈의 사색과 구도(求道)는 일본 국민의 한가운데에 존재하는 황실(皇室) 본연의 자세를 반성(反省)하는 것과 함께하였다.

그것이 카츠 카이슈와 다른 점으로 카이슈는 늘 초월적으로 외측(外側)으로부터 냉정하게 비판하였지만, 텟슈는 막료 신하로 그대로 궁중에 몰입하여 내재적(內在的) 막료(幕僚)의 신하적(臣下的)인 것을 극복하여 전 국민적인 입장, 그리고 그 중심에 있는 천황이 무아의 실현이라고 하는 국체(國體)의 자각에까지 도달하였던 것이다.

그리고 텟슈는 황실중심의 생각을 가지면서 결코 신도(神道)적이 아닌 어디까지나 불교(佛敎)에 의해서 이것을 증명하고자 하는 부분이 특색이다.

메이지(明治) 초기는 불교를 폐하고 석가세존을 버리는(廢佛棄釋) 것이 대세(大勢) 중에서도 텟슈의 불교적 신념(信念)은 조금도 변함이 없었다. 텟슈의 신앙은 좁은 민족종교의 신도(神道)가 아니라 넓은 세계 종교인 불교에 뿌리를 두고 있다.

메이지 10(1877)년에 14대 장군 이에모치(家茂)의 미망인이 사망하였을 때 궁내성(宮內省)에서는 신식(新式)에 따라서 황

족 묘지인 토시마가오카(豊島ヶ岡)에 매장하려고 생각했으나 텟슈가 노력하여 마침내 카즈노미야(和宮)의 유지에 따라 불교식으로 토쿠카와(德川) 가(家)의 묘지인 시바노조죠우지(芝の增上寺)의 이에모치(家茂) 장군의 곁에 매장되었다.

그것은 어쨌든 텟슈의 사상에 있어서 진리는 불교의 무아실현(無我實現)이며, 그 무아실현은 일본 역사에 있어서 천황・황실에 대한 국민의 충성심으로서 종종 발휘되고 있으며, 그 무아실현(無我實現)이야말로 일본의 무사도 그 자체이며, 검도(劍道)의 극의(極意)와 선(禪)의 깨달음에 상통(相通)하는 것으로서 관념(觀念)되어 있었던 것이다.

텟슈는 무사도를 선(禪)을 중심으로 하는 불교와 검(劍)의 도(道)와 황실(皇室 또는 國體)과의 3가지가 그의 사상의 원형을 만든 요소이다. 무사도(武士道)가 불교와 검을 매개로 하여 파악된다는 것은 극히 자연스러우며 이해할 수 있는 것이나, 무사도가 고대부터 천황에 대한 충성과 함께 발달해 왔다는 해석은 사상사적(思想史的) 분석의 입장에서는 의문이 크게 생기는 부분일 것이다.

무사도는 카마쿠라(鎌倉) 바쿠후(幕府)의 성립 전후 무사집단(武士集團)의 발생과 함께 발달해 왔다는 것이 보통의 상식적 해석이다.

메이지 중기에 출판된 니토베 이나조(新渡戶稻造, 1862~1933)의 『무사도』도, 이노우에 테츠지로(井上哲次郎, 1855~

1944)의 『무사도・兵事雜誌社, 1901년 7월』도, 그리고 다음에 인용하는 하가 야이치(芳賀矢一) 박사의 『무사도의 해석』도 무사도를 단순히 봉건사회의 무사적 삶의 방식으로서 좁게만 받아들이지 않고, 대부분의 일본인 삶의 방식에서 국민 일반(一般)으로서 파악하고 있는 것이다.

하가 야이치(芳賀矢一) 박사는 그의 저서 『일본정신(日本情神), 現代のエスプリ, 1969. 9月号(別冊 No. 39)』 중에서 아래와 같이 기술하였다.

"어쩌면 제군은 무사도야말로 일본도덕의 최고의 형식이며, 그 발생 및 발달은 중세의 봉건제도를 전승한 것이라는 것을 종종 들은 적도 있다고 생각한다. 무사도는 칭찬할 만한 것이며, 또한 전국시대의 대중을 통하여 약간의 규준(規準)과 관례(慣禮)를 받아들인 것은 사실이다. 그러나 무사도를 봉건시대의 사람들 사이에 발생한 새로운 도덕이라고 판정하는 것은 핵심을 파악한 것이라고는 말하기 어렵다.

충의(忠義)의 근본적인 관념은 천황에 대한 낡은 충절(忠節)의 연속 이외 아무것도 아니다. 내실을 말하면 그것은 이미 존재하고 있는 것으로 단순한 변형에 불과하다.

용맹하고 그리고 겸양, 천황과 황조 황종의 신들 외에는 아무것도 두려워하지 않는 일본 무인(武人)의 본질은 멀리 신화시대의 옛날부터 자자손손에 전해진 것으로서 카마쿠라 시대에 처음으로 나타난 것은 아니다. 만일 그렇게 말하는 선조의 선례가 없었다면 무사도의 발달은 불가능하였던 것은 틀림없다. 그리하여 후세의 영주(領主)에 대한 열렬한 충절(忠節)은 존재할 수 없었다고 생각한다.

가끔 후세의 서사시(敍事詩)와 희곡(戱曲)만을 읽는 것만으로 고대문학에 대하여 아무런 지식도 가지지 못한 사람이 무사도의 기원을 중세의 정신인 것처럼 잘못 전달한 것이다."

위 내용은 다이쇼 6(1917)년 런던일본협회에서의 강연으로 후잔보(富山房) 출판사 판(版), 『日本人』 197쪽을 인용한 것이다.

(2) 외면적에서 내면적으로

무사도(武士道)가 '황실(皇室)을 중심으로 일본에 발달한 특수한 도덕(道德)'이라고 하는 견해는 역사를 무시한 것이며, 무사도는 「관동(關東)에서 태어난 무사(阪東武者)의 배움」으로 생긴 봉건사회의 무사계급 간에 전개된 행위방식(行爲方式)이며 그 사상이라고 하는 것이 오늘의 학문적 상식일 것이다.

그러나 그렇게 말하는 학문적인 견해는 다이쇼(大正)・쇼와(昭和)에 걸쳐서 더 이상 무사(武士)가 되지 못한 일본인에 의해서 형성된 것이다. 메이지시대의 야마오카 텟슈(山岡鐵舟)・니토베 이나조(新渡戶稻造)・이노우에 테츠지로(井上哲次郞)・하가 야이치(芳賀矢一) 이들은 그들 자신, 바로 좀 전까지 무사였거나 또는 무사였던 부친과 조부를 친히 보고 자랐기 때문에 무사도는 일상의 주체적・실천적인 관심사이었다. 결코 다이쇼(大正)・쇼와(昭和)시대의 학자들처럼 문헌상으로「무사의 풍격」또는「무사의 자세」라 한 것과는 의미가 다르다. 여기서「자세(姿勢)」는 문자상으로 짜낸 것과는 천리(千里)의 간격이 있다고 해도 좋다.

그들은 오히려 그렇게 말하는 무사의 '자세'와 '풍격'과 '강함' 등, 외면적 존엄의 윤리를 극복하여 이것을 내면적인 것으로 바꾸어 주체적・실천적으로「일본인의 삶의 방식」으로 일반인에게까지 환골탈태(換骨脫胎)하려고 고심하였던 것이다. 여기에 메이지 무사도의 특색이 있다.

텟슈의『무사도 문화사』강화(講話)도 만약 학문적인・사상사적인 연구서로서 보려고 한다면 오히려 결점 덩어리이며 넌센스일 것이다. 그러나 스스로가 무사 중의 무사이며, 검도의 달인인 야마오카 텟슈(山岡鐵舟) 그 스스로 안에 있는「옛 무사」를 탈피하여「새로운 무사」로서 새롭게 태어나려고 한 사상 과정의 기록으로 본다면 이렇게 귀중한 문헌은 또한 없을 것이다.

이른바 무사도를 역행하여 골동품의 도검(刀劍)으로 다루는 것이 아니라 진취적으로 국민의 모델・정신적 지주로서 취급하려고 한 것이다.

텟슈는 무사도를 협의(狹義)에서 광의(廣義)의 것으로 확대하려고 했다. 따라서 '와케노 기요마로(和氣淸磨)'의 행위도 스가와라 미치자네(菅原道眞)의 행위도 그것이 무아실현(無我實現)인 하나의 무사도라고 부르고, 참 일본인의 삶의 방식으로 간주하는 것이다.

와케노 기요마로와 스가와라 미치자네와 같은 공경(公卿)의 행위조차 무사도(武士道)로 인정하고자 하는 이상, 이미 무사라고 하는 특정 직업의 영역이나 범위의 직역윤리(職域倫理: 직장윤리)로서의 무사도를 머리에 두고 있지 않다는 것이 명백하여 더 이상 무사(武士)라는 형식과 외면이 아니라 내용으로서의 무아실현만이 무사도의 정수(精髓)로서 착목(着目:눈여겨 보고 기틀을 잡음·着眼)되고 있는 것이다.

관리(公卿)라도 상인(商人)이라도 백성(百姓)이라도, 그리고 여성(女性)이라도 모두 다 좋은 것이다. 무사(武士)라는 형식에 더 이상 고집하지 않는다.

"칼 2자루를 차고 있는 것만을 무사로 생각하는가?"로 겐로쿠(元禄:히가시야마·東山 천황시대의 연호, 1688~1704, 학예·문화가 왕성했던 시기)의 상인은 시원시원하게 말하지만 무사라는 체제에 고집하는 한, 그리고 무사라는 것을 지나치게 의식하여 무사의식이 과잉이 될 때 도리어 형식주의에 빠지고 내면적으로 중요한 것을 간과(看過)하게 된다.

텟슈는 그 점 형식과 체제에 고집하지 않는 사람이었다. 사람들에 대해서도 차별없이 평등하게 사랑하였다. 텟슈에게는 엔쵸(圓朝)와 같은 만담가도 지로쵸(次郞長)와 같은 협객도 히라오카 젠죠(平岡專造)와 같은 상인도 하층의 걸인마저도 출입하였다. 텟슈는 서예를 즐겼으며 부탁을 받으면 누구에게라도 즐겁게 써주었다. 상점의 간판이라도 그 가게가 번창하게 되고, 그의 글씨가 도움이 된다면 정육점이라도 과자점(菓子屋)이라도 기뻐하며 써주는 것이 텟슈의 마음이었다.

메이지 14(1881)년 2월에 텟슈가 유시마(湯島:東京都의 지명) 린쇼인(麟祥院)에 개최한 도락회(道樂會)는 유명하다. 도쿄안의 걸인 20명, 다만 한 가지 재주가 뛰어나야 한다는 조건을 붙여서 초청하였다. 그들을 정식 손님으로 당시 2엔 50전의 호화로운 도시락을 주고 술은 무한정으로, 신분과 지위를 무시한 연회를 마련해서 재주를 펼치게 하였다고 한다.

그리고 그 접대는 텟슈와 그 부인, 영애를 비롯하여 야마구치현(山口縣) 지사인 세키구치 류키치(關口隆吉), 타나베 렌슈(田辺蓮舟), 이시자카 슈조(石坂周造), 토코나미 마사키요(床次正精) 등 당시의 유명신사들이 동원되었음에도 유쾌하게 봉사하였다.

텟슈에게는 외면적 존엄이니 스스로 의식하여 치장한 부분은 없었다. 외면의 위용을 갖추지 않으면 바보가 되고 치욕을 당하게 될 것이라는 등의 태도는 없었다.

(3) 미야모토 무사시론: 사카구치 안고와 야마모토 슈고로

미야모토 무사시(宮本武藏)의 『고린쇼(五輪書)』를 무사도의 지극한 뜻의 책과 같이 존중하는 경향이 일부에 있었으나, 사카구치 안고(坂口安吾)의 말은 유메요이(夢醉:카츠 가이슈 부친인 小吉의 호)의 깨달음에 비하면 미야모토 무사시는 평범하며 얼간이 같은 것이다.

무사시가 60세의 글이라는 『고린쇼(五輪書)』와 『유메요이 독백(夢醉獨白)』을 읽으면 기품(氣品)의 높고 낮음을 알 수 있다.

『고린쇼』에는 도학자적(道學者的)인 높이가 있으며, 『유메요이 독백』에는 희작자적(戱作者的)인 낮음이 있으나 문장에 나타나는 개성의 정신적 깊이는 타와 비교할 여지가 없다.

『유메요이 독백』에는 최상의 예술가의 글로써 마침내 도달할 수 있는 정신의 높이, 개성의 깊이가 담겨져 있다.(坂口安吾 『墮落論』, 角川文庫 62쪽)

카츠 고키치(勝小吉)의 자서전(自敍傳) 『유메요이 독백』에 대해서는 필자가 교정·편집한 것이 헤이본샤(平凡社)의 동양문고판(東洋文庫版)으로 출판되어 있기 때문에 그것을 참조하기 바라며, 여기의 문제는 전국내란(全國內亂)의 시대에서 에도의 태평시대(太平時代)로 이행하던 한 시기에 미야모토 무사시(宮本武藏)의 자신에 있어서도 무사도의 의미가 조금씩 변화하여, 그 내용이 공동화(空洞化)하여 형식화-형해화(形式化-形骸化)된 것은 아닐까? 『고린쇼』에는 그 형식화가 반영이 나타나지는 않을까라는 점을 생각한다.

사카구치 안고(坂口安吾)가 말하는 부분을 좀 더 인용하자.

"대체로 무사는 늘 대소의 검 두자루를 차고 있으며, 순간의 모욕에도 검을 뽑아 싸우지 않으면 안 된다. 또한 어떤 우연으로 사람의 한을 살지도 모르며, 언제 어떤 때 백인(白刃:서슬이 시퍼런 칼날)의 밑을 빠져 나가지 않으면 안 되는 가늠하기 힘든 일이다. 그리고 일단 칼을 서로 뽑은 이상, 상대를 무너뜨리지 못하면 반드시 자기가 죽게 된다. 죽어서는 아무것도 없기 때문에 꼭 이기지 않으면 안 된다는 철칙이 있다. 하나인가 여덟인가라는 것이 무사의 각오의 근저에 없어서는 안 되는 것으로 그것에 대한 만전(萬全)의 준비가 검술이라고 생각한다."

그러나 검술 본래의 면목(面目)인 "꼭 상대를 죽인다"라는 정신은 매우 살벌하여 이것을 곧바로 처세의 신조(信條)가 되어서는 안녕을 흔들 우려가 있으며, 평화시대의 마음가짐으로서는 어울리지 않는 부분이다.

그러한 이유로 검술 본래의 제일정신이 나타나지 않는 쪽으로 숨기고 싶은 바람이 있어 무예자(武藝者)들도 노년에 이르러 예기(銳氣)가 떨어지면 가정적으로 숨기고 싶어질 것이며, 검의 용법도 서서히 형식주의로 내달려 본래의 살벌(殺伐)함, 어디까지나 필살(必殺)의 검(劍)이 어쩐지 오도적(悟道的)인

원숙을 목적으로 하려는 듯한 변화를 보였다고 생각한다. 어쩌면 검(劍) 본래의 필살제일주의(必殺第一主義)의 그 거칠고 격렬함에 무예자 자신이 정신적으로 저항하기 어려워져 적당히 타협하고자 하는 것은 당연하다. 상대를 죽이지 않으면 자기가 목숨을 잃게 된다. 당연히 생사의 마지막 순간이기 때문에 언제라도 죽을 수 있다는 각오가 되어 있으면 이것을 뛰어 넘는 것은 없으나, 이러한 각오라는 것은 말로서는 쉽지만 달인(達人)이 아니라면 결코 가능한 것은 아니다.(坂口安吾『墮落論』, 角川文庫 59~60쪽)

언제라도 죽을 수 있다는 각오는 불교의 진리를 깨달을 수 있는 길의 오도적(悟道的)인 표현을 빌린다면「무아실현(無我實現)」이 될 것이다. 그러나 그 무아실현이 쉽지 않은 것이다. 전란이 한창인 절박한 경우보다도 태평무사(泰平無事)의 일상생활 속에서는 더욱 더 쉽지 않다.

무사도라는 것이 어쨌든 형식화되고 외면적 존엄에 역점을 두게 된 것도 태평무사의 사회이기 때문에 생긴 것이다. 무사도가 가진 외면적 존엄의 해학을 그린 소설로서 야마모토 슈고로(山本周五郎)의『요죠(余情)』를 들 수 있다.

『요죠(余情)』란 중국 진(晋) 나라의 여양(予讓)이 지백(知伯)이라는 옛 주인의 원수에게 복수할 수 없는 가운데 그 원수가 병사(病死)하여 버렸기 때문에 하다못해 그 원수가 입고 있던 의류를 잘라서 한을 풀었다고 하는 고사에서 인용한 제목이지만, 이 소설의 내용은 미야모토 무사시(宮本武藏)가 만년에 쿠마모토(熊本)의 호소가와가(細川家)에 봉사하던 시절, 그 호소가와가 대어전(大御殿)의 복도에서 스즈키(鈴木)라는 요리사가 갑자기 해하려 덤벼드는 것을 한 칼에 죽여 버린 사건에서 시작된다. 그 요리사는 미야모토 무사시가 아무리 검성(劍聖)이고 명인(名人)이라고 해도 틈이나 방심은 있을 것이라며 시험해보려고 어둠 속에서 뛰어나온 것이 순식간에 반대로 당해 버린 것이다.

요리사 스즈키의 장례식날 밤, 스즈키의 차남 이와타(岩太)는 분개하여 말하였다.

"지나친 처사다. 그래도 죽일 것은 없잖아. 상대는 적어도 명인이고 달인이라는 사람이다. 이쪽은 단순한 요리사일 뿐인데…"

이것에 대하여 장남인 카즈마(數馬)가 동생 이와타(岩太)에게 말하였다

"검(劍)의 도(道)는 엄격한 것이다." "저 사람은 적어도 명인이라고 불리는 사람이다. 활과 대포로 포위한 것도 아니고, 평범한 요리사가 솜씨를 시험한 것뿐으로 몸을 피하여 끝낼 일이거나 던져 날려도 좋았을 것인데 갑자기 죽이는 법은 없을 것이다."

"미야모토님의 기분을 네가 어떻게 알까? 검의 도는 엄격하며 엄숙한 것이다. 아버지는 그 존엄을 침범하였다".

(즉 무사도의 외면적 존엄에 대한 비판이 여기에 형제의 대화로서 묘사되어 있다.)

"농담 아니다. 명인인지 검성인지 모르지만 내가 보기에 그는 그저 겉치레 꾼이다. 딱딱한 겉치레로 뭉쳐진 미치광이다."

검성(劍聖)으로 추대된 만년의 미야모토 무사시의 딱딱한 겉치레 꾼의 모습이 이후의 내용의 전개로 밝혀지게 된다.

그 사건의 충격으로 술독에 빠진 차남 이와타(岩太)는 살길이 막막하여 걸인이 되어 죠카마치(城下町)의 동쪽 구석의 시라카와(白川) 다리 옆에 움막집을 짓고 살게 되었다.

그러나 세상이라는 것은 재미있는 것으로 언제부터인가 그것은 이와타가 부친의 원수를 갚으려고 미야모토 무사시가 지나는 길을 매복하기 위하여 걸인이 되어 다리 옆 움막에서 기회를 노리고 있다는 소문이 나돌게 되었다. 이곳은 가까이 수이젠지(水前寺)에 번후(藩侯)의 별장이 있으며 중신들의 별장도 많고, 미야모토 무사시도 별장을 가지고 있었기 때문이다.

이러한 세간의 소문이 퍼지자 이와타에 동정하는 사람들은 무사(武士)나 상인이 경쟁하듯이 금품을 가지고 이와타의 움막을 방문하여 격려하였다. 이 소문을 듣고 미야모토 무사시는 매일 별장에서 성내까지 다니면서 조석으로 왕복할 때마다 이와타의 움막 앞에 잠시 멈추어서 이와타에게 죽일 수 있는 기회를 주려고 하였다.

"저 미야모토 무사시, 겉치레 꾼인 니텐옹(二天翁)이 말이냐?" …(중략)… 아침에는 입성하고 저녁에는 귀가, 매일 2번씩 이 길을 지나간다. 그리고 움막을 보고 있는 것이다. 그러면 네놈(이와타)은 킥킥거리며 웃는다. 그러면 네놈은, 옹(翁)이 다가온다. 아침은 이쪽에서, 저녁은 저쪽에서 모두 78명의 일행이 있으나 움막 앞에 다가오면 옹(翁)이 훨씬 앞서 함께 하는 무사들과 떨어져서 혼자서 뒤쳐져 움막 앞에서 갑자기 멈추어서 이쪽을 향하지 않고 앞만을 바라보고 쭉 기다리며 열 걸음 정도 그렇게 하여 물구나무서기를 했다.

"덤비려면 덤비라는 것인가?"

덤비려면 덤비라는 것은 재미있다. 그렇게 하는 것은 당연히 겉치레 덩어리이다. 일부러 별장으로 발길을 옮긴 것도 기회를 주려는 겉치레일 것이다.

그렇게 하여 매일 미야모토 무사시는 이와타에게 복수의 기회를 주려고 움막 앞에서 멈추어 섰지만 애초 이와타가 쳐들어 갈 틈이 있을 리 없었다. 이와타에 대한 동정은 점점 더 많아졌으며, 금품이 들어와 이와타는 상당히 재물을 모으게 되었다.

그런데 미야모토 무사시는 그곳을 지나가지 않게 되었다. 들리는 바로는 병으로 누워있다고 한다. 마침내 무사시가 죽었다는 소문이 들려 왔다.

얼마 지난 어느 날 아침 미야모토가(宮本家)의 하인이 와서 이와타에게 인사하며 한 장의 홑옷(帷子:카타비라)을 주었다.

"주인께서 임종 시에 말씀하시기를 이 니텐(二天:미야모토 무사시)을 부친의 원수로 생각하고 기다리는 마음이 훌륭하여 베어 죽이겠다면 죽어 줄려고 하였으나 그 기회도 없이 자신은 병사하니, 필시 그대는 원통할 것이다. 그러니 지금은 아무리 해도 이루지 못하니 몸에 걸쳤던 옷을 보내니 진나라의 여양의 고사에 따라 한을 풀기 바란다"고 하였다는 것이다.

이 이야기는 쿠마모토 죠카(城下)에 대평판(大評判:큰 소문)이 나서 이와타는 순식간에 유명인이 되었다.

이와타는 쿄마치(京町)에「요죠」라는 여관을 만들어 미야모토 무사시의 옅은 황색 홑옷(帷子)을 장식하여 선전하였다. 홑옷은 3군데 칼에 잘려져 있었다.

이상이 야마모토 슈고로(山本周五郎)의 작품의 내용이나 여기에는 분명히 무사도에 대한 비판이 있다.

무사도가 가진「외면적 존엄(外面的 尊嚴)」의 우스개를 과장적으로 묘사하였다. 나 자신으로서는 이 작품에 외면적 존엄에 관계하는 내면적 존엄이 나타나 있지 않는 것이 불만이다. 또한 미야모토 무사시로 말하면 그가 그린 송원(宋・元)풍(風)의 수묵화가 지금도 박물관에서 전시되고 있는 것을 보면 무사시는 왠지 외면적인 것뿐만 아니라 내면적인 취미가 있었던 사람이라고 생각한다.

유명한「고목명격도(枯木鳴鵙圖:고목에 앉아 우는 왜가리 그림)」등은 와타나베 칸잔(渡邊崋山)이 심취하여 자신이 소장하게 되었다고 전해지는 일품(逸品)이지만 그 창달필의(暢達筆意:활달한 필법)는 카이호 유쇼(海北友松)에게 배웠다고 할만큼 색채의 농담(濃淡:짙음과 엷음)이 풍부하여 산뜻함을 나타내고 있으며, 기타「산수도(山水圖:동양화에서 자연의 풍경을 그린 그림)」·「팔가조(叭哥鳥:까마귀)」·「노도(鷺圖:백로 그림)」·「노안도병풍(蘆雁圖屛風:갈색 기러기 그림 병풍)」등 뛰어난 것이 많이 남아있다. 그의 그림은 보는 사람에 따라서는 미야모토 니텐(宮本二天:무사시의 별호)의 그림은 궁핍하고 빈상으로 싫다는 사람이 있을지도 모른다.

(4) 전횡해도(田橫海島) 500명의 도리: 아코의사(義士) 평론

텟슈는 토쿠카와 시대의 무사도의 예로서「아코 47의사와 야마가 소코(山鹿素行)」를 들고 있다. 오이시 요시오(大石良雄)의 복수를 무사도의 정화로서 인정하고, 또한 오이시의 스승으로서 야마가 소코에 주목하도록 청취자에게 주의를 촉구하고 있다.

야마가 소코(山鹿素行)가 에도(江戶)를 쫓겨나 아코번(赤穗藩)에서 유배된 것은 오이시 요시오(大石良雄)가 8살 때로 소코를 돌본 것은 오이시 타노모(大石賴母)라는 요시오의 조부인 요시카네(良欽)의 동생이 되는 사람이었다. 8살이라고 해도 일대의 석학 야마가 소코의 인물·인품(人柄:사람됨·인품)에 대해서는 이전에 어느 정도 이해되었을 것이다. 그러나 사상가

(思想家)로서의 소코의 사상을 이해한다는 것은 어떠한 것일까? 혹은 어른이 된 후부터 소코가 남긴 강의와 서적에서 배운 것일까? 어쨌든 야마가 소코와 오이시 요시오와의 사이에 사상적 관계가 있었다고 하는 확실한 증거는 지금에는 없는 것 같다. 또한 키라(吉良)저택을 습격하던 밤에 야마가류(山鹿流) 3단류(三段流)의 진격 북을 오이시가 쳤다고 강담(講談) 외로 말하지만 당일 밤 습격에 사용한 것은 징과 꽹가리로서 진격 북은 사용하지 않았는 것이다.

메이지 말년에 토츄켄 쿠모우에몬(桃中軒雲右衛門)이라는 낭곡사(浪曲師)가 나타나「무사도고취(武士道鼓吹), 나니와부시(浪花節:일본 고유의 창곡, 浪曲), 난부자카(南部坂) 눈(雪)의 이별, 아카가키 겐조(赤垣源藏:아코 47의사의 한 사람)」나「야마가호송(山鹿護送)」·「오이시 아즈마쿠다리(大石東下り:쿄토에서 에도로 내려감)」라는 휘장을 걸친 인력거를 타고 선전하며 간 적이 있다. 무사도라는 것이 이러한 모습으로 서민 속으로 흘러들어가 야마가 소코와 오이시 요시오와도 밀접한 관계로 해석하게 되었다.

아코 47의사(義士)는 무사도의 정화로서 일본인에게는 압도적인 인기를 지금도 받고 있지만, 사가나베시마 번(佐賀鍋島藩)의『하가쿠레(葉隱)』라는 무사의 수양서에는 오이시 요시오들의 행위를「상방풍(上方風)의 지위를 높인 무사도」라며 비판하고 있다. 그 이유는 원수인 키라 우에노스케(吉良上野介)는 60이 넘은 노인으로 언제 죽을지 모른다. 지진과 화재로 불의의 죽음을 마칠지도 모른다. 만약 그렇다면 아코의 사람들로서는 영구히 복수할 기회는 잃어버리게 된다. 그것을 빈둥빈둥 1년 이상을 기다린 것은 계획을 세우고 반드시 성공하겠다는 타산이 작용하였기 때문이다. 주군의 복수에는 그러한 타산을 그만두고 즉각 습격을 감행했어야 했으며, 일이 되고 안 되고는 문제가 아니다. 이를테면 실패하여 습격을 망쳤더라도 그것은 밝혀 따질 부분이 아니다.

좌우간 복수의 뜻을 즉시 표현하는 것이야말로 무엇보다도 더 존경스럽다는 것이『하가쿠레(葉隱:나뭇잎 사이에 숨음)』의 무사도의 생각이다. 또 달리『하가쿠레(葉隱)』가 비난하는 것은 습격에 성공하여 47의사(義士)가 센가쿠지(泉岳寺)까지 퇴각한 후의 처치에 대한 것이다.

왜 주군의 무덤 앞에 키라(吉郞)의 수급을 바친 후 즉시 모두 할복하지 않았는가? 목적을 달성한 후 즉시 자결하는 것이야말로 무사도를 다하는 것임에도 불구하고 빈둥빈둥 더 살았다는 것은 불순하다. 동기에 이상함이 느껴진다는 것이『하가쿠레』의 비판이다. 즉 일의 결말보다도 동기의 순수함을 강조하는 것이다. 그러나『하가쿠레』보다 먼저 47의사(義士)가 복수한 후 곧바로 이것을 비판한 사람으로 유학자인 오규 소라이(荻生徂徠)가 있다.

오규 소라이는 47의사의 처분에 대하여 토쿠카와 바쿠후로부터 의견을 듣고자 그 대답으로 의율서(擬律書:법규에 따른 징벌서)라는 것을 제출하였다.

의(義)는 스스로를 깨끗이 하는 것을 도(道)로 하고, 법(法)은 천하의 규칙(規矩)이다. 예(禮)로서 마음을 제어하고 의(義)로서 사물을 제어한다. 지금 47의사가 그 주인을 위하여 원수를 보복하는 것은 무사(侍・사무라이)인 자의 수치이다.

스스로를 깨끗이 하는 것을 도(道)로 하고 그것은 의(義)가 된다고 하더라도 그 무리에 한정하는 것이 된다면 결국은 사론(私論)이다. 그 근거가 되는 것은 원래 이 장구전중(長矩殿中:긴 사각형의 대궐 안)을 꺼리지 않고 그 죄를 처벌하는 것을 또한 키라(吉郎)씨를 원수로 공의(公義:공법)의 면허(免許)도 없이 소동을 꾀한 일, 법(法)에 있어서 용서할 수 없는 부분이다. 지금 47의사의 죄를 결정하여 무사의 예로서 할복에 처해진다면 우에스기가(上杉家)의 바람도 허무하지 않으며, 그들이 충의(忠義)를 가볍게 보지 않은 도리, 애초 공론화하였어야 했다. 만일 사론(私論)으로서 공론화(公論化) 한다면 이후 천하의 법은 서지 않는다.

요점은 아코낭사(赤穗浪士)가 사당(私党:사적인 도당)을 조직하여 복수의 공허(公許:공적인 허락)를 받지 않고 소동을 일으킨 것은 공적 성격이 전혀 없고 사적인 행위라는 견해이다. 게다가 오규 소라이(荻生徂徠)의 「아코 47의사론」이라는 논문을 보면, 그들 낭사(浪士)의 행위를 윤리적으로는 "전횡해도 (田橫海島)500명의 윤리다"라고 일방적으로 단정하고 있다.

전횡(田橫)은 사기(史記)와 전한서(前漢書)에 실려있는 사람 이름으로 사기「전횡전(田橫傳)」에 "전횡이 주살당하는 것을 걱정하여 그 무리 500여명과 바다로 들어가 섬 안에 있었다"고 기록되어 있는 인물을 말한다.

전횡은 한의 제왕(齊王) 전영(田榮)의 동생으로 한신(韓信)이 제왕(齊王) 광(廣)을 포로로 하자 횡(橫)은 스스로 왕이 되었다. 그러나 고제(高帝)가 왕이 되자 횡은 그 무리 500여명과 해도(海島) 안에 틀어박혔다. 이 섬은 해주(海州) 동해현(東海縣)에 있으며 벼랑으로부터 80리의 3면이 절벽을 이루어져 있는 백여 척의 높이로 다만 동남쪽에 외길이 있어 사람이 다닐 수 있었다.

전횡은 난을 피하여 이 섬에 있었으나 고제(高帝:황제의 시호)의 부름을 받아서 낙양(洛陽)으로 가게 되었다. 그러나 그 도중에서「황제를 섬기는 것이 자존심과 양심이 허락하지 않는다」며 자살해 버렸다. 그래서 그의 무리 500여명도 따라서 모두 자결해 버렸다.

이 사건에서 전체가 몸으로 지기(知己)에 보답하는 행위를「전횡해도(田橫海島) 500명의 윤리」라고 하지만 소라이가 말하는 경우는 반드시 칭찬하고 있는 것은 아니다. 오히려 좁은 동료집단 내부에서 이비곡직(理非曲直:是非曲直·잘 잘못)을 이

성적(理性的)으로 행하지 않고 단지 헛되이 감정적(感情的·심정적)으로 격발(激發)하여 직정경행(直情徑行:감정대로 곧바로 행하는 것), 죽음을 서두름으로써 만족하는 것은 시야가 좁고 생각이 짧은 행위를 지적하고 있다.

오규 소라이(荻生徂徠)의 생각에는 유교의 입장에서 보면 천하의 공론(公論)이라는 것이 있었을 것이다. 공명정대한 보편적인 도(道)라는 것이 그의 머리에 있었을 것이다. 그것에 비한다면 무사도라는 것도 기껏해야 한 번(藩)의 가신 300에서 500명 정도의 가신단(家臣團)으로 좁은 동료집단의 의식에 불과하다고 생각하였을 것이다. 『하가쿠레』등도 사가나베시마(佐賀鍋島)라는 번(藩)의 내부에서의 「동료의식」으로서 「전횡해도(田橫海島) 500명의 윤리」와 다름없다.

무사도라는 것은 구체적으로는 그러한 좁은 동료집단의 도덕의식(道德意識)인 것을 피할 수 없기 때문에 이것을 해방시켜 더욱 더 폭넓은 천하의 공론에까지 세워서 보편적으로 이성(理性)에 견딜 수 있는 도덕으로 격상하여야 한다는 것이 적어도 메이지시대의 무사도를 채택하여 이것을 국민도덕(國民道德)으로 「일본인으로서의 살아가는 도(道)」로 귀착하려는 사람들의 주체적·실천적인 관심사였다고 생각한다.

(5) 목숨도, 이름도, 돈도 필요없는 사람

이것은 『사이고 난슈 유훈(西鄕南洲遺訓)』 중에 있는 글이다.

"목숨도 필요 없고, 이름도 필요 없고, 관위(官位)도, 돈도 필요 없는 사람은 다루기 곤란하다. 이 다루기 곤란한 사람이 아니고는, 고통을 함께하여 국가의 대업은 이룰 수 없다. 그렇지만 이러한 사람은 범속의 눈에는 보이지 않는다고 한다"는 것이다.

사이고 난슈(다카모리)가 이「목숨도 필요 없고, 이름도 필요 없고, 관위도 돈도 필요 없는 사람」이라는 것은 구체적으로는 야마오카 텟슈의 처신을 그 한 예로서 생각하였다고 한다.

1868년 메이지 원년의 해이기도 한 아직 케이오(慶応) 4년, 야마오카 테츠타로(山岡鐵太郎)가 토쿠카와 요시노부(德川慶喜) 공이 순순히 명령에 따라 근신하는 실상을 피력하며, 순푸(駿府)의 대총독관의 본영에까지 단신으로 관군의 대열 속을 뚫고 올라가 실상을 고할 때에 사이고(西鄕)는 "어떻게 하여 여기까지 올 수 있었는가"하고 완전히 놀랐다고 한다.

결국, 그것은 야마오카(山岡)가 목숨을 버렸기 때문이다. 물론 야마오카의 지성(至誠)이 그것을 시킨 것이지만 그러한 '목숨도, 이름도, 관위도, 돈도 필요 없다'고 한 것은 모든 것을 포기한 인간이 아니라면 중대사(重大事)의 담판, 교섭은 불가능한 것이라는 귀중한 경험을 그때 순푸(駿府)에서 사이고(西鄕)는 야마오카를 상대로 한 것이었다.

목숨도 필요 없다고 하는 것은 무사도에서는 당연한 것이다. 불석신명(不惜身命:목숨을 아끼지 않고 바침)은 카마쿠라(鎌倉) 무사의 슬로건이었다.

그러나 무사(武士)는 이름을 소중히 여기는 것으로 「사람은 당대, 이름은 후세」라고 하여 "이름이야말로 소중히 하라"고 말하는 무사도에는 이름과 명예에 집착하였다.

「이름도 필요 없다」고 단언하는 것은 더할 나위가 없는 것이다. 또한 '관위도 돈도 필요 없다'고 하는 것도 무사는 단언할 수 없다. 오히려 무사가 전장에서 목숨을 버리고 싸우는 것은 이를테면 자신은 죽어도 논공행상(論功行賞)에 의해서 자손이 등용되어 좋은 영지(領地)를 인정받는다는 기대와 약속이 있기 때문이다.

와츠지 테츠로(和辻哲郞) 박사의 무사도 해석에는 애초 율령제(律令制) 하의 무사단(武士團) 중에 그 행위 방법으로서 형성되어 온 습관이 카마쿠라 시대에 「무사의 도」라는 윤리사상(倫理思想)으로서 자각(自覺)되어 온 것이 무사도로서 그 중핵을 이루고 있는 것은 주군과 가신의 주종간의 윤리로 그것을 와츠지(和辻) 박사는 이기주의 극복, 무아실현(無我實現)으로 보고,「헌신의 도덕」이라고 규정하였던 것이다.

그러나 카마쿠라 시대의 무사는 앞에서도 말한 것과 같이 신명(身命)은 아끼지 않으나 이름을 소중히 하고 자손을 위하

여 영지를 원했기 때문에 이것을 '무아실현(無我實現)'이라고
는 단언할 수 없는 것이다. 이 점을 파악하여 이에나가 사부
로(家永三郞) 박사는 무사도에 대하여 와츠지(和辻) 설(說)과
전혀 반대의 설을 주장한 것이다.

 이에나가 사부로(家永三郞) 설(說)에는 주군에 대한 가신의
봉공(奉公)은 주군이 주는 은상을 기대하여 맺어진 이기적인
행위로서 은상(恩賞)과 헌신(獻身)과의 거래에 불과하다는 것
이다. 이것을 증거로 입증하는 것으로서 카마쿠라 시대의 군
충장(軍忠狀:일본 중세시대 자신의 군공을 대장과 군봉행에 제
출하여 후일의 논공행상의 증거와 가문의 명예로 한 문서)이
많이 있다.

 고문서 중에는 주군이 은상을 게을리하였을 때에 거리낌 없
이 지불청구를 요구한 군충장이 있다. 이러한 사실에 근거하
는 한 와츠지(和辻) 설에서 말하는 헌신의 도덕은 "단순한 관
념상의 명제에 그치고 현실에는 늘 은혜와 교환하여 봉공을
매수하는 것이 습관이었다"고 이에나가(家永)씨는 단정한다.

 와츠지 테츠로(和辻哲郞) 설에는 카마쿠라 시대의 문학작품
인『겐페이 성쇠기(源平盛衰記)』·『헤이케모노카타리(平家物
語)』등의 군기물(軍記物)을 자료로 하여, 여기에 그려져 있는
헌신(獻身)의 행위를 상찬(賞讚)하는 바, 이러한 군기물이 널
리 오랫동안 일반인에게 읽혀져 왔다는 사실에서 무사본연의
자세로서 신명을 아까워하지 않고 주군을 위하여 최선을 다하

는 것을 일반적인 주종(主從)의 도덕으로 생각하고 있었다고 보았던 것이다.

한편으로 이상적인 무사본연(武士本然)의 자세를 파악하고, 또 한편으로는 현실적으로 무사본연의 자세를 파악하였다고 할 수 있다. 그러나 무사가 목숨을 버리는 것은 이상(理想)이 아니라 현실이었던 것이다. 다만 무사는 이름을 중요시하고 영지를 바랐던 것도 사실이다. 이 일은 쿠마가이 나오자네(熊谷直實)가 남긴 고문서에 대조하여 말할 수 있다.

무사가 이름을 바라고 영지를 바랐다는 점에서는 무사의 행위를 무아실현이라고 단언하는 것은 도를 넘은 것이다.

역시 텟슈와 같이, 사이고 난슈(西鄕南洲)와 같이 "목숨도 필요 없고, 이름도 필요 없고, 관위도 돈도 필요 없다"고 하는 경지가 비로소 '무아실현(無我實現)'이라고 할 수 있는 것이다.

이러한 의미에서 텟슈는 무사도를 넓은 의미로 해석하여 불교를 매개로 한 것을 무아실현으로 간주하고, 그러한 목숨도 이름도 돈도 필요 없다고 하는 철저한 부정을 수행한 예로서 화기청마(和氣淸麿)와 스가와라노 미치자네(菅原道眞)를 예로 든 것이다.

"무사는 자기를 알아주는 자를 위하여 죽는다"고 한다. '전횡해도(田橫海島) 500명'의 윤리도 이것으로 무사도에는 정(情)에 약함이 따라 다닌다. 일본인의 국민성(國民性)에 유래하여 '정(情)에 약하다'는 것이 특징이다.

제9장 텟슈의 문무양도의 사상: 카츠베 마타케(勝部眞長)編輯   *243*

　과거에 필자가 싱가포르에 갔을 때 S라는 화교(華僑:외국에서 정착하여 사는 중국 사람) 두목을 만나서 들은 이야기다. 대동아전쟁(大東亞戰爭)에서 일본군이 남하하여 싱가포르를 점령하고 군정(軍政)을 펼 때에 화교들은 여러 가지 규제가 심하여 장사가 힘들었던 것이다. 그래서 점령군(占領軍)인 일본 군인의 담당관에게 비위를 맞추기 위하여 처음에는 뇌물로서 돈을 주었다. 그러나 일본 군인은 돈을 보자 심하게 화를 내며 뇌물을 바친 자를 후려 갈겼다고 한다.

　그래서 화교들은 다음에 전술을 바꾸어 군인들을 초대하여 연회를 베풀어서 크게 대접하고 술을 마시게 하였다. 이것은 군인들이 크게 기뻐했다고 한다. 그래서 세 번째로 미녀를 제공하였다. 이것도 군인들은 즐겁게 받아 주었다.

　덕택으로 점령 행정의 통제를 완화시켜 주어서 장사는 상당히 하기 쉬워졌다. 그 후에도 술과 여자 접대는 계속되었으며, 그만 우쭐해져 감시를 벗어나 통제를 무너뜨린 지나친 장사로 군인들에게 호출을 받아 호되게 당하였을 때 정말로 힘들어지자 화교들은 방바닥에 엎드려 진심으로 사죄하고 울면서 용서를 빌었다. 그러자 역시 군인들도 마침내 "이번만은"하고 용서해 주었다. 그 후도 이 방법으로 몇 번이고 위기를 넘기게 되었으며, 화교가 말하기를 "일본의 군인은 정(情)에 약하고, 술·여자 그리고 울면서 사죄함으로 일본 군인을 다루기가 쉬웠다"고 했다.

어쩌면 전후의 일본인은 돈도 거침없이 받았기 때문에 이 점에서 전쟁 전의 군인보다도 더욱 다루기 쉬울 것이다.

어쨌든 '목숨도 소중하고, 이름도 소중하고, 돈도 관위도 필요한 인간'은 가장 다루기 쉽다. 목숨을 빼앗겠다고 위협하면 온순해지며, 명예와 직위를 빼앗겠다고 하면 온순해지며, 돈을 주겠다거나 관위를 주겠다고 하므로 즉시 손바닥을 뒤집는 인간이라면 세상은 다루기 쉬워진다.

정(情)에 여린 일본인은 무사가 아니라도 정사(情死)라는 것을 한다. 정(情)에 압박받은 남녀는 전후(前後) 생각 없이 함께 죽는 것이다. 그것은 자살의 윤리이다.

죽음에 대한 태도로서 어려운 것은 죽음을 두려워하지 않고 죽음을 서두르지 않고 책임을 완수할 때까지는 쉽게 죽지 않겠다는 책임윤리이지만, 무사도는 어쨌든 심정윤리(心情倫理)로 기울어지기 쉽고, 「전횡해도(田橫海島) 500명」의 윤리가 되기 쉬운 것이다.

무사도는 그 발생 자체로는 도덕으로서 매우 불완전하며, 이것을 완전한 것으로 하기 위하여 야마오카 텟슈도 니토베 이나조도 형식적 외면적인 존엄의 윤리를 내면화하여 내면적 존엄의 윤리까지 깊이를 더하였다고 볼 수 있다.

(6) 후쿠자와 유키치(福澤諭吉)에 대한 비판

앞서의 카이슈 평론 중에 '어떤 교장'의 언급에서 게이오의

숙(慶応義塾)의 교장이었던 후쿠자와 유키치(福澤諭吉)에 대한 비판이 나온다.

　메이지 초기의 문명 개화운동(開化運動)에 있어서의 지도적 인물로서 후쿠자와 유키치는 일본 사회에 압도적인 영향을 미친 존재이지만, 다만 일본을 근대화하려는 그의 추진 방법은 큰 결함이 있었다. 그 결함(缺陷)을 카츠 카이슈와 야마오카 텟슈들의 그룹은 눈치를 채고 문제화한 것이다.

　한 마디로 말해서 후쿠자와 유키치(福澤諭吉)라는 사람은 나만이 진보적인 것을 말한다며, 정부를 비판하면서도 결국 한 번도 감옥에 끌려간 적이 없다는 한 가지를 보더라도 그의 처세의 능숙함은 추측할 수 있다. 그러나 여기에는 그의 한계를 보이고 있다. 메이지(明治)시대의 정치운동과 사상운동에 참여한 자는 상당히 정부의 엄격한 탄압에 상처를 입고 체포되어 고생하였지만 후쿠자와만이 늘 방관할 수 있었다.

　그처럼 대단한 정부도 손을 쓰지 않았던 것은 거물이었던 점도 있었지만 반대로 생각한다면 결정적인 권력과의 대결은 늘 회피하였다는 것이다.

　후쿠자와에 대하여 주목할 특색은 첫째로 종교심(宗敎心)이 없었다는 것이다. 후쿠자와라는 사람에게는 종교적 정조(情操)라는 것이 결여되었다고 생각한다. 이를테면 유키치의 자서전 『후쿠오우지덴(福翁自傳)』에 어린 시절에 신양(神樣:카미사마·귀신)의 팻말을 밟아 화장실에 버렸다는 이야기가 나온다.

그로부터 어린 마음에 혼자 생각하여 형이 말하는 대로 윗전의 이름이 적힌 팻말을 밟았다고 나쁘다 한다면 신의 이름이 있는 팻말을 밟는다면 어떻게 될 것인가 생각하며, 사람이 보지 않는 곳에서 팻말을 밟아 보았을 때 아무런 일도 없었다.

　"음, 아무 일도 없어서 야 재미있는데, 이번은 이것을 세면대에 가지고 가서 해 보자"고 한발 더 나아가 화장실에서 시험할 때는 무슨 일이 있을까봐 조금은 두려웠지만 후에 아무런 일도 없었다. "보았는가, 형이 쓸데없이 그런 것을 말하지 않아도 좋았잖아." 혼자서 발명한 것처럼 이것만은 어머니에게도 말하지 않고 누나에게도 말하지 않았다. 말하면 꾸지람을 듣기 때문에 혼자서 조용히 입다물고 말았다는 것이다.

　그로부터 1년, 2년 세월이 지나면서 자연스레 담력도 강해졌다고 생각하여 어른들이 이야기하는 신벌명벌(神罰冥罰:신불이 벌을 내림)이라고 하는 것은 거짓말이라고 혼자서 굳게 생각하고, 이번에는 한 가지 이나리신(稻荷神:곡식을 관장하는 신)을 시험해보겠다는 야심을 가지고 내가 양자로 들어간 숙부님의 자택의 이나리신(稻荷神) 선반 상자 안에는 무엇이 들어 있는지 알고 싶다며 열어 보았더니 돌이 들어 있어 그 돌을 부수어 버리고 대신에 다른 돌을 주워서 바꾸어 놓았으며, 또한 이웃집 시타무라(下村)라는 저택의 이나리신 상자를 열어보았더니 신체(神體)는 무슨 나무로 된 팻말로 이것도 떼어

버리고 아무렇지 않은 얼굴로 돌아왔다. 얼마 지나지 않아 2월의 첫 신사 축제날이 되어 깃발을 세우고 북을 두드리고 제주(祭酒)를 드리고 있기 때문에 후쿠자와는 속으로 우스워했다.

'멍청이, 내가 넣어 둔 돌에 제주를 올리고 기도하는 것도 재미있네'하고 혼자서 즐기고 있었다는 것으로 어린 시절부터 신이 두렵다는 등 부처가 고맙다는 말은 한 마디도 없었다.

이와 같은 어린 시절의 행동을 사람은 종종 합리적 정신이나 실증적 정신이라고 말한다. 그러나 유럽 사상에 있어서의 합리적 정신이나 실증적 정신은 결코 종교심과 무관한 것이 아니다.

프랑스 사람 어거스트 콩트(Auguste Comte, 1798~1857)는 실증주의(實證主義)의 창시자였으나 그 만년은 인류교(人類敎:종교를 이성으로 해석하는 윤리적 신종교)를 제창한 사람이었다.

후쿠자와 유키치는 바쿠후 말기에 유럽과 미국으로 여행하여 실제 많은 중요한 것을 견학하고 일본에 소개하였으나, 그러나 유럽의 문물의 근저에 가로 놓여 있는 그리스도교 정신만은 색맹이 색을 모르듯이 빠뜨리고 왔다. 따라서 그의 근대화론(近代化論)은 표층(表層)만 있고 진수(眞髓)인 그리스도교는 완전히 빠진 것이다. 이를테면 천부인권론(天賦人權論)을 보더라도 천(天:절대자)이 부여한 인권이라는 생각이기 때문에 「천(天)을 빼고서 인권(人權)」만을 다룰 수는 없는 것이다.

후쿠자와의 『학문의 권장』의 모두(冒頭)의 유명한 구절로 "천(天)은 사람 위에 사람을 두지 않았고 사람 밑에 사람을 두지 않았다"는 그 당시도 지금의 전후도 일본인들의 사이에 널리 알려졌음에도 불구하고 그 진의가 의외로 이해되지 않은 말이기도 하다.

위의 구절은 말하지 않아도 미국 독립선언서의 모두(冒頭)의 구절인 All men are created equal… (모든 사람은 평등하게 창조된 바…)에서 취하여 후쿠자와 풍으로 번역한 것이다.

그러나 그리스도교의 여호와 신이 천지를 창조하고 인간을 창조한 때에 평등하게 만들었다는 생각은 당연히 그리스도교의 창조신을 전제로 하지 않으면 이해할 수 없는 것이다.

인간이 평등하고 인권이라는 것은 신 앞에 평등하고 신이 주신 권리라는 생각이다. 이것을 제외하고 갑자기 평등과 권리를 남용하더라도 그것은 바른 이해가 될 수 없다.

때문에 후쿠자와도 신(神) 대신에 천(天)이라는 일본어를 가지고서 「천(天)과 사람」을 대립시킨 것이다. 천(天)이라면 그리스도교에 익숙하지 않은 일본인에게도 유교의 교양으로 이해하기 쉽기 때문이다. 그러나 그 후의 후쿠자와가 쓴 책에는 평등(平等)과 권리(權利)를 설명하는 것이 많지만 「천(天)」에 대하여 설명한 부분은 거의 없다. 천(天)이나 창조주를 무시하여 「인간의 평등」과 「권리」만이 독주하는 결과가 되었다.

즉 유럽의 문명개화(文明開化)를 받아들이는데 있어 그 근저에 있는 종교적인 요소는 버리고 뒤돌아보지 않는 것에는 후쿠자와 유키치(福澤諭吉)에게도 큰 책임이 있다고 해야 할 것이다. 이것은 후쿠자와 자신, 소년시절부터 종교심이 없고 무관심하였기 때문이다.

후쿠자와라는 인물의 두 번째 특징은 풍류가 없고, 무취미하다는 것이다. 그것은 스스로 인정하여 만년에 『후쿠오우지덴(福翁自傳)』에서 언급하고 있다.

"원래 나는 천성이 살풍경(殺風景:인생이 아주 보잘 것 없거나 쓸쓸함을 비유적으로 이르는 말)하지 않았고 인간의 천성에는 반드시 무예(無藝:예법 없는 것)·살풍경과 약속이 있는 것도 아니라고 생각하나 아무래도 나의 성질이라고 하기 보다는 어린 시절부터 다양한 사정이 이런 남자로 만들었다"고 생각한다.

먼저 첫째로 나는 어린 시절부터 교육을 가르쳐주는 자가 없어서 특별히 수습(手習:공부)을 하지 않고 성장하였기 때문에 지금도 서예(書藝)가 되지 않는다. …(중략)… 유학자 등이 시를 짓는다면 나는 일부러 짓지도 않았고, 다른 분이 서예를 잘한다고 하면 나는 고의로 등한시하여 멋대로 써 보이고, 뜻 밖의 곳에 힘을 쏟고 수습을 하지 않은 것이 생애의 실책이었다.

또 나의 가문의 유전을 말하면 부친도 형도 문인으로 특히 형은 서예도 잘하였으며 그림도 잘 그렸고, 전각(篆刻:글자 새기기)도 가능한 정도의 다예(多藝)한 사람으로 그 동생은 이와 같이 무예무능(無藝無能), 서화는 물론이고 골동품도 미술품도 일절 무관심한 것과 같이 후쿠자와 유키치는 취미·풍류(風流)를 이해하지 못한다는 점에서 일본인이 무관심하게 한 부분이 있다.

이것이 카츠 카이슈와 야마오카 텟슈와 같이 선(禪)을 즐기고, 스스로 시를 짓고 글을 쓰고 풍류·취미를 이해하는 인간은 기질(氣質)이 맞지 않는 까닭으로 왠지 모르게 서로 가까이하기가 거북했다고 생각한다.

일본인의 전통에는 종교적 정조(情操)가 풍부하고, 그리고 풍류를 좋아하고 취미를 즐긴다는 면이 전해지고 있으며, 이것이 일본의 정신문화를 지탱해 왔으나 후쿠자와 유키치에게는 이러한 전통적 일본인과 동떨어진 이질적인 그것이 또한 사람들에게 매력적인 것인지도 모른다.

전후의 신교육(新敎育)에서는 어느 쪽이냐고 하면 후쿠자와 유키치 유형(類型)의 어린이가 대량으로 교육되어 전통적인 일본인 형태의 인간이 적어지고 있는 것은 아닐까 생각한다. 이것은 결과적으로 일본의 문화로서 진보인가 퇴보인가 성찰할 일이다.

(7) 내면적 존엄의 윤리

사이고 난슈(西鄕南洲:사이고 다카모리 다른 이름)가 후쿠자와 유키치와 다른 부분은 늘「천(天)」에 대하여 많이 이야기하여 평등과 권리 등의 형식보다도 내면적인 문제에 사람들의 주의를 끌려고 한 점에 있다.

『사이고 난슈 유훈(西鄕南洲遺訓)』에서 21, 24, 25, 26항을 살펴본다.

21 도(道)는 천지자연의 도이기 때문에 강학(講學)의 도는 경천애인(敬天愛人:하늘을 숭배하고 사람을 사랑함)을 목적으로 하고 몸을 수련함에 극기(克己)로서 시종일관(始終一貫)하라. 자기에게 이기는 극공(極功)은 논어(論語)의「무의무필무고무아(母意母必母固母我:자의대로 하지 않고, 집착하지 않고, 고집하지 않고, 자기만을 내세우지 않음)라 하며…」로서 천과 사람을 대치시켜 '나 없음(無我)'을 설명한다.

24 도(道)는 천지자연의 것으로서 사람은 이것을 행한다면 천(天)을 공경하는 것을 목적으로 한다. 천(天)은 사람도 나도 동일하게 사랑하는 고로 나를 사랑하는 마음으로서 사람을 사랑하라. 여기서 '천(天)은 사람도 나도 동일하게 사랑하기' 때문에「천(天)」을「신(神)」으로 바꾸면 그리스도교의 십계명과 같게 된다.

이러한 내면적인 이해는 후쿠자와 유키치에게는 없는 것이며, 또한 종래의 무사도인 『하가쿠레(葉隱)』나 『무도초심집(武道初心集)』이나 『고린쇼(五輪書)』 등에서 여태까지 한 번도 없었다.

25 사람(人)을 상대로 하지 않고 천(天)을 상대로 하라. 천을 상대로 하여 자기를 다하여 사람을 책망(責望)하지 말고 내가 성의(誠意) 없음을 물어야 한다.

26 자기를 사랑하는 것은 좋지 않은 것의 첫째로 수행이 되지 않는 것도, 지나침(過誤)을 고치지 못하는 것도, 공(功)을 자랑하므로써 교만(驕謾)이 생기는 것도, 모두 자기를 사랑하는 것 때문이라면 결코 자기를 사랑하는 것이 못된다.

위의 자기 사랑 곧 자애심(自愛心)과 이기심(利己心)을 근본적으로 나쁘다고 생각하는 것은 대부분 그리스도교에 가까운 것이다. 난슈(南洲:사이고 타카모리)는 왕양명(王陽明)의 철학에서 여기까지 깊게 하였으며, 동시에 바쿠후 말기에서 유신의 대부분이 실제적 경험 속에서 파악한 것도 많은 것이다.

그러므로 야마오카 테츠타로를 보면서 '목숨도 필요 없고, 이름도 필요 없고, 관위도 돈도 필요 없는 사람은 다루기가 어렵다'의 실례(實例)에 부딪친 것과 같이 다양한 체험 중에서 사람을 상대하지 않고 천(天)을 상대로 하는 것과 나를 사랑하는 마음으로 사람을 사랑하는 것의 의미를 배웠다고 생각한다.

이 공명정대(公明正大)함, 보편적인 대도(大道)의 앞에는 '전횡해도(田橫海島) 500명의 윤리'는 사라졌다고 생각해도 좋다. 대결의 자세나 조용한 강함에서 '자세도 강함'도 사라졌다.

사이고 난슈가 정한론(征朝論)의 명분에 실패하여 카코시마(鹿兒島)로 돌아가기 전, 야마오카 텟슈를 방문하여 술을 마시며 이야기한 것이 본서에도 나오지만 텟슈가 불교를 매개로 하여 도달한 무아실현(無我實現)의 무사도의 이해와 사이고 난슈가 도달한 경천애인(敬天愛人)의 경지와는 서로 통하는 것이 있었던 것이다. 그래서 그것은 무사도의 형식적인 외면적인 존엄을 초월한 내면적인 존엄의 윤리라는 점에서 일치하고 있다고 생각한다.

(8) 나카무라 마사나오의 교육칙어 초안(草案)

「교육칙어(敎育勅語)」 제1차 초안을 작성한 것은 나카무라 마사나오(中村正直)이다. 이 나카무라 마사나오의 초안은 마침내 햇빛을 보지 못하고 묻히고, 다음에 기술된 모토다 나가자네(元田永孚) 안(案)과 이노우에 코와시(井上毅) 안(案)이 절충되어 현재의 교육칙어가 완성되었다.

교육칙어의 성립과정에 있어서의 나카무라 마사나오 초안이라는 것은 매우 흥미가 있는 것이다. 왜 흥미가 있는가하면 지금까지도 언급해온 내면적 존엄의 윤리가 여기에 진하게 배어있기 때문이다. 게다가 나카무라 마사나오는 야마오카 텟슈의「무사도강화(武士道講話)」청취자의 한 사람이었기 때문이다.

나카무라 마사나오 교육칙어 초안의 특색은 '천(天)'에 대하여 명확하게 언급하여 '천(天)과 사람'을 대치하고 있는 점에서 『사이고 난슈 유훈(西鄕南洲遺訓)』과 결코 멀지 않은 선상에 있다는 것이다.

"군부(君父)에 대하여 불충불효(不忠不孝)한다면 죄를 하늘에서 받아 면할 수 없다"나, "충효(忠孝)를 다할 때는 자연히 천의(天意)에 이르러 행복은 구하지 않아도 오는 것이다"나, "충효의 마음은 천(天)을 경외(敬畏)하는 마음이 생기고, 천을 경외하는 마음은 사람들 고유의 성격으로 생긴다" 등과「천(天)」을 설명하는 부분은 같은 메이지(明治) 초년의 양학자(洋學者)이라면 후쿠자와 유키치(福澤諭吉)와 나카무라 마사나오(中村正直)가 어째서 이렇게 다른 지에 대해 놀라지 않을 수 없다.

"나의 마음이 청정(淸淨)하지 않고 성실(誠實)하지 않으면 아무리 외면(外面)을 치장하더라도 천의(天意)에는 이룰 수 없다"라고 하는 측면, 외면적인 치장(治裝:존엄)을 부정하여 오로지 내면적 존엄(尊嚴)을 확립하려는 것이다.

제9장 텟슈의 문무양도의 사상 : 카츠베 마타케(勝部眞長)編輯 *255*

　나카무라 마사나오는 그리스도교의 신앙을 믿고 있었기 때문에 이러한 발상의 근원에는 그리스도교가 전제(前提)가 되어있는 것은 당연하지만, 그러나 나카무라 마사나오는 야마오카 텟슈의 강화(講話)를 듣고서 텟슈가 불교에 의해서 도달한 내면적인 세계를 자신의 그리스도교적 이해에 따라서 흡수할 수 있었지 않았을까?

　적어도 종교인적(宗敎人的) 성격이라는 점은 공통된 어떤 것을 가지고 있었을 것이다. 그리하여 교육칙어(敎育勅語)를 구상하였다면 나카무라 마사나오는 당연히 황실(皇室)을 중심으로 하는 즉 일본의 역사(歷史)를 생각하며 텟슈의 무사도 강화(講話)에 언급된 몇 가지의 실례를 생각하였음이 틀림없다.

　이 나카무라 교육칙어 초안이 거부되어 새롭게 모토다(元田)안(案)과 이노우에(井上)안(案)을 토대로 하여 구상된 것이 후에 현실화(現實化)된 것이 교육칙어이다. 이 교육칙어(敎育勅語)의 특색은 모든 철학적・종교적 구문(口吻:말투)을 지우고 단지 사실만을 언급한 부분에 있지만, 단 한 곳만이 핵심이라고 할 급소가 있다. 그것은 마지막의 "모두 그 덕을 하나로 하기를 바란다"는 문장이다.

　모토다 나가자네(元田永孚)는 교육칙어가 발표되었던 메이지 23(1890)년 10월 30일부터 2달 후인 1891년 정월의 어강서(御講書:왕 앞에 강의하는 책)를 시작함에 있어서 메이지 천황에의 어진강(御進講)의 교재로「상서(尚書)의 함유일덕편(尚書, 咸有一德篇)」을 채용하고 있으며, 이것은 교육칙어를 푸는 열쇠라 할 수 있는 것이다.「모두 그 덕을 하나로」라는 구절은 실지 중국의 고전인 상서(尚書:서경)의 함유일덕편(咸有一德篇)에서 따온 것이지만, 여기서는 교육칙어의 전체를 정리하는 근본적인 입장이 있으며, 형식적인 것을 내면적인 것으로 통일하는 구심력(求心力)이 있는 것이다.

상서(尚書)에 의하면 "덕(德) 이것이 하나가 되면 움직여서 좋으며, 덕(德) 둘, 셋이 된다면 움직여서 흉(凶)이 되지 않는다"고 한다. 즉 1점의 사욕도 없고 분순물이 없는 순수한 행위라면 무엇을 하더라도 길(吉)하고 좋지 않은 것은 없다.

"지금, 후계왕(嗣王)이 새롭게 그 명에 복종한다. 그 덕을 새롭게 하라. 처음과 끝이 하나가 되면 날마다 새롭게 된다"가 있다. "지금, 당신(천황)은 천명(天命)에 의해서 직위에 올랐기 때문에 덕을 새롭게 하여 처음과 끝이 하나가 되도록 행동하라"고 했다. 순수하며 일관된 것은 대상에 구애받지 않는 태도, 즉 무아(無我)의 실현이다.

날마다 새롭게 하는 것은 인식(認識)의 대상에 우리들의 정신이 구애받지 않아야 한다.

"대상(對象), 외계(外界)에 대하여 정신이 늘 신선하다"는 것은 말을 바꾸면, 자주독립의 태도이기 때문에 시종(始終) 이 하나로 일을 처리할 수 있다는 것이 된다.

교육칙어(敎育勅語)의 요점은 천황이 솔선하여 국민과 함께 무아의 실현을 항상 유의해 가자고 호소하며 끝을 맺고 있다.

이것을 이해한다면 텟슈의「무사도」의 구상도 나카무라 마사나오 초안의 구상도 모두 교육칙어에 살아있다고 해도 된다.

2. 문무양도(文武兩道)의 사상(思想)

(1) 나카에 토쥬의「오키나 문답(翁問答)」

나카에 토쥬(中江藤樹, 1608~1648)는 에도(江戶)시대의 유학자로서 일본 양명학파(陽明學派)의 시조로 불리는 사람이다.

양명학은 지행합일(知行合一)을 존중하고 입으로 말한 것은 반드시 실행한다고 하는 생활방식이지만, 토쥬도 실행을 중요시한 사람으로 그 인격의 힘은 훌륭하였던 것 같으며, 지금에 이르기까지 오우미(近江:지금의 滋賀縣)의 오카와무라(小川村)에서는 토쥬를 오우미 성인으로 불리며 존경받고 있다고 전해진다.

그 토쥬가 저술한 서책의 하나에『오키나문답(翁問答)』이라는 문답체(問答體)의 저술이 있다.『오키나문답』상권의 끝에 문무양도에 대한 의론(議論)이 있기 때문에 약간 길어지지만 소개한다.

물어 말하길. 문무(文武)는 차의 두 바퀴, 새의 두 날개와 같다고 비유한다면 문과 무와는 2색(二色)입니다. 그러면 어떠한 것을 문무라고 할 수 있습니까.

스승이 말하길. 문과 무에 세속(世俗)의 원대한 소양을 잃지않는 것이다. 세속은 노래로 부를 시(詩)를 짓고, 문필(文筆)에 달통하고 심기(心氣)를 부드럽게 하므로 화차(華車:화려한 수레)를 문(文)이라 하고, 궁마(弓馬)·병법(兵法)·군법(軍法)을 배우고 익혀 심기가 용맹하고 큰소리치는 것을 무(武)라 할 수 있다. 모두 비슷하지만 같지는 않다.

원래, 문무(文武)는 하나의 덕(德)으로서 각기 다른 것이 아니다. 천지(天地)의 조화로 하나의 기(氣)로서 음양의 차별이 있는 것과 같고, 인성(人性)의 감통일덕(感通一德:한가지 덕으로도 생각이 통함)으로 문무(文武)의 차별이 있다면 무(武) 없는 문(文)은 진실의 문(文)이 아니고, 문(文) 없는 무(武)는 진실의 무(武)가 아니다.

음(陰)은 양(陽)의 뿌리가 되고, 양(陽)은 음(陰)의 뿌리가 되는 것과 같이 문(文)은 무(武)의 뿌리가 되고 무(武)는 문(文)의 뿌리가 된다.

천(天)을 경(經:세로)으로 하고 지(地)를 위(緯:가로)로 하여 천하국가를 잘 통치하여 오륜(五倫)의 도(道)를 바르게 하는 것을 문(文)이라 한다. 천명(天命)을 두려워하지 않는 악학무도(惡虐無道)한 자 있어 문도(文道)를 저해할 때는 형벌로서

징계하고 또는 전쟁을 일으켜 정벌하고 천하일통(天下一統)의 치적을 이루는 것을 무(武)라고 한다. 그러므로 창을 세운다는 두 글자를 합쳐서 무(武)의 글자를 만들었다.

문도(文道)를 행하지 않기 위한 무도(武道)라면 그 뿌리는 문(文)이 되고, 무도(武道)의 권위를 이용하여 통치하는 문도(文道)라면 그 뿌리는 무(武)이다. 기타 만사에 문무(文武)의 둘은 떨어지지 않는 것이다.

나카에 토쥬(中江藤樹)의 생각에서 본다면 "무(武)는 창을 세운다"라는 의미로서 전쟁을 하지 않기 위하여, 즉 평화(平和)를 지키기 위하여 「무(武)」가 있기 때문에, 문(文)과 무(武)는 원래 하나의 뿌리에서 나온 것으로서 각각인 것은 아니다.

(2) 문화 국가와 군국주의 국가

연합국에 패전한 후의 일본은 문화국가(文化國家)라면서 한 때 자칭한 적이 있었으며, 만일 그 「문화국가」의 「문(文)」이 참 의미의 「문(文)」이라면 당연히 그 근저에 「무(武)」가 있어야 했다. 「무(武)」를 버린 「문(文)」은 가짜이기 때문이다.

「무(武)」는 '전쟁을 그치게 한다'는 것으로 본래 평화를 위한 것으로 토쿠카와 시대 약 250년 동안 평화로운 사회생활을 지속하였다는 역사적 사실이 이것을 증명하고 있다.

유럽에서는 「30년 전쟁」을 비롯하여 피 냄새가 진동하는 전쟁과 내란의 연속이었다. 마침 그와 같은 시기에 일본에서는 부는 바람도 가지를 흔들지 않는 태평어세(泰平御世:나라가 평안하게 다스려지는 임금의 세상)라는 평화를 향유하고 있었다. 일본인이 본래 평화애호(平和愛好)의 민족인 것은 에도시대의 250년간을 보면 알 수 있다.

인류의 과거 5000년의 역사에 있어서 14,531회의 전쟁이 있었다고 하며, 지구상의 어느 곳에서 전쟁이 전혀 없었던 해는 전부 합해서 292년에 불과하였다는 것이다.

이번 대전(大戰) 후에 있어서도 겨우 25년간(1970년까지)에 통계 50여회에 이르는 국지전쟁(局地戰爭)·내란(內亂)·동란(動亂)이 있었다. 이 사실을 보면 에도시대의 250년간의 오랜 평화의 의미는 실로 경탄할 만한 것이다.

그러면 에도시대(江戶時代)의 무사는 어떠했는가? 250년 동안 평화가 지속되어 전쟁이 없었다면 무사는「기댈 언덕이 사라져 아무 것도 할 수 없는 상황」과 같은 것이다.

무사의 본직(本職:본업)은 전쟁에 있다. 허리에 차고 있는 칼은 무도(無道:도리에 벗어남)한 사람을 베는(人斬) 칼이다. 그 전쟁이 없는 사회에서 허리에 차고 있는 칼의 사용처가 없는 시대에 도대체 무사의 존재의의(存在意義)가 어디에 있는가?

에도시대의 무사들은 실로 유유(悠悠)하게 창검마술(槍劍馬術)의 훈련을 게을리하지 않고 전쟁이 없어도 양도(兩刀)를 허리에서 빼지 않고 늘 신체를 단련하고 만약의 경우를 위하여 준비하였다.

"평화시에 있어서도 난을 잊지 않는다"는 것이 무사의 마음이며 각오이다. 사가(佐賀)의 『하가쿠레(葉隱)』에서는 "무사도는 죽는 것을 안다"고 갈파하고 있지만, 그렇게 말한 야마모토 죠쵸(山本常朝) 자신은 노인이 될 때까지 천명을 다하여 다다미 위에서 편안하게 죽었다. 그것이 평화로운 시대에 있어서의 대부분의 무사들의 생활방식이며 죽는 법식이었다.

아마도 그 근저에는 에도시대를 통하여 전기(前期)의 나카에 토쥬(中江藤樹)의 「문무(文武)의 뿌리는 하나」라는 생각이 상식으로서 받아들이고 있었다.

문(文)과 무(武)를 각각으로 생각하였기 때문에 「문화국가」나 「무방비중립(無防備中立)」이나 「군국주의(軍國主義)」라고 하는 차원이 낮은 의론(議論)에 휘둘린 것이다.

이 점은 에도시대의 무사들이 현대의 일본인보다도 문무(文武)의 본질을 정확하게 파악하고 있었다고 할 수 있다.

(3) 문민지배(文民支配)와 제복(制服)

지금의 일본 자위대(自衛隊)에서는 문민지배(文民支配)의 문제가 늘 중대한 관심사가 되고 있다. 분명히 현대의 관료제(官僚制) 국가에서는 문관(文官)과 무관(武官)을 엄연하게 구별되고 있다.

분업이라는 것이 근대사회의 원칙인 이상 그것은 당연하며 직업의 분화시대(分化時代)에 있어서는 스페셜리스트(專門家)

가 아니면 도움이 안 되기 때문이다. 여기서 제복(制服)이라는 것은 군사전문가의 복장이다. 특히 기계화가 고도로 진행된 현대 군사기술(軍事技術)에 있어서는 전문가의 전문성(專門性)이 더욱 더 필요하게 된 것이다.

그러나 여기서 마음을 경계해야 하는 것은 전문가 특히 자신의 좁은 전문의 영역에 목을 쳐박고 전문 바가(馬鹿:바보)가 되기 쉽다는 점이다. 전문 바보가 되지 않기 위해서는 전문가는 동시에 다른 쪽의 제너럴리스트(一般敎養家)라는 것을 지향(志向)해야 한다는 것이다.

야마오카 텟슈와 같은 경우도 이른바 그는 검(劍)의 전문가로서 잇토류(一刀流)의 검기탐구(劍技探究)에 생애를 보냈다고 해도 과언이 아니다. 그러나 한편으로 그는 그의 검기(劍技)의 이론적 기초형성을 불교에서 찾고, 선(禪)에서 찾고, 일반적 교양으로서 불교의 교리를 이 『무사도』 한 권에 토로(吐露)하고 있다.

일본에서는 기술적인 것이 마침내 「도(道)」가 된다. 유술(柔術)은 유도(柔道)가 된다. 검술(劍術)은 검도(劍道)가 된다. 합기술(合氣術)은 합기도(合氣道)가 된다.

화도(華道 또는 花道)·다도(茶道)·서도(書道) 등등 모든 기술을 기술로서 그대로 방치하지 않고, 마침내 그 기술을 살려서 도(道)로 존재케 하며, 보다 깊은 근저적인 「도(道)」에 도입하려고 했다. 이러한 경향을 요약하면 전문가가 전문가에 머물지 않고 일반교양가의 성격을 획득(獲得)하는 것이라 할 수 있다.

에도시대는 앞에서 말했듯이 평화로운 사회에서 전혀 전쟁이 없었기 때문에 전쟁을 직업으로 하는 무사는 '기댈 언덕이 사라져 아무 것도 할 수 없는 상황'과 같이 그 존재의의(存在意義)가 희박해져 자연소멸(自然消滅)했으리라고 생각되지만, 사실은 그렇지 않고 무사는 여전히 무사로서 자기를 주장하고 결코 상업인·농업인·공업인·일반 백성(百姓) 등에 융화되지 않았다. 즉, 에도시대의 무사는 바쿠후의 번체제(藩體制) 중에서 관료(官僚)로서 그 존재의의(存在意義)를 찾았다.

나카에 토쥬(中江藤樹)의 문무일원론(文武一元論)이 여기서 의미를 가져왔다고 생각되지만, 문무(文武)가 애초 하나라면 무관(武官)이 문관(文官)이 되며, 문관이 무관이 되더라도 조금도 이상하지 않다.

다만 조건이 하나 있다. 그것은 나카에 토쥬의「문무합일명덕(文武合一明德)」이라고 불리는 문무(文武)가 합일된 밝은 덕을 갖춘 인간이 되어야 한다는 것이다. 여기에 일반교양가 (generalist:박학다식한 사람)로서의 수양이 필요하다.

(4) 인간의 품평(평가)

나가에 토쥬의『오키나문답(翁問答)』에는 무사의 인품(人品)을 평가하는데 상·중·하의 3단계가 있다고 한다. 그것은 다음과 같이 분류한다.

① 명덕(明德:사람의 마음에 본디 가지고 있는 밝은 덕성)이 충분히 분명하여 명리사욕(名利私慾)에 번민이 없고, 인의(仁義)의 대용(大勇)이 있어 문무가 함께 갖추어져 있는 것을 상(上)으로 한다.

② 명덕(明德)은 분명하지 않더라도 재보이욕(財寶利慾)의 번민이 없고 공명절의(功名節義)를 익히고 지키는 것을 중(中)으로 한다.

③ 표면상으로 의리를 내세우고 마음에는 재보이욕, 입신(立身)만을 탐하는 것을 하(下)로 한다. 이 하품에는 수상한 자들이 많이 행세하고 다니기 때문에 똑바로 정신 차려서 사람을 구별하지 않으면 안 된다.

그리고 인물을 분별하기 위해서는 검토의 요점으로서 다음 3가지가 있다. 그것은「덕과 재능과 공」의 3가지이다. 이 3가지에도 각각「상·중·하」의 3단계가 있다.

① 덕(德:공정하고 표용성이 있는 품성)은 문무합일(文武合一)의 명덕(明德)이다.

② 재능(才能)은 천하 국가의 정무(政務)를 집행하는 문예, 무예의 재지예능(才智藝能)을 말한다.

③ 공(功:공로 또는 공력)은 천하 국가의 행정(行政)의 공(功)을 쌓아 봉공분주(奉公奔走)의 공(功)을 이루고, 또는 천하 국가의 난(難)을 평정하고, 또는 천하 국가를 위한 일을 처음

만들어내고, 혹은 대적(大敵)을 멸망시키고 무공(武功)을 세우는 등의 모든 공이다.

이러한「덕德과 재능才能과 공功」의 3가지를 검토의 핵심으로 정하고 상·중·하의 등급에 따라서 거기에 상응하는 관직(官職)에 임용하는 것이 인재등용(人材登用)의 방법이라 할 수 있다. 그리하여 나카에 토쥬가 말하고 싶은 것은 "재(才)도 공(功)도, 덕(德)을 근본으로 하고, 덕(德)은 중화(中和)로서 큰 근본이다"로 아무리 재능이 있고 공적이 있더라도 덕(德)이 그 근본에 없으면 안 된다는 점이다.

덕(德)이나 명덕(明德)이라는 것은 오늘날의 단어로 보면「인간의 완성」으로 바꾸어도 좋을 것 같다. 교양가로서는 일반교양이나 고전교양에 노력하는 것은「도(道)」의 추구에 잠재하는 마음 모두가「인간의 완성」을 위한 것이며,「덕」이나「명덕(明德)」을 위한 것이며, 교육칙어에서 말하는「덕기(德器:어질고 너그러운 도량과 재능을 가진 사람)의 성취」이다.

재능이나 공덕은 전문가라면 누구라도 그 사람 나름대로 발휘할 수 있을 것이다. 그러나 재능(才能)이나 공(功)만의 단계에서 머무르는 한 무관(武官)은 무관의 틀을 벗어나지 못하며, 문관(文官)은 문관의 틀을 벗어나지 못할 것이다. 문과 무가 하나의 뿌리로 이어지기 위해서는 여기에「명덕(明德)」이라는 인간의 완성을 향하여 한발 앞서 가야만 한다.

문무(文武)는 같은 뿌리로 문무일원론(文武一元論)을 주장하는 근저(根底)에는 '인간완성(人間完成)'이라는 과제가 부여되어 있으며, 무사도(武士道)는 당연히 인간완성을 지향하였던 것이다. 야마오카 텟슈가 말하는「무사도」는 전문가로서의 검(劍)의 기술이 불교(禪)를 통하여 일반교양인의 정신수양(精神修養)에 의해 '인간완성'에 도달한 것이다.

야마오카 텟슈(山岡鐵舟) 자신의 생애에서 보면 그것은 메이지 13(1880)년 3월 30일의 대오철저(大悟徹底)에 의해서 일단의「인간완성」을 보았을 것이다.

17년 동안의 아사리 마타시치로(淺利又七郞)의 검(劍) 끝이 신경 쓰이지 않게 되었을 때, 그리고 텐류지(天龍寺)의 테키수이 화상(滴水和尙)으로부터 선(禪)의 면허를 허가받았을 때 야마오카 텟슈의 문무양도(文武兩道)는 동근일원(同根一元:같은 뿌리와 한 근원)이 되었다.

그러한 배경이 없었다면 야마오카 텟슈가 어떻게 무사도강화(武士道講話) 등을 할 수 있었을까?

(5) '무(武)'의 극치: 겨루기의 윤리

검(劍)을 소지하지 않은 무사(武士)는 없고, 검도(劍道)를 떠나서 무사도를 논하는 것은 관념론(觀念論)에 그치고 만다. 검(劍)의 지극(至極)한 뜻은 인간의 지극한 뜻이며, 검(劍)의 완성(完成)은 인간의 완성이기 때문이다.

그런데 야마오카 텟슈가 1880년 3월 30일에 홀연히 깨닫는

제9장 텟슈의 문무양도의 사상: 카츠베 마타케(勝部眞長)編輯

바가 있어 아사리 마타시치로의 검(劍)끝이 신경쓰이지 않게 되자, 후배 코테다 야스사다(籠手田安定)를 불러서 도장에서 겨루었을 때 코테다는 즉시 죽도를 던져 버렸다.

그리고 아사리 마타시치로를 초대하여 자세를 보여주었다고 한다. 이 부분은 명료하지 않지만 일설에는 아사리와 텟슈가 겨루었을 때 아사리는 "이제 됐다"고 하면서 즉시 면허를 주었다고 전해졌으며, 다른 설로는 아사리는 그 당시 생각하는 바가 있어 검을 손에 대지 않고 있었다. 그래서 곁에서 단지 야마오카 텟슈의 자세를 보고서 면허하였다고 한다. 또는 이때 텟슈와 겨루기한 후 그 이후 일절 검을 잡지 않았다고도 말하므로 그 이상은 알 수 없다.

그것은 아사리가 메이지의 폐도령(廢刀令) 이후부터는 검을 손에 잡지 않았다는 것이 진상이 아닐까? 그리고 텟슈의 자세를 한 눈으로 보고서 즉시 납득하였던 것은 아닐까?

싸우지 않고서 서로의 힘과 기술을 알고 겨루기만으로 검을 당겨서 거둔다는 실례는 얼마든지 있었다.

근세 검도의 원조라고도 불리는 카미이즈미 이세노카미노부츠나(上泉伊勢守信綱)가 타키코죠(瀧御所)와의 시합 때도 진검(眞劍)으로 상단(上段)과 중단(中段) 자세를 보이고 일각(一刻)만에 서로 인사하고 헤어졌다고 전해지고 있다.

바쿠후 말기에는 시라이 토루(白井亨)와 그 스승 테라다 무네아리(寺田宗有)와의 시합도 또한 시마다 토라노스케(島田虎

之助:카츠 카이슈의 스승)와 그 스승인 오타니 노부토모(男谷 信友:카이슈의 큰 숙부)와의 시합도 서로 겨룬 채로 싸우지 않고 검(劍)을 거두었다고 한다.

이러한 시합의 전형적인 것은 에도 중기의 병법자(兵法者)로 하리야 세키운(針谷夕雲)과 그 제자 코이데 기리이치운(小出切一雲)과의 시합은 지극한 뜻이라고 했다. 스승이 제자에게 인허(認許)를 줄 것인가 말 것인가를 시험하는 시합일 때 서로 싸우지 않고 검(劍)을 거둔 것이다.

기량(伎倆)이 백중(伯仲:실력이 비슷함)하여 누구라도 나아가거나 물러설 수도 없는 채로 마주하고 있으면 투쟁심(鬪爭心)이 사라지고 만다. 이것을 「겨루기」라고 이름을 붙이고 있다.

겨루기 당일은 세키운(夕雲)이 어떻게 하셨는가, 앞가슴에서 염주를 꺼내고 나를 향하여 향을 피우며 바라보셨다고 코이데 기리이치운(小出切一雲)은 기술하고 있다.

하리야 세키운은 우에노쿠니(上野國:도쿄도에 있던 옛 나라) 하리야(針谷)라는 곳의 사람으로서 하리야 고로우에몬(針谷五郞右衛門)이라 칭하였다. 일생 낭인으로서 보냈지만 만년에 세키운으로 칭하며, 에도(江戶:도쿄)의 핫죠보리(八丁堀)에 안주하며 70여세에 병사하였다.

앞의 시합도 세키운이 70세, 이치운이 34세 때의 일이다. 세키운은 그러나 일설에는 키슈(紀州:키이 지방 지금의 오카야마·和歌山縣) 토쿠카와가(德川家)로부터 비밀히 봉록을 받았다고 한다. 일생 중 다른 유파(流派)와의 진검승부를 52번하여 한 번도 지지 않았다고 한다.

세키운의 제자 2,800명 모두 신카게류(新陰流)였다는 것은 세키운의 스승인 오가사와라 겐신(小笠原玄信)이 신카게류(新陰流)였기 때문이다. 그러나 세키운은 50세부터 세키운류(夕雲流)를 만들었다고 한다.

이것은 소설이지만 요시카와 에이지(吉川英治)의 『명문비첩(鳴門秘帖, 한국 고려문화사에서 1994년 8월 발행 번역판이 있음)』에는 쥬야마 고베에(十夜孫兵衛)라는 세키운류(夕雲流)의 하인이 등장한다. 어쨌든 「겨루기」라는 표현을 검도에 있어서 사용한 것은 후에도 앞에도 세키운류가 처음일 것이다.

검도도 병법(兵法)도 애초에는 투쟁을 위한 것이다. 인류사회는 사회철학(社會哲學)의 아버지인 토마스 홉스(Thomas Hobbes)가 말한 것처럼 「만인이 만인의 적(敵)인 상태」로 상호 끝이 없는 투쟁사회이다.

그러나 세키운류에는 그러한 투쟁심(鬪爭心)이 드러나는 승부를 염두에 두고서 서로 베는 것을 「축생심(畜生心:사람답지 못한 짐승같은 마음)」 병법이라 한 것이다.

투쟁이라는 것은 축생(畜生)의 마음으로 승패에 집착하는 것은 야비하다. 또한 실제 문제로서 이기려고 한다면 도리어 이길 수 없는 것이다.

승패에 구애받지 않고 그리고 투쟁을 극도(極度)까지 밀어붙이면 기량(伎倆)이 백중(伯仲)하여 투쟁은 해소되어「겨루기」가 될 수밖에 없다. 언제까지 마주하더라도 이쪽은 상대를 베지 못하고 상대도 이쪽을 베지 못하는 사이에 투쟁심은 사라지고 만다. 이것이 투쟁의 극치이고 검의 지극한 뜻이며, 야만적인 투쟁을 문명・평화로 새롭게 바꾸는 경계이다.

나카에 토쥬(中江藤樹)가 무(武)는 "창을 세운다"로서「무(武)의 극치」는「문(文:평화)」으로 전환(轉換)하는 것이 검술자・병법자의 실천 중에서 실증된 것이다.

무(武)를 처음부터 포기하고 버리는 것이 평화가 아니다. 어디까지라도 무(武)를 끝까지 파고들어 무(武)와 무(武)가「겨루기」가 되었을 때 평화가 생기는 것이다.

상대가 있으면 투쟁이 있는 것이 현실세계이나 여기에 겨루기를 실현시키는 것에 인류적 희망이 있다고 할 수 있다.

3. 메이지 지도자층의 무사적 교양

(1) 민족의 흥망과 식자(識者)의 예언(豫言)

나츠메 소세키(夏目漱石)의『산시로(三四郎)』라는 소설의 시작 부분에 주인공인 산시로가 쿠마모토(熊本)에서 고등학교를 졸업하고 도쿄에 있는 대학에 들어가기 위한 상경시 기차 안에서 콧수염이 있는 남자와 같이 앉아 다음과 같은 대화를 주고받는 부분이 있다.

"자네 도쿄가 처음이라면 아직 후지산을 본 적이 없을 것 같은데, 곧 보이니까 구경하게나. 저것이 일본 제일의 명물이네. 저것 말고 외국에 자랑할 것은 아무것도 없네. 그러나 저 후지산은 천연자연으로 옛날부터 있었던 것이라 보여줄 방법이 없다네. 우리들이 만든 것이 아니네"라고 하며 싱글싱글 웃었다.

『산시로』는 러일전쟁(1904년 2월 8일~1905년 9월 5일) 이후, 이러한 인간과 만날 줄은 생각지도 못했다. 아무래도 일본인 같지 않았다.

"그러나 지금부터는 일본도 점점 발전하겠지요"라고 변호(辯護)하자, 그 남자는 맑은 소리로 "망하겠지"하고 말하였다.

옛날, 학생 시절에 『산시로(三四郎)』를 읽었을 때 나는 별로 이 부분을 생각 없이 읽고 지나쳤지만, 패전 후 지금 이 부분을 읽으면 이 '망하겠지'의 한마디가 묘하게 신경 쓰인다.

왠지 소세키의 예언 — 예언이라고 하면 지나친 생각일지도 모르겠지만 적어도 소세키의 기우(杞憂)가 맞고 말았다는 느낌이 들어 어쩔 수 없다.

『산시로』라는 소설이 아사히신문(朝日新聞)에 게재되기 시작한 것은 메이지 41(1908)년이었으나 마침 러일전쟁에서 승리하고 2, 3년이 지난 후였으며, 소세키 정도의 구안(具眼:식견과 안목을 갖춘 자)의 의사(義士)에게는 이미 일본의 장래가 위험하여 이대로 간다면 망할지도 모른다는 생각이 소설 중의 인물의 입을 통하여 '망하겠지'라고 말한 것인지도 모른다.

러일전쟁에 어쨌든 왜곡되었더라도 이겼다는 것이 일본 국민 전체로서는 뭔가 상당히 우쭐해져 착각에 빠지게 한 계기가 되었던 것이 아닐까? 또한 일본 경제의 아버지라 불리는 시부사와 에이이치(澁澤榮一)에게 이러한 이야기가 전해지고 있다.

러일전쟁이 끝나고 승리를 축하하는 연회가 개최되었을 때 어떤 윗자리에서 시부사와 씨가 축배를 들면서 통절히 술회하면서 "일본이 이번 러시아에게 한방 먹인 것이 도리어 후일을 위한 좋은 것인지 모르겠다"고 한 것이다. 이겼다고 들떠있는 좌중은 이 한마디에 한순간 숙연해졌다고 한다.(安岡正篤 著 『經世瑣言』, 127쪽)

이 이야기가 정말이라면 시부사와 에이이치의 눈에도 러일전쟁의 승리 직후에 뭔가 일본의 전도(前途)에 대하여 일말(一抹)의 불안을 느꼈던 것일까? 아니면 전쟁 때의 재정(財政)을 얻기 위하여 외국에 가서 고생한 시부사와에게는 표면의 승리 뒤에 감추어진 진상을 알았기 때문에 그것을 확실하게 공표할 수 없는 안타까움이 그러한 말을 한 것인지도 모른다.

이것은 나의 무지의 사추(邪推:못된 의심의 추측)일지 모르지만 아무래도 나에게는 러일전쟁의 진상이라는 것이 국민의 눈을 속이고 있다는 생각이 들어 어쩔 수 없다. 적어도 러일

전쟁이 일본의 역사에 있어서 가지는 의미를 다시 한 번 재검토해 보아야 한다고 생각한다.

그리고 이토 히로부미(伊藤博文)가 쓴「일본민족의 장래(大和民族の將來)」라는 제목을 붙인 담화필기(談話筆記)의 문장이 전해지고 있다.

「우내(宇內:온 세계) 각 방면의 인류의 생존경쟁은 날마다 한층 더 격렬해진 19세기에 있어서 우리 제국이 겨우 40년 만에 이러한 장족의 발전을 이룬 것은 우리들도 모두 깜짝 놀랐던 것이다.

메이지 유신 5년 전인 1863년에 이토 히로부미는 이노우에 카오루(井上馨)와 함께 처음으로 영국을 방문하여 그 문물의 찬란함을 목격하였다. 이른바 주(周나라)의 문명은 그 내실이 서양에 있어서 실행되었다는 것과도 과언이 아니라고 생각하며, 이후 존황개국(尊皇開國)을 위하여 일신(一身)을 희생하겠다고 결심한 그들이라 할지라도 이를테면 천수(天壽)를 유지하는 것도 사람들이 생존하는 가운데 이러한 좋은 성적을 올릴 것이라고는 예상하지 못했다. 그러면 앞으로는 어떠한가? 인지(人智)는 애초부터 한계가 있다. 200년, 300년의 후를 예상할 수 없기 때문에 우리들은 우리들의 사려(思慮)가 미치는 모든 것을 다하여 장래를 위하여 최선이라고 믿는 조치를 취하고 후일의 현자(賢者)를 기다릴 뿐이다. 그렇게 하더라도 한심(寒心)하여 견딜 수 없는 것은 일본 국민들의 태도이다.

국민으로서 애국심도 없고 자중심(自重心)도 없는 것은 물론 논하기에 부족하다고 하더라도 이른바 작은 성취(小成)에 안주하여 원대한 지망(志望:뜻하여 바람)을 잊고 일본민족은 인류 성쇠(盛衰)의 원칙 이외에 서있는 일종의 특별한 인종과 같은 마음가짐, 타국의 정당한 권리와 이익을 무시하고 방약무인(傍若無人:주위 사람을 무시하고 제멋대로 행동함)한 행위를 한다면 나라를 망하게 하는 것은 불을 보듯 명확한 일이다. 옛날부터 교만한 자는 그저 개인에 대하여 한정할 뿐만 아니라 국가에 대해서도 움직이지 않는 불변의 진리이다.

역사를 되풀이하여 성쇠의 흔적을 보면 국가가 멸망하는 것은 타인에 의해 멸망되는 것이 아니라 대개 스스로 자초하여 망하게 되는 것이다.

우리 일본 국민과 같이 이 도리를 충분히 이해하여 상하협력(上下協力)하고 사사물물(事事物物)의 이해득실(利害得失)을 타산(打算)하여 그 처치를 바르게 한다면 국가사회가 격렬한 경쟁장에 서더라도 국가를 태산안녕(泰山安寧)에 놓을 수 있다. 부디 우리 국민이 주의해야 할 경어(警語:경계할 말)는 "큰 나무 바람 잘날 없다(喬木風多)"의 한 구절이다.(小松綠『伊藤公直話』, 274쪽).」

이것도 러일전쟁의 직후인 것이 틀림없다. 이것은 이토 히로부미(伊藤博文)의 노파심의 친절한 충언이 지금에 와 생각하면 하나하나 지당하며, 게다가 이토 히로부미의 사망후 일본이 걸어간 한발 한발은 모두 이 충고에 등을 돌린 걸음이었다는 것을 나는 애석하게 생각한다.

아마도 그 시절(러일전쟁 직후) 학식과 견문이 있는 사람(識者)의 눈에 이렇게 확실하게 알고 있으면서 일본의 파멸을 피할 수 없다는 것은 운명인가 숙명인가 인과(因果)인가?

러일전쟁 직후 이미 만주의 이권을 둘러싸고 승리에 만취한 일부 군인의 전단횡포(專斷橫暴:마음대로 결정하고 단행하는 횡포)가 시작되어 이토 히로부미와 사이온지 긴모치(西園寺公望, 1849~1940) 등의 정치가의 머리를 아프게 했다는 것이 이토 히로부미의 비록(祕錄) 안에 있는「전후의 만주문제:메이지 39(1906)년 5월 22일 에이다쵸(永田町) 수상 관저의 원로대신 회의의 속기록」문서에서 엿볼 수 있다.

즉 군부는 만주(滿洲)에 군정서(軍政署)를 설치하고 만주의 이권를 독점하여, 중국과 영국·미국의 이권을 부당하게 배제하려고 도모하였다.

그 이후 서서히 우리 일본인들이「일종의 특별한 인종과 같은 마음가짐」, 또한 신국(神國)의 국민이다. 그리고 팔굉일우(八紘一宇:전 세계가 하나의 집)라고 한 것이다.

이 팔굉일우(八紘一宇)는 고노에 후미마로(近衛文麿) 총리가 1940년 세계정복을 합리화한 구절로 성전(聖戰)을 주장하며「타국의 정당한 권리와 이익을 무시하여」, 만주에서 북지(北支)·중지(中支)·남지(南支), 그리고 인도차이나(Indochina:베

트남, 라오스, 캄보디아 3국)・타이(Thailand) 등으로 침략의 길을 걷는 '방약무인(傍若無人:마치 제 세상인 것처럼 거리낌 없이 함부로 행동함)한 행위를 하여' 세계의 여론을 무시하므로 마침내 국가를 망하게 한 것은 우리 일본 스스로의 소행이다.

"국가가 멸망하는 것은 타인이 멸망시키는 것이 아니다." 정말로 육국(六國)의 진(秦)을 멸망하게 하는 것은 육국이며, 일본을 멸망시킨 것은 미국도 소련도 아니며, 실지 일본인 자신이다. 국제적으로 생존경쟁의 격렬한 이 20세기에 있어서 우리 일본인들의 태도와 생각도 실로 유치하고 치졸하였다.

이토 히로부미(伊藤博文)도 다른 부분에서 "우리 일본처럼 질서가 없고 어지럽기 짝이 없는 국가는 대부분 자각과 인식의 도리가 없는 것과 같다. 다만 우리나라는 유치하다는 한 마디로서 이것을 가릴 수밖에 없다"고 말하고 있으나, 우리 일본인이 세계 중에서도 다양한 좋은 성품을 가지고 있으면서 결국 유치하다는 자각과 인식을 늘 가슴에 새겨두어야만 하였다.

「도리를 이해하고 이해득실을 타산하기」가 지나쳤기 때문에 포츠담선언(1945년 7월 26일, 제2차 세계대전 막바지에 독일 베를린 교외 포츠담에서 열린 연합국 정상회담 중 발표한 연합국의 대일對日 공동선언)에서 지적된 대로 무분별한 타산에 의해서 「이성(理性)의 도(道)」를 잃어버린 것이었다.

전쟁 전에 그러하였을 뿐만 아니라, 전쟁 후의 지금에 와서

도 더욱 우리들의 생각과 태도에는 구태의연한 것이다. 그러므로 세계의 노련하고 교활하며 달관한 사람이 보면 아주 낙관적인 대응으로 허술하고 허점투성이뿐 아닌가?

사람도 집도 국가도 하향의 내리막길 상태가 되었을 때 정말로 방법이 없는 것 같다.

(2) 한학의 교양

앞에서 나는 나츠메 소세키(夏目漱石), 시부사와 에이이치(澁澤榮一), 이토 히로부미(伊藤博文)를 인용하여 이미 65년 전에(1906년~1912년·메이지시대) 그들이 일본의 지금을 이미 예언하고 있었다는 것을 언급하였다.

위의 3명은 문예·경제·정치로 각각 전문은 다르지만 모두 당시에 있어서의 일본의 지도적 인물이다. 식견과 풍격도 독특한 안목을 갖춘 인물이었다.

그러나 이러한 메이지시대의 인물, 이른바「메이지의 인간」에 무언가 공통되는 것이 있지 않았을까 나는 생각해 보았다. 각각의 전문도 다르며, 등용도 성장과정도 삶의 방식도 다른 사람들이지만 뭔가 공통적인 것이 있지는 않았을까?

그렇게 생각하여 지금 나에게 생각이 미치는 것은「한문서적의 소독(素讀:밝게 읽음)」이라는 것이다. 다른 말로 말하면 이 사람들은 그 어린 시절에 한학(漢學)으로 단련된 경험을 가졌다는 것이다.

나츠메 소세키가 그의 만년이 가까워지면서 한시(漢詩)를 짓는데 열중하였다는 것은 주지의 사실이다.

이토 히로부미가 슌포(春畝)로 호를 짓고 모리 카이난(森槐南, 1863~1911:메이지 시대 한문시단漢文詩壇의 제일인자)의 저서인『고시평측론(古詩平仄論)』을 곁에 두고서 부단히 한시를 짓는데 정진한 것도 유명한 사실이다.

시부사와 세이엔(澁澤靑淵) 옹(翁)이 논어(論語)를 중요시하여 '논어-주판합일론(論語-珠板合一論)'을 설명하여 경제와 논리를 결합시키려고 논어의 강석(講釋)을 스스로 행한 것도 아는 사람이 많다. 그리하여 이 사람들에 있어서는 한시(漢詩)와 논어가 생애의 마음의 의지처가 되었던 것이다.

내가「메이지의 인간」에 공통하는 것으로서 한학의 교양을 예로 드는 것은 이러한 의미로 말하는 것이다.

(3) 쇼와(昭和)의 교양

이러한 것을 내가 말하는 데는 약간의 이유가 있다. 그것은 쇼와 23(1948)년말에 스가모(巢鴨)구치소에서 교수형에 처해진 A급 전범들의 유서(遺書)라고 할까, 죽음의 시구(詩句)라고 할까, 여하튼 최후를 맞이하여 글로서 남긴 것을 신문지상에서 읽고서, 나는 마침 그곳에서 언급한「한학(漢學)의 소양(素養)」이라는 것이 결여(缺如)되어 있다는 것에 새삼스럽게 깨닫고 놀랐기 때문이다.

「한학의 소양」이라고 말하지 않더라도 일반적인 발구(發句)나 작시작가(作詩作歌)라지만 밑바탕이 전혀 없는 점에서 완전히 아마추어라는 것을 알았기 때문이다.

전범자로 처형된 7명 중에서 히로타 코우키(廣田弘毅)는 군인이 아니라 문관이었으나 이 사람만은「자신은 전혀 문학의 소양이 없기 때문에」라는 이유로 카잔(花山:감옥소)의 교회사(敎誨師:가르침의 선생)에게도 아무런 유서다운 것을 전하지 않고 "유유묵묵(唯唯默默:말없이 시키는 대로 순종함)하게 죽었다고 전해주세요"라고 말하였다.

이 히로타 코우키의 말에 나는 도리어 충격을 받았다. 능히 나를 아는 자라고 해야 하지 않을까라고? 내가 이러한 말을 꺼냈다고 해서 독자여, 오해하지 말기 바란다. 나는 어디까지나 사자(死者)에게 매질할 생각은 털끝만큼도 없다. 오히려 사람의 평가는 죽음으로써 비로소 결정된다고 하기에 지금은 없는 장군들을 논함으로써 우리들「쇼와(昭和)의 인간」을 자아 비판하는 하나의 구실을 만들기 위한 이야기에 지나지 않는 것이다.

여기에 나는「메이지(明治)의 인간」과「쇼와(昭和)의 인간」과의 차이를 생각하고자 한다. 그리고 상세하게 말하면 청일·러일전쟁의 지도자와 이번의 태평양전쟁(太平洋戰爭·1941년부터 1945까지 벌어진 연합국과 일본 사이의 전쟁) 지도자와의 차이가 어디에 있었는가를 살펴보려고 한다.

(4) 전쟁 지도자로서의 카츠라 타로(桂太郎)

러일전쟁 당시의 수상으로서 그 전쟁 수행을 담당한 것은 카츠라 타로(桂太郎)이지만, 이 카츠라에 대하여 객관적으로 전하고 있는 것은 독일의 『Erwin von Balz의 일기』이다.

외국인 의사(doctor)로서 궁중에 출입하며 일본국의 대관요인(大官要人)들과 폭넓게 교섭을 가진 에르빈 폰 발츠(Erwin von Balz)는 상당한 흥미를 가지고 러일전쟁의 과정과 일본인의 태도를 냉정하게 관찰한 것 같으며, 그 관념의 느낀 부분을 그의 「일기」에 기록하고 있다. 일기에는 외국인이 아니면 불가능한 관찰이 있다.

【메이지 37(1904)년 9월 27일(도쿄)】

밤, 독일공사관에서 카를르 안톤 전하를 위하여 성대한 연회가 있었다. 일본 황족의 미야전하(宮殿下), 비전하(妃殿下)를 처음으로 모시고 일본의 문무현관(文武顯官:문무의 높은 관직자) 모두 열석(列席)하였다.

나는 공사관 관계자 이외의 유일한 독일인이었다. 연회 후 카츠라 타로(桂太郎) 수상과 오래 이야기하였으나 수상의 외모에서 이분의 일년이라는 다난한 시대의 편린조차 느낄 수 없었다. 변함없이 건강에 차서 넘치는 둥근 얼굴의 친근감이 있는 유쾌한 인물이다. 본직(本職)은 군인이지만 오늘 밤은 장관(將官)이 아니라 수상으로서 초대되었기 때문에 문관(文官)

의 예복으로 출석하고 있는 것이 눈에 띈다. 이와 반대로 예비역 사관에 불과한 독일 공사관(公使館)은 군장(軍裝)을 착용하였다. 일본 측의 해석방법은 분명히 정확하다.

나는 카츠라 수상에게 오늘 신문에 친독적(親獨的)인 기사가 기재되어 기쁘다고 말했다. 수상이 말하기를 "훨씬 이전에 여론을 일변시키려고 모든 노력을 기울이고 있으나 나는 신문에 대해서는 무력하다. 그리고 법률상으로는 아무래도 간섭이 불가능하다. 사실, 출판의 자유는 존재하기 때문이다." 이것은 카츠라 수상의 본심이라고 생각한다.

카츠라 타로 수상은 오랫동안 독일에서 생활하고 유창하게 독일어를 말하며 늘 개인적으로는 독일에 호의를 보이고 있기 때문이다.

수상은 더 계속해서 말하였다. "신문의 일은 그다지 진지하게 받아들여서는 안 된다. 나도 가능하다면 전쟁을 피하려고 하지만 오랫동안 오늘처럼 매국노·비겁자의 오명을 감수하지 않으면 안 된다. 나(카츠라 타로 수상)는 하루 100통이 넘는 협박장을 우편으로 받은 날도 며칠인가 있었다. 오늘밤의 일도 아마「다음 날은 시체」를 각오하며 참석한 것이다."(岩波本「ベルツの日記」下卷 30쪽)

이 일기의 단편에 그려지고 있는 카츠라공(桂公)의 옆얼굴에서 독자는 무엇을 느꼈을까? 앞의 이토 히로부미도, 이 카츠라 타로도 그 당시 메이지시대에 있어서는 반드시 평판이 좋은 정치가는 아니었다. 나의 아버지조차도 메이지 시대의 인간이었으나 "이토는 여벽(女癖)이 좋지 않고, 행의(行儀)가 좋지 않다, 소인(小人)이다" 등 나쁘게 이야기하였으며, "카츠라(桂)는 야마가타(山縣) 공(公)에 아첨하는 요물이다" 등으로 헐뜯는 것을 나는 어린 마음으로 듣고 기억하고 있다.

당시 일반적으로 정치가와 군인의 가정생활은 혼란스러웠으며, 소행의 악평이 멈추지 않는 이러한 점은 쇼와의 인간 쪽이 오히려 그럴싸하게 좋았으며, 사생활의 결점을 드러내지 않고 진보하고 있는 정도이나 때에 따라서 소염곡근(小廉曲謹: 사소한 일과 잘못을 삼가함)의 비난을 면치 못하는 경우도 있었다. 메이지 시대의 지식인들 사이에서는 특히 이토나 카츠라도 세평이 명예스럽지 못하였으며 영웅시되지도 않았다.

대체로 정치가로 불리는 것은 그 시대에 평판이 좋은 자는 가짜이며, 그 시대에 증오(惡)의 역을 맡고 나쁜 놈으로 불리는 것이야말로 오히려 후세의 식자로부터 평을 받는 것인지도 모른다.

어쨌든 이토도 카츠라도 큰 인물은 아닌 것으로 평가되었으며, 나도 이제 와서 그들을 영웅시하여 찬양하려는 생각은 조금도 없다. 다만 나는 가능한 공평하게 객관적으로 메이지의 인물과 쇼와의 인물을 비교 평가하려고 시도하는 것이다.

그리하여 전자와 후자를 저울에 달아 보면 전자 쪽이 엄청나게 무겁고 인물로서 묵직한 무게를 느끼는 것 같다고 보는 것에 불과한 것이다. 그다지 중요한 인물이 아니라고 알려진 카츠라 타로조차도 이번 전쟁의 지도자와 비교하면 당연히 평상시의 심술(心術)에 있어서 현격한 차이가 있다는 것을 나는 발츠(Balz)의 일기에서 느끼게 되는 것이다.

(5) 여론 지도의 교졸(巧拙:교모함과 졸렬함)
독일인 의사 발츠(Balz)의 일기에 나타나듯이 러일전쟁이 한창일 때의 수상 카츠라 타로는 '변함없이 건강에 차서 넘치는 듯한 둥근 얼굴의 친근함이 있는 유쾌한 인물'로서 남의 눈에 비쳤을 정도로 유유하게 행동하여 소국 일본의 운명을 걸고서 대국 러시아와 힘든 전쟁을 감행한 것은 안으로는 경제상태가 빈궁한 정부를 등에 업고서, '1년 동안이지만 이 분의 다난한 시대의 편린(片鱗·극히 작은 한 부분) 조차' 표정으로는 나타내지 않았다는 마음의 여유를 가지고 있었다. 여기에 전쟁지도의 대책임(大責任)을 지는 정치가의 심술(心術: 마음의 기술)을 볼 수 있다.

전쟁에 임하여 병사와 대장의 얼굴을 살피고 그것에 따라서 마음의 동요가 좌우되는 것이다. 전시중의 국민 대중도 같다. 이번 전쟁중 일본의 전쟁책임자에 해당하는 자는 때때로 심술(心術)을 잘못 사용하여 쓸데없이 대언장담(大言壯談)하든지 또는 히스테리하게 노호(怒號)하는 자가 많았던 것은 우리들의 기억에 또한 새로운 부분이다. 그러나 그것은 좋으나 아무래도 용서할 수 없는 것은 문무(文武)의 구별을 어지럽혔다는 것이다.

수상은 원래 문관이 맡아왔다. 이를테면 본직이 군인이라도 일단 정치가로서 묘당(廟堂:조정 군신들이 모이는 집)에 선 이상은 군복을 벗고 군도를 떼고 문관으로서 나아가야 하는 것은 저 2·26사건(二二六事件:황도파의 영향을 받은 청년장교들 1,483명이 천황중심의 정치를 하려던 쿠테타 미수사건)의 직후, 의회에 있어서 오자키 카쿠도(尾崎咢堂)가 일찍부터 충언(忠言)한 부분이 아니던가? 그런데도 이번 대전 중의 카츠라 수상은 군복인 체로 어디든지 출입하였다.

카츠라는 "본직은 군인이지만 오늘 밤은 장성이 아니라 수상으로서 초대받았기 때문에 문관의 예복으로 출석하였다"고 하는 것이 아닌가? 발츠도 또한 이 점을 주목하여 '카츠라의 해석 쪽이 정확하다'고 단정하는 것이다. 이것으로 본다면 일본국 정치의 암(癌)을 만든 군인의 정치관여(政治關與)라는 것도 메이지(明治) 때에는 쇼와(昭和) 때만큼 노골적인 방만(倣慢)은 없었던 것일까? 또한 전시(戰時) 국내의 여론지도(輿論指導)에 있어서는 어떠한가?

이번 대전(大戰) 중 군인 재상은 한 신문기자가 자기 마음에 들지 않는 기사를 썼다고 화가 나서 즉시 그 기자에게 징집영장을 발부하여 일개 병졸로서 전선으로 보내 버렸다는 것은 천하에 숨길 수 없는 사실이었다.

또한 당시의 체신원(遞信院) 총재와 공학박사 마츠마에 시게요시(松前重義)씨를 수상의 의견에 대항한다는 이유로 이 또한 병졸로서 전선으로 보내 버렸다. 이러한 것이 여론지도라 할 수 있을까?

발츠가「이것이 카츠라 수상의 진실한 이야기」로 믿고 있는 대로 카츠라의 여론지도는 "자신은 신문에 대해서는 무력하다. 그리고 법률상으로는 아무리 하여도 간섭할 수 없다. 사실 출판의 자유는 존재하는 것이기 때문이다"라고, 어쨌든 일본은 어느 정도의「언론의 자유」를 존중한다는 원칙을 가지고 있었다.

러일전쟁 당시는 우치무라 간조(內村鑑三)와 평민신문 등의 평화주의・반전사상도 어느 정도 공표를 허락받았으며, 요사노 아키코(與謝野晶子)의「형제여, 죽지말아주세요」의 노래도 발표할 수 있는 최소한의 자유는 있었던 것이다. 여기에 국민의 사기는 위로부터의 간섭받지 않음으로써 오히려 신장하였다.

(6) 동량(棟梁:한 나라를 이끌어 갈 중요한 인물)의 그릇

대개 일국의 정치의 최고 책임자는 이른바「동량(棟梁)」의 기재(器材)가 아니라면 적합하지 않다. 동량은 무엇인가? 건축재 중에서 '동(棟:용마루)과 량(梁:대들보)'은 중심이 되는 재료이며, 목수의 대목수나 병사의 대장은 통솔자(統率者)이다.

건축자의 동량은 목수로 도목수가 건축을 청부맡아 집을 세움에 있어서 다양한 장인·감독이라는 특수한 기능가(技能家)를 적당한 곳에 적당한 방법으로 잘 기용할 수 있어야 한다. 게다가 각각의 전문가를 존중하여 일을 맡기고 스스로는 전체를 통솔한다. 이러한 건축술이 동시에 정치 또는 전쟁지도의 최고 책임자의 심술(心術)과 일맥상통(一脈相通)하는 것이다.

대장의 통솔방법 여하에 따라서 일의 전체가 잘 진행된다면 곧장 따르게 된다. 따라서 대장은 무엇보다도 사람을 보는 통찰력이 있어야 한다. 이렇게 생각하는 것이 일본의 카마쿠라(鎌倉)·무로마치(室町)·센코쿠(戰國)·에도(江戶)의 각 시대를 통한 전통적인 일본 정치의 생각이었다.

이를테면『코요군칸(甲陽軍鑑)』은 카이(甲斐)의 타케다가(武田家)의 전략정치론(兵道의 玄玄)을 언급한 20권에 이르는 병서(兵書)로서 여기에는 앞과 같이 정치가의 심술(心術)이 상세하게 설명되어 있다.

또한 필자 소장의 고사본『야마모토 칸스케(山本勘助)의 세상문답(世上問答)』이라는 고서에서도 같은 취지를 엿볼 수 있다. 인용하면 이와 같다.

목수가 집을 세우는데 삼각자(定木)·직각금속자(曲尺)·먹통(金墨)·저울(天秤)로서 대당가람(大堂伽藍)과 천수각(天守閣)이나 가건물(家建物)을 세운다. 그 방법은 목수의 비사(秘事)이다.

그런데 그 집을 짓기 위해서는 기둥(柱)이 있으며 들보(梁)

가 있으며 판(板)이 있으며 벽(壁)・담(墻:울타리)이 있으며 지붕(屋根:옥근)이 있으며, 이들은 다 재목을 잘라 사용하므로 집이 된다. 이로서 본다면 우선 지도자의 동량은 가신과 고용인이 된다. 또한 기둥・판자의 종류라면, 군대의 봉행(奉行:받들어 행함)은 깃발봉행(旗奉行)・창봉행(槍奉行)・병사의 우두머리(頭目) 등 고용인이 된다.

 이것으로 먼저 동량의 나무로써 건물의 근본으로 하고, 기타의 재목을 모두 갖추어 이들을 사용하므로써 집을 짓는 것과 같다. …(중략)… 목수의 예측이 나빠 일에 손실을 입을 때는 기둥도 짧고 용마루도 세우지 못하고, 또는 대들보도 작으므로 이와 같아서는 집을 세우지 못한다.

 대장(大將)도 그 가신(家臣)을 선별하고 고용인을 모집함에 있어서도 사람을 보고 정하며, 다른 모든 고용인을 임명함에 있어 예측이 잘못되어서는 성취할 수 없다. 그런데 재목(材木)으로 기둥(柱)과 도리(桁)・평고대(平高臺:처마 끝에 가로로 놓은 오림목)와 같은 재목을 사용하는 것은 가신이나 고용인 모두 하급무사와 같은 마음으로 있게 되는 경우가 다반사다.

 또한 동량이 되어야 할 재목을 처마의 추녀(軒) 등으로 사용하기 때문에 너무 크면 이용할 수 없어 후에 내 버리는 것 같이 기량(器量)이 있는 무사를 하급무사로 만드는 것과 같다. …(중략)… 대장의 도(道)는 대장의 직분을 지키고, 가신(家臣)은 가신이 지켜야 할 직분이 있다. 대개 병도(兵道)는 그 근본으로 목수가 집을 짓는 것과 같다.

　이번 대전(大戰)에 있어서 일본국의 인적 자원배치는 엉터리였다.「도리(桁)나 평고대(平高臺)와 같은」작은 인물이 수상의 위치에 앉고, 참된 동량(棟梁)의 인재가 제1선으로 보내어져 동분서주하고, 혹은 헌병대에 의해서 구치(拘置)되어 음지에서 잠을 자고 있는 것이다.

　소인이 위에 서서 권위(權威)를 제멋대로 한다면 군자·대인은 오히려 시정(市井:인가가 모인 동네)·산림(山林)에 숨게 되는 것이다. 나는 여기서 러일전쟁에 있어서의 오야마(大山) 대장의 일을 생각한다.

　오야마 대장이 만주군(滿洲軍) 총사령관(總司令官)으로서 부임함에 있어서 해군대신(海軍大臣)인 야마모토 곤베에(山本權兵衛)를 향하여 "전쟁에는 반드시 승리하지만 언제 전쟁을 멈출 것인가가 중요하다. 그것은 자네들 내각에 있는 자가 심각하게 생각하지 않으면 안 되는 것이다"고 주의하였다는 것은 가장 음미해야 할 말이다. 무력(武力)으로 전쟁에 이기더라도 전쟁은 무력만으로 해결되는 것은 아니다.

　오야마(大山) 대장의 만주에 있어서의 전쟁방식을 보면 어떤 정치의 목적을 달성하기 위하여 어떠한 전쟁도 전승(戰勝)할 수 있을까라는 점의 작전을 짜는 핵심에 있었던 것은 아닐까 생각되는 내용이 있다.

　명장의 고심은 그저 승리하여 자랑하는 것에 있는 것은 아니기 때문이다.(岩淵辰雄, 『政界五十年史(1947)』) 이번 대전을 일으킨 일본측의 전쟁지도자는 전쟁을 시작하는 것은 알고 있었지만 전쟁을 끝내는 것은 알지 못한 것 같다.

자동차를 달리게 하는 것은 알아도 이것을 멈추게 하는 것을 알지 못하는 운전기사와 같이, 혹은 '열려라 참깨'라고 외치고도 바위문 닫는 것을 알지 못한 아라비안나이트 이야기의 인물과 같이 헛되이 끝도 없는 백년전쟁을 큰소리치다가 마침내 폐하(陛下)의 성단(聖斷)을 기다려 겨우 민족의 멸망을 면한 것이라 생각된다.

오야마(大山)씨는 만주군의 총사령부에 있어서 자주 앉아서 졸았던 것같다. 그리하여 때때로 참모총장인 코다마 겐타로(兒玉源太郎) 대장을 보고 "코다마씨 오늘은 어느 쪽에서 전쟁이 있습니까" 등 태평스럽게 정신나간 듯이 물었다고 한다. 만사를 코다마 참모총장에 맡기고 오야마씨 자신은 아무것도 하지 않고 멍한 얼굴로 있었다고 한다. 이 이야기가 정말이라면 나는 여기에 일본 무사도에 전래된 대장의 그릇을 본다. 이러한 것을 동량재(棟梁材)라고 한다. 원래 오야마(大山)라는 사람은 메이지 초기에 유럽으로 유학하여 포병술(砲兵術)을 배워 온 전문가이다. 그 당시에 있어서 포술은 근대병기였으며 정밀한 수학에 근거하였기 때문에 적어도 오야마씨는 결코 조잡하고 멍청한 두뇌의 소유자가 아니라 반대로 치밀하고 수학적인 두뇌를 가진 기술가(技術家)일 것으로 추측된다.

그 머리가 좋은 사람이 어떻게 무관심을 위장하여 승패에 일희일우(一喜一憂)하지 않고 허세도 부리지 않고 주저앉지도 않으며 강한 체하지도 않고 태연자약(泰然自若:마음에 충동을 받아도 동요함 없이 천연스러운 모습)하며 압박하지 않고 춘풍태탕(春風駘蕩:봄바람에 재갈 풀린 말같이 방탕함)하고 있었다. 적어도 옆에서 보기에는 그렇게 보인 것이다. 그래서 부하인 각 막료(幕僚)에서 병졸에 이르기까지 코다마를 걱정하여 각각 그 직무에 몰두하였다.

사실 후일에 오야마 씨는 전쟁 중, 무엇이 가장 힘들었는가의 질문을 받고서 "실은 전황(戰況)을 전부 알면서도 전혀 모르는 체하지 않으면 안 되는 그런 힘든 일은 없었다"고 술회하였다. 그리고 코다마 대장은 이 작전에 모든 정혼(精魂)을 일시에 쏟아부었기 때문에 정력을 소진하여 전후 얼마 되지 않아 사망하였다는 당시의 한결같은 소문이었다.

반대로 이번 대전(大戰)에 있어서의 군인재상(軍人宰相)의 행동은 어떤가? 이를테면 토죠 히데키(東條英機, 1884~1948) 대장은 그 한 사람이 수상·육상·참모총장·군수상(軍需相)의 4역을 한 몸에 안고 공전(空前:비교할 것이 이전에는 없음)의 권력을 독점하여 의기당당(意氣堂堂)한 사람이었던 것 같다. 그리고 아침 일찍 수상 관저를 나와 도로 곁의 쓰레기통을 급하게 엿보면서 민정을 살폈다고 한다. 그 심술(心術)이 무엇일까 고루하다.

지금의 내각의 기구를 교향악단에 비유한다면 수상은 필경 지휘자에 해당할 것이다. 지휘자는 다만 중앙에 서서 지휘봉을 흔들면서 전체를 지휘하고, 피아노·제2 바이올린·첼로·플루트·오보에·드럼 등의 모든 악기를 각각 적시에 적당하게 연주하게 함으로써 전체를 조화시키고 혼연일체(渾然一體)하여 모든 악기가 잘 어울리고 하모니를 이룰 수 있는 아름다운 교향악을 연주하는 것이 그 역할일 것이다.

그런데 수상이 한 몸에 4개의 대신의 의자를 차지하는 경우는 지휘자가 지휘봉을 휘두르고 동시에 피아노를 치고 바이올린을 켜고 플루트를 불고 드럼을 두드리는 것과 같이 거의 골계(滑稽:우스꽝스러움)라고 평가할 수밖에 없다.

대장인 자는 적당히 자리에 따라서 침착하게 군선편수(軍扇片手)로 지휘하면 되는 것이지 대장 스스로 창을 손에 쥐고 철포(鐵砲:대포와 소총의 총칭)를 쏘고 적과 대적하는 것은 타케다 신겐(武田信玄)이 아니라도 아직도 병법을 모르는 풋내기라고 말하지 않을 수 없을 것이다.

(7) 야마가타 아리토모(山縣有朋)의 조정술

야마가타 아리토모(山縣有朋, 1838~1922·의회제도 도입후 처음 총리)는 일본 육군의 건설자로서 또한 번벌(藩閥) 정치가의 두목·원흉으로 간주되어서 그만큼 자유민권론자(自由民權論自)를 뱀과 전갈과 같이 몹시 싫어했으며 증오한 것 같다.

나카에 쵸민(中江兆民)의 경우는 "야마가타는 작고 교활하다"며 일언지하(一言之下)로 폄하(貶下)하고 멀리하였다. 그렇지만 반면에 야마가타는 무골(無骨)로 일편단심의 사물의 도리를 모르는 사람인 몰분효한(沒分曉漢:도리를 분별 못하는 사람)은 아닌 것 같다.

쇼와(昭和:1926년 12월 25일부터 1989년 1월 7일까지의 일본의 연호)의 군인으로 무취미·무교양·협량의 직업군인으로 적어도 전쟁광은 아닌 것 같다. 야마가타는 가인(歌人)으로서 또한 정원 조성의 명수(名手)였으며 시인이었다.

"저녁 어스름에 흰구름 잠기는 계곡의 입구
안으로 한 줄기 드리우는 노을은
확실히 스가모(巢鴨) 낭인이 엿본 가경(歌境)인가?"

시인으로서의 야마가타는 코데 시엔(小出栖園)·이노우에 미치야스(井上通泰)에게 사사하고, 사사키 노부츠나(佐佐木信綱)·모리 오우가이(森鷗外)·카고 츠루도(賀古鶴所) 등과 함께 사회복지법인 상반회(常盤會)를 조직하고 일가를 이루었다고 한다. 그렇지만 내가 야마가타 공(公)에 감탄하지 않을 수 없는 것은 그의 조원술(造園術)의 묘수이다.

메지로(目白)의 춘산장(春山莊), 오이소(大磯)의 소도암(小淘庵), 교토의 무린암(無隣庵), 오다와라(小田原)의 고희암(古稀

庵), 코이시카와(小石川)의 신신정(新新亭), 코지마치(麴町)의 신춘산장(新春山莊)으로 그의 생애에 축정(築庭)한 명원(名園)은 적지 않다.

나는 교토에 가면 틈을 내어 무린암을 찾지만 어쩌면 이 정원은 공(公)의 걸작인 동시에 메이지시대의 대표적인 명원(名園) 중에 속할 것이다.

무린암(無隣庵)은 교토 난젠지몬젠(南禪寺門前)의 관개수가 흐르는 아스팔트의 큰 거리와 효테이(瓢亭:표주박 정자)가 있는 중간으로 삼각형의 지형을 이용하고, 배경으로 토산(東山)의 울창한 모습을 바라보며 동쪽을 향하여 만들어져 있다.

이 삼각형의 지형(약 950평)과 관개수를 이용하여 풍부한 폭포와 막힘없는 흐름을 만들어 지천(池泉)과 흐름을 종합한 회유정(廻遊庭)의 양식이 특징으로 메이지풍의 서양관(西洋館)과 함께 근대적인 정취가 밝게 빛나 재미있다.

원래 실제의 시공(施工)한 것은 「식치자(植治者)」오가와 지베에(小川治兵衛)라는 사람이지만 그러나 전체의 경영은 착상부터 본정(本庭)의 부지분할, 전문 장인의 지도, 목석(木石)의 선정에 이르기까지 야마가타 공(公) 자신이 시도한 것으로 어디까지나 공(公)의 창작이라 하지 않을 수 없다. 여기에는 종래의 일본고래의 정원에 보이지 않는 자연주의라고 할 새로움이 나타난다.

야마가타(山縣)가 정원사가 되었다면 아마 일본 제일의 정원사가 되었을 정도로 그 쪽 전문가 사이에 공의 조원기술은 정평이 있는 것으로 사람에 따라서는 텐류지(天龍寺)의 정원과 사이호우지(西芳寺)를 만든 무소국사(夢窓國師)의 전설적인 명수(名手)에 공(公)의 솜씨를 비견하여 보기까지도 한다.

어쨌든 무린암의 정원에 서서 보는 사람은 곧 우측의 토담의 바깥은 아스팔트의 큰 도로로 트럭 등이 지나는 곳임에도 불구하고 그러한 것을 잊게 할 정도로 전체가 몰입할 것 같은 정숙, 잔잔한 물의 흐름, 토잔의 온후한 박력, 회유식(廻遊式)과 동시에 관상식(觀賞式)의 밝음, 특히 가을 단풍시기에 단풍나무의 아름다움 등에 마음을 빼앗기게 된다.

그리하여 야마가타(山縣)라는 군인 정치가의 마음의 심부(深部)를 측량하고 싶어지는 것은 틀림없다. 그렇다면 일반적으로 축정조원(築庭造園)의 기술은 어떠한 재능과 심술(心術)을 필요로 하는 것인가?

이 점에 대하여 이야기하지 않으면 공(公)의 진면목(眞面目: 본디의 참모습)에 접하지 못하게 될 것이다.

(8) 정원 만들기와 목측(目測)

정원조성의 조원술(造園術)이라는 것은 도대체 어떠한 성질의 기술·예술일까? 회화나 조각 예술과 비교할 때 이 조원술은 같은 예술이라고 하면 어떠한 점에서 구별되는 것일까?

생각하면 그 구별은 주재료의 면에서 보면 죽은 것을 취급하는 것과 살아있는 것을 취급하는 것과의 차이에 있다고 할 수 있을 것이다. 이를테면 회화(繪畫)는 도구(繪具)·그림물감·묵(墨)·진흙·캠퍼스·비단·종이·판 등을 재료로 하고, 조각은 목재·금속·칠기·흙 등을 재료로 한다. 이러한 재료는 일단 죽은 것으로 움직이지 않는 것이다.

화가가 유화(油畫)를 완성하여 그곳에 하나의 미와 조화를 창조하였다고 한다면, 그 그림은 벌써 그곳에 고정되어 미와 조화를 무너뜨리지 않고 영원히 후세까지 전해질 것이다. 물론 회구(繪具)가 건조해짐으로써 색채가 엷어지거나 지나치게 오래되면 변색하거나 벗겨지는 경우가 있으나 그러나 전체적으로 보면 대변화를 초래하지는 않는다.

또한 조각도 목재라면 목재에 일단 어떤 상을 조각하였다면 그 상이 가진 균세(均勢)와 조화(調和)의 아름다움은 여기에 고정되어 어느새 세월과 함께 변화하지만 의구심은 없을 것이다. 그런데 정원조성의 어려움은 실로 일단 창조한 부분의 균세와 조화의 미가 끊임없이 움직여 변화하고 무너져간다는 것에 있다. 왜냐하면 정원조성의 재료가 되는 것은 처음부터 끝까지 살아서 움직이는 것이기 때문이다.

이를테면 소나무·매화·벚꽃·대나무·풀·잔디·돌 등을 재료로 사용하여 이것을 적절하게 안배하여 배치하면, 산이 있으며 계곡이 있으며 언덕이 있으며 강이 있으며 폭포가 있으며 바위가 있다. 아름다운 변화가 풍부한 정원을 만들었다면, 멋진 아치(雅致)가 있으며, 조화와 균세가 잡힌 풍취(風趣)는 정말로 한 폭의 명화를 보는 것과 같고, 또한 몸은 심산유곡의 선경에 있는 것과 같다.

지금, 현재는 실지로 그렇다고 하더라도 그렇지만 반년도 지나지 않아 생각지도 못한 쪽으로 수목이 가지를 뻗고 잔디와 풀이 번식하여 균세와 조화가 파괴되지 않는다고 누가 보증할 수 있을까? 수목도 꽃도 이끼도 모두 살아있는 것으로서 끊임없이 생생하게 발전하여 조금도 현상에 멈추지 않기 때문이다.

이처럼 정원조성을 하는 자는 그 재료에 대하여 하나의 나무, 하나의 풀, 하나의 돌에 이르기까지 각각의 개성을 찾아내어 적재(適材)를 적소(適所)에 안배하고 그들이 장래에 어떻게 변화하여 발전할 것인가를 대략 전망정도의 준비가 있어야 한다.

즉, 가능한 먼 장래의 일까지 깊이 생각하여 주도하게 도모하고(深謀遠慮:심오원려) 전체의 조화와 균세의 미를 오랫동안 유지하게 하는 동적인 경영의 수완(手腕)과 감식력(鑑識力)을 함께 가져야 한다. 장래를 전망할 수 있는 안력(眼力)이 조원술에는 불가결한 요소가 된다.

(9) 통제의 혼란

정원조성에서 위에서 말한 것처럼 재능과 심술(心術)이 요구된다면 정원조성의 명인으로 불린 야마가타(山縣)라는 사람은 실로 놀라운 깊은 심술(心術)을 가진 인물이었다고 말할 수 있다. 성취한 것일까 야마가타가 원로로서 군벌(軍閥)의 보스로서 살아있는 동안은 군부 통제도 혼란없이 상하의 질서는 유지되었다.

 그런데 야마가타라는 무거운 돌이 사라진 후(1922년)의 육군은 마침내 조화와 균형을 잃고 다이쇼(大正) 말년부터 쇼와(昭和)에 걸쳐 특히 이른바 청년장교로 불리는 위관(尉官)·좌관(佐官)급, 심하게는 소위 후보생과 육군사관학교 생도까지 제멋대로 분기하여 소동을 일으키고, 상관의 명령을 무시하는 하극상의 풍토가 눈에 띄고, 마침내는 상관과 장군들까지 이 청년장교들에게 질질 끌려 함께 군규(軍規:군의 규범)를 혼란시키고 정치관여에 광분한 것같이 인식되었다.

 말을 바꾸면 위에 있는 장성들 중에 야마가타와 같은 통솔의 위엄을 살릴만한 인물이 없었다는 것이다. 또한 야마가타와 같이 일본 시가(詩歌:和歌)와 조정술(造庭術) 등의 인문적 교양의 폭을 가진 장군이 사라졌다는 것이다.

 또한 하라 타카시(原敬, 1856~1921년·중의원 재직 때 암살 당함)의 일기에는 원로 중에서 야마가타(山縣)만은 역시 죽을 때까지 머리가 맑았다고 하지만, 그러나 러시아 출병을 야마가타가 타나카 기이치(田中義一)의 부탁을 받고 마침내 이것을 승낙한 것은 공(公)이 만년의 실수였다고 할 수 있다.

노년에 이르러서는 역시 국책방향의 판단을 실수한 것일까? 이것과 비례하여 생각해보지만 무린암의 정원수에도 공(公)의 일생의 실수라고 할 수 있는 실수가 보이는 것이다.

　그것은 토잔(東山)을 배경으로 하는 관계에서 이 정원의 폭포부근에 식재된 삼나무는 처음 이 배경을 충분히 보이기 위하여 어린 나무를 심었기 때문에 당시의 사진에는 충분히 배경의 효과가 나타났지만 오늘날에는 이 삼나무가 지나치게 성장하여 중요한 배경을 거의 가려 버리고 있다. 역시 이러한 장소는 삼나무와 같이 자라기 쉬운 것은 맞지 않다는 것을 대단한 야마가타 공(公)도 미처 알지 못하였다고 생각한다.

(10) 패자와 승자

　전쟁권(戰爭權)을 포기한 일본에는 앞으로 군부가 없어지고 과거의 장군(將軍) 제독(提督)들도 세상 사람의 기억에서 머지않아 사라지게 되는 것일까?

　그렇지만 노기 마레스케(乃木希典) 장군과 같은 사람은 예를 들어 군인으로서 잊혀지더라도 시인으로서 그의 이름은 또한 기억되지 않을까?

　「산천초목이 한결 더 황량하구나(山川草木轉荒涼)」와 「황군백만이 강호 러시아를 징벌하기 위하여 만주로 출정하였다(王師百萬征强虜)」의 한시(漢詩)만이라도 충분히 일본 문학사의 한장을 장식할 만한 사람이 아닐까?

그러한 시정(詩情:poesie)을 황량한 전쟁의 먼지 사이에서 또한 잃어버리지 않고 가슴에 품을 수 있는 것이 가능한 장군이었기 때문에 러일전쟁 육전(陸戰)의 하이라이트였던 뤼순(旅順) 공방전에서 승리한 노기 마레스케 장군은 저 뤼순개성(旅順開城) 때 항복한 러시아 장군 스텟셀(Stoessel)에 대한 절충(折衝:전차를 후퇴시킨다는 뜻으로 적군과 교섭・담판함)에 예양(禮讓)과 우의(友誼)를 표할 수 있었을 것이다. 여기서 개성(開城)은 항복하기 위해 성문을 연다는 뜻이다.

이기고도 거만하지 않고, 지고도 비굴하지 않고, 적장을 맞이함에도 예절로서 대하는 것은 생각건대 전통적인 일본 무사의 도리로서 아마 노기 장군이 받은 교양에서 본다면 그렇게 하는 것은 당연한 행동이었을 것이다.

이를테면 메이지유신 때 에도개성(江戶開城) 때에 점령군 측의 사이고 다카모리(西鄕隆盛)와 패군의 장군 카츠 카이슈(勝海舟) 사이에 있어서의 예절절목(禮節折目)의 바름은 훌륭하다.

"이때 내가 특히 감동한 것은 사이고가 나에 대하여 바쿠후의 중신(重臣)의 경례(敬禮)를 잃어버리지 않고 담판시에도 시종일관 자리에 좌정(坐正)하여 손을 무릎 위에 놓고 조금도 전승의 위광(威光)으로서 패군의 장군을 경멸하는 듯한 느낌이 없었다는 것이다. 그 담력의 역량 크기는 이른바 천공해활(天空海濶:하늘이 높고 바다가 넓듯이 도량이 크고 넓음의 비유)로 잘난 체는 처음부터 조금도 없었다(海舟翁, 氷川淸話)."

이와 같이 바쿠후 말기에 있어서의 무사의 교양이며, 마음의 도량이 있는 인사의 심술(心術)이었을 것이다. 그곳에는 유교의 휴머니즘이 있었다. 결코 새로운 휴머니즘은 아니지만 고색창연(古色蒼然)하게 빛나는 마음의 의지처, 확고한 인간성이 있었다.

그런데 쇼와(昭和)의 군인은 어떠했을까? 물론 숨겨진 훌륭한 인물도 수많은 가운데 들어있을 것이다. 그렇지만 예를 들면 이번 대전(大戰)의 초기에 싱가포르 함락시에 일본 군인이 적장에 대하여 취한 태도는 어떠했는가? 백기를 들고서 창이(Changi)의 언덕의 움막에 담판하러 온 영국의 아셔 퍼시발(Arthur E. Percival) 장군을 맞이한 야마시타 도모유키(山下奉文, 1885~1946) 장군은 위세당당(威勢堂堂)하게 그를 쩨려 보며 테이블을 탕탕치며 큰 소리로「예, 아니오」공갈적으로 즉답을 요구하였다고 전해진 것이다.

이 사건은 당시, 일본의 신문이 큼지막하게 보도하여 그 행동을 칭찬하며, 국민도 또한 감히 이것을 이상하게 보지 않았던 것 같다. 아니, 아스팔트의 큰 도로에 항복한 병사를 도열시켜 야마시타 장군이 자동차를 타고 열병하고 마지막에 퍼시발 장군의 경례를 받는 뉴스 영화의 화면을 본 후방의 국민은 오히려 열광하였다. 국민은 여기에 영웅을 본 것 같다. '국위선양(國位宣揚)'을 눈앞에서 보았다고 믿고 있는 것 같다.

생각하면 마음이 없는 천박한 소행이었다. 지도자도 국민도 그 정도의 도덕성밖에 가지지 못하였던 것이다. 생각하니 일군(一軍)의 장군으로서 누가 좋아서 적의 군문(軍門)에 항복하는 자가 있을까? 완전히 싸움에 참패하여 어쩔 수 없어 항복하는 것이다. 싱가포르 주재의 25만 명의 영국인 비전투원의 생명을 구하기 위하여 백기를 들었던 것이다.

야마시타 장군은 귀찮더라도 대영제국의 사령관인 한 장군을 맞이하기 위해서는 상당한 예절을 갖추어야 했다. 같은 군인끼리 내일은 내가 당하지 않는다고 누가 장담할 수 있을까? 여기에는 배려가, 무사는 서로의 처지를 이해한다고 한다, 이른바 휴머니즘이 있었다면 좋았을 것이다. 참된 담력의 역량의 크기는 오히려 부드러움과 시정(詩情) 중에 있을 것이다.

사이고와 노기와 같은 일본 육군의 선배들이 아직 멀지 않은 과거에서 좋은 선례를 보여 준 것이 아닐까? 육군뿐만 아니라 해군측에 있어서도 오랜 휴머니즘이 사라진 것 같다.

예를 들면 러일 해전(海戰) 때에 도고(東鄕) 제독은 뤼순항 폐쇄를 위한 결사대를 보낼 계획에 대하여 그것은 반드시 죽게 되어 있다는 말에 아리마(有馬) 참모들이 아무리 진언(進言)하더라도 허가해 주지 않았다. 마침내 전함대를 기치로 이 결사대(決死隊)를 수용한다는 계획이 추가되기에 이르러 겨우 승낙하였다고 한다.

"이번 전쟁에서 괴로운 나머지라고는 하지만 담백하게 특공공격(特攻攻擊)을 중앙 대본영(大本營)의 계획에 편성하여 조금도 양심의 고통을 느끼지 못한 수뇌와 무엇이 다르랴."(高木惣吉元少將,「聯合艦隊始末記」)

전쟁이 한창인 때도 인명을 끝까지 존중한다는 의지가 옛날의 일본 군인에게는 있었다. 그러한 옛날 무사의 정조(情操)와 인문적 교양(敎養)은 사관학교와 육군대학 또는 병학교(兵學校)와 해군대학 등의 교육이 억지로라도 뒤돌아볼 형편이 되지 않았던 것 뿐이다.

(11) 비전(vision)의 빈곤

고전적 인문적 교양의 결여와 멸시는 군(軍)교육에 있어서 뿐만 아니다. 제국대학과 고등문관 시험 등에 있어서도 이것은 완전히 같은 경향을 띠고 있었다. 다만 일부 구제도의 고등학교 3개년 교육이 약간 고전적 인문적 교양을 보충하는 데 도움이 된 것같이 보인다. 그러나 이것도 아직 자각에 의한 것이 아니고 무의식적(無意識的)인 것이었다.

그리하여 대학에 들어가면 극히 전문적인 법률의 조문해석(條文解釋)과 그 이론과 기술과 다소의 외국어의 학습으로서 충분하다고 하였던 것이다.

다이쇼(大正)·쇼와(昭和)의 대신급 인물에도 다소 시조(詩

操)에 풍부한 자는 극히 드문 것 같다. 이토(伊藤:이토 히로부미) 공(公)의 칠언절구 시(詩)에서

豪氣堂堂橫大空 (호기당당 넓은 공중에 가로 누워)
日東誰使帝威隆 (토쿄의 누군가 임금의 위엄을 높이니)
高樓傾盡三杯酒 (높은 누각에서 기울여 붓는 석잔 술)
天下英雄在眼中 (천하의 영웅이 안중에 있도다.)

상기와 같은 시는 지금의 대신(大臣) 제공(諸公)은 꿈에도 도모할 수 없는 시의 경지이다.

루즈벨트와 스탈린, 처칠과 샤를르 드골, 요시프 티토와 모택동 같은 천하의 영웅이 안중에 있었다면, 일본의 정치가·군인도 조금은 마무리를 실수하지 않고 끝냈을 것이다.

시(詩)는 비전이며 간사한 생각이 없다(思無邪). 비전이 없고, 포부가 없고, 꿈이 없는 자에게 시상(詩想)은 생기지 않는다. 특히 바쿠후 말기 메이지 유신의 지사들에게는 청운의 뜻이 있었으며, 신일본 건설의 꿈이 있었으며 포부가 있었다.

젊은이도 근황도막(勤皇倒幕:황제를 섬기고 바쿠후를 타도함)의 혁명운동에 동분서주해서 아마 자리를 차지할 여유는 없었을 것이며, 그들은 지금의 어린이와 같이 6·3제의 의무교육으로 9년과 12년, 학교의 책상을 마주하고 정규공부를 한 것도 아니었다. 따라서 특별히 이렇다 할 종합된 학문을 공부

한 것도 아닌데 어떻게 그 사람들이 그만큼의 교양과 인간의 폭을 어느 순간에 자기 것으로 만들었을까? 역시 틈을 내어 스스로 유의하여 자기 것으로 만드는 자기수양의 결과일까?

한시(漢詩)와 일본시 와카(和歌:일본 고유 형식의 시가詩歌의 총칭)를 짓는 것과 어린 소년시절의 한문서적의 낭독을 토대로 하여 스스로 통달한 고전적 교양(敎養)과 정조도야(情操陶冶)의 결정체일까? 물론 소에지마 소카이(副島蒼海) 백작의 경우는 소년시절에 이미 한서 2만수천권을 독파하고 그 내용도 하나하나 암기하였다고 한다. 이것은 지금의 소·중학생의 공부와 도저히 비교할 수 없는 것이다.

그리하여 소에지마 소카이는 외무대신(外務大臣) 때에 유명한 노예선(奴隷船) 마리 루이즈(Marie Louise)호 사건에 소국 일본이 노예해방의 발언자(發言者)로서 세계에 알린 인물이었으며, 그곳에는 역시 유교의 휴머니즘이 생기가 넘치고 있었다고 생각한다.

바쿠후 말기 유신혁명의 투사들은 훌륭한 인물이 있다고 하면 그 사람을 만나러 천리를 멀다하지 않고 가서, 면접하고 그 의견을 듣고 충분히 논의하였으며, 철야로 의논하기도 하였다. 이른바 오늘의 토론법이 그들의 공부 방식이었다고 할 수 있다. 그러한 것이 근황도막(勤皇倒幕)의 혁명 정치운동의 실천 중에서 인간을 단련하였던 것이다. 단순히 탁상공론만은 아니다.

(12) 근간(根幹)과 지엽말절(枝葉末節)

교육학은 인간을 윤리적으로 순응시키는 기술이라고 독일의 헤겔(Hegel, 1770~1831)은 말한다. 참 교육의 제1안목은 도덕적 줏대를 인간에게 가지게 하는 것이다. 바쿠후 말기 유교교육의 '한문서적의 낭독'이 스스로 그 역할을 다한 것 같다.

이토 슌포(伊藤春畝: 伊藤博文, 1841~1909)가 말하는 바와 같다.

如今廟堂棟梁器 (지금 조정의 동량그릇 같아)
多是松門受敎人 (이를 송문이 거두어 가르칠 자 많구나)

즉 대학출신의 수재가 아니라 고등문관시험(高等文官試驗) 합격자와 육군대학 텐보(天保) 전조(錢組)가 아닌『코모사츠키(講孟劄記:맹자 강의를 모운 기록)』와『작문(作文・産語)』로 단련된 인물이었다.

메이지 정부는 문부성(文部省)으로 하여금 근대학교의 교육제도를 일본에 이식시켰으나 그 때 근대적인 것만 받아들여져 고전적 요소를 보존하는 것과 새롭게 받아들이는 것 이 2가지 모두 실패하였다. 한문서적과 같은 동양고전의 교양을 버림과 동시에 그 대신에 새로운 서양고전도 이식하지 못했다. 그렇지만 대개 고전적인 것은「근간(根幹)」으로서 근대적인 것은 '지엽말절(枝葉末節:나무 끝마디 가지와 잎)'이다.

메이지 이후의 교육은 이 '지엽(枝葉)'에만 현혹되어 그 근간(根幹)을 배양하는 것을 잊은 것이다.

역시 서구의 근대문명, 특히 과학기술의 문화는 메이지 일본인의 눈에는 찬란하고 눈부셨을 것이다. 그러나 그 근대문명이 꽃을 피우고 있는 것도 서양의 고대·중세의 문화라는 근간이 있었다. 그런데 꽃에만 시선을 빼앗겨 근본을 간과한 것이다. 때문에 메이지 이후의 일본은 그 지엽(枝葉)인 과학기술의 문명조차도 그 근간이 고갈됨에 따라서 어느 한도 이상으로 번무(繁茂:번영에 힘씀)하지 못했던 것이다. 문화적 꺾꽂이는 성공하지 못하였다.

뿌리 없는 풀이 된 일본의 문화는 경박(輕薄)한 것이 되었다. 어쩌면 이번 대전(大戰)에 있어서의 일본 패인(敗因)의 하나는 메이지 이후 교육의 근본이 잘못되었다는 것에 있을 것이다. 교육은 다시 한번 근본부터 새롭게 고치지 않으면 안 된다. '일반교양'의 필요는 주장하더라도 그것이 근대적인 것만으로 편중되어 고전적인 것을 빠뜨린다면 결국 같은 실패를 반복하게 될 것이다.

고전(古典)은 특별히 유교(儒敎)가 아니라도 좋다. 그리스 철학이라도 그리스도교라도 좋다. 그러나 어쨌든 고전(古典)으로 돌아가야 한다. 그리하여 자기 수양에 의해서 심술(心術)을 연마해야 한다. 이것이 나의 자계(自戒:그릇되지 않도록 스스로 경계)함이다.

4. 무사와 군인의 차이

(1) 금과옥조주의(金科玉條主義)의 폐해

이번 대전(大戰)의 개전(開戰)직후 1942년 미국에서 공간(公刊)된 영국 태생 휴 바이어스(Hugh Byas)의 『敵國日本(The of Japanese Enemy』의 말미에는 일본군부의 전술동향(戰術動向)을 파악하여 다음과 같이 기술하고 있다.

"일본의 군인은 최초의 기습에 최대의 중요성을 둔다. 그 계획은 정밀하며 절대 비밀이 유지된다. 러일전쟁・청일사변에 비추어보더라도 서전(緒戰:전쟁의 발단)의 기습 외에는 별로 신기한 점도 없는 것 같다. 후에는 정면에서 공격하는 정통적인 공격이다. 대체로 일본인이 계획은 훌륭하게 세우지만 임기응변(臨機應變)의 재능이 없다. 법칙에 따라 행동을 규율(規律)하는 버릇은 뿌리 깊은 것이다. 돌발적인 장면에 직면하면 그들의 머리는 신속하게 움직이지 못한다. 이 경우의 무표정은 곤혹한 법칙만으로 굳어진 머리의 멋쩍음을 감추는 것이다. 계획이 어긋나면 모든 것이 못쓰게 된다. 순간적으로 새로운 계획을 세울 수 없다. 다급해졌을 때의 유일한 충동은 죽는다는 본능이다. 전쟁에서는 이것이 사태를 면하는 일이 될지 모르나 동시에 죽는다는 것은 만사가 끝나는 결과가 될지도 모른다. 이것이 보통 일본인이 취하는 태도이다."

이 바이어스(Byas)씨가 파악한 일본군인의 심리적·정신적 분석은 틀림없다는 것이 그 후 머지않아 연이어 실지로 증명되었다. 즉 일본의 전략은 진주만(眞珠灣)의 기습에 성공하였지만 미드웨이(Midway) 해전의 신병기 레이더(rayder)의 출현에 의해서 작전의 혼란이 생긴 이후로 회복되지 못하고 새로운 상황에 즉시 대응하는 작전을 세울 수 없었다.

'법칙에 따라서 행동을 규율(規律)하는 버릇'이 뿌리깊기 때문에 법칙이 깨어지면 '신속하게 새로운 계획을 세울 수 없다.' 돌발사건에 대해서는 '머리가 신속하게 돌아가지 않는다.' 이른바 '처치방법을 못세운다'는 것이다.

탁상계획은 '정밀하게·훌륭하게' 세우지만, 그러나 계획대로 일이 진행되지 않을 경우는 두뇌의 유연성이 결여되어 잘 적응될 재빠른 기전인 당의즉묘(當意卽妙:상황에 따른 즉각적인 마땅한 묘수), 임기응변(臨機應變)의 처치를 세울 수 없는 상태에 빠지게 되는 것이다.

작전용병(作戰用兵)은 물론 초보자가 알 수 없지만, 그러나 초보자의 눈에도 아무리 생각해도 이번 대전(大戰)은 우리들 작전이 과거의 청일·러일 전쟁 때와 같은 창의(創意)가 결여된 것이 현저하였다고 느껴지는 부분이다.

메이지 이후 70년, 전통있는 일본군부가 수많은 독창적인 전훈전력(戰訓戰歷:전쟁의 교훈이나 경력)을 가지고 있음에도 불구하고 왜 이렇게까지 저조하게 추락되었을까?

나는 여기에 문제가 숨겨져 있다고 생각한다. 청일·러일 전쟁 때의 군인장병(軍人將兵)과 이번 대전의 군인장병과 비교할 때 여기에 나타나는 격단(格段:격식과 단락)의 질이 떨어짐, 또한 전략전술(戰略戰術)뿐만 아니라 인간으로서 인물에 있어서 근본적으로 무엇이 결여되어 있다고 추측되는 내용은 메이지 38(1905)년 이후의 교육 -특히 이 경우에는 해병·해대·육대·육사 등의 군사교육의 근본적인 결함에 기인한다고 나는 보고 있다.

이 군(軍)의 교육문제에 관하여 보여 주는 것은 전(前) 해군 교육국장 타카기 소키치(高木惣吉) 소장이 쓴 다음의 한 문장이다.

"필자가 보는 바 1908년경에 세계의 경제·정치·문화에 일대변혁이 일어나고 있다. 따라서 사회적 기반의 변혁과 함께 종래의 식민지 전쟁시대부터 다음 유형의 전쟁으로 옮겨지고 있었지만 일본은 청일·러일 해전, 특히 일본해 해전의 교훈을 금과옥조로서 해전요무령(海戰要務令:해군 근무 요령의 명령)이 생겼다. 그리고 10년 후의 제1차 대전은 이미 다른 형태의 전쟁이 되었음에도 불구하고 방관적 입장에서 어부지리를 차지한 일본에서는 전시경기(戰時景氣)에 제정신을 잃고서 두려운 인류의 재앙을 스스로 체험하겠다는 마음가짐이 결여되어 있었다. …(중략)… 황해해전(黃海海戰:청일전쟁)은 근대 전(戰)

의 하나의 정형을 만들었지만 일로해전(日露戰爭) 때는 아키야마 사네유키(秋山眞之)·사이토 테츠타로(佐藤鐵太郎)의 두 참모가 나란히 사학(史學)·연습(演習)·실전(實戰)의 3방면에서 해군병학(海軍兵學)의 건설에 공헌하였다. 그 결정(結晶)은 해전요무령(海戰要務令)이었으나 요무령의 신성화(神聖化)는 병술사상(兵術思想)이 경화(硬化)되어 사회와 전쟁의 진화에 대한 감각상실이 점점 노골화되기 시작하였다. 스에츠구 노부마사(末次信正)는 이 경향을 뒤흔들어 다소의 약진을 부여하였으나 공중전(空中戰) 본위의 총력전으로 이전하는 대변혁에 대해서는 과거의 함대결전(艦隊決戰)의 형식(型式)의 가르침이 지나쳤다는 짓궂은 결과가 되어 버렸다."(聯合艦隊始末記·文藝春秋, 쇼와 24년)

타카기(高木) 씨가 여기에서 지적하고 있는 중요한 점은 '해전요무령'의 신성화가 결국에 병술사상(兵術思想)의 경화(硬化)를 초래하게 되었다.

말을 바꾸면 일본해(日本海) 해전(海戰)의 전훈(戰訓)을 금과옥조로 하는 해전요무령을 신성시하여 절대적인 것으로 하는 공식주의(公式主義)로 빠지게 되어 '사회와 전쟁의 진화에 대한 감각상실이 점점 노골화'된 것이다.

즉 금과옥조주의(金科玉條主義)·공식주의(公式主義)는 늘 사상의 경화를 초래하였으며 유연한 현실감각을 상실하게 하는는 것이다. 스에츠구 노부마사(末次信正)는 현실감각이 있는 편으로 해군병학(海軍兵學)의 고정관념을 흔들어서 다소의 변화를 시도하였으나, 그래도 '공중전본위(空中戰本位의 總力戰)'의 방식으로 철저하게 변환시키는 것이 불가능하여 역시 종래의 오래된 '함대결전의 형식'에 지나치게 집착하였던 것이다.

일본해군을 외부에서 본 바이어스(Byas)씨의 관찰과 안에서 본 타카기(高木)씨의 반성은 완벽하게 일치한다. 그것은 일본 군인의 공식주의·금과옥조주의의 폐해(弊害)라는 점이다. 그리하여 이 폐해는 충분히 생각해 보면 다만 해군과 육군에 대한 것뿐만 아니라 러일전쟁 후의 일본사회의 모든 분야에 나타나는 공통된 경향이 아닐까?

(2) 교육의 동맥경화

우리들의 당면문제인 교육분야에 있어서 메이지(明治) 말기부터 다이쇼(大正)·쇼와(昭和)에 걸쳐 현저한 경향으로서 '공식주의(公式主義:형식과 법칙에 따른 이론적 주의)' '금과옥조주의(金科玉條主義:소중히 여겨 꼭 지켜야 할 규칙주의)'의 존재를 인정하지 않는다고 단언할 수 있는 자가 있을까? 일정량의 지식을 담아 기억함으로써 일정한 학교와 시험을 패스하여 자격을 획득하면 그것으로 충분하다고 하는 경향이다. 고등문관시험제도(高等文官試驗制度)와 같은 것은 이러한 경향의 정점을 이룬 것이다.

이른바 세상에서 말하는 바 일중(一中)・일고(一高)・제국대학(帝國大學) 식의 생각방법이 대표하는 것도 이러한 경향의 현상이다. 또한 다른 쪽 일본의 사범교육(師範敎育)에 뿌리깊은 공식적인 생각, 금과옥조적인 사고, 사상의 동맥경화(動脈硬化)에 대해서는 이제 와서 많은 말을 할 필요가 없을 것이다.

문부성의 중앙집권적 통제지배에 의한 나라 전체의 획일적 교육이 40년, 50년 이어진 결과는 다만 해군에 대한 것뿐만 아니라 국민전반에 대하여 바이어스(Byas)씨의 평언(評言)을 감수하지 않으면 안 될 정도로 국민사상의 동맥경화는 악화되었던 것이다.

이런 국민정신의 병증분석(病症分析)에 관해서 '합중국교육사절단보고(合衆國敎育使節團報告)'가 다음과 같이 말하는 것은 당연한 것이다.

"일본의 교육제도는 저 고도하게 중앙집권화(中央集權化)된 19세기형에 근거한 것이며, 대중에게 하나의 형식교육을 부여하고, 그리고 소수의 특권계급을 위해서 또 하나의 다른 형식을 준비하는 것과 같은 것이었다. 그것은 교육이 각각의 수준에 따라서 피교육자가 소화해야 하는 일정량의 지식이 있다고 주장하여 학생의 능력과 흥미에서 나타나는 차이를 무시하는 경향을 띠고 있다. 훈령(訓令)과 교과서(敎科書)와 시험(試驗)과 시학제도(視學制度:장학관 제도)에 의해서 일본의 교육제도는 교사가 그 전문의 직무상의 자유를 행사할 기회의 대부분을 잃어버리고 말았다. 교사의 능률을 측정하는 기준은 어느 정도로 표준화·획일화가 지켜지는가였다. …(중략)… 이와 같이 많은 점에 있어서 일본의 교육조직은 학생(生徒)에 실제사회에서 활약할 수 있는 준비를 부여하는 것에 실패하였다.

실패한 이유는 이러한 목적이 학습자(學習者)의 입장에서 이해되지 않고 교육되었기 때문이다. 이런 교육은 실패할 때가 오게 된다. 그리하여 그때의 구제책은 병(病)자체보다도 더 한층 나쁘게 된다. 바로 저 교학국(敎學局)이 만들어질 때에 이미 예증(例證)되었듯이…"라고 기록한 것이다.

(3) 무사(武士)에서 군인(軍人)으로

야마오카 텟슈(山岡鐵舟)가 시종직(侍從職)을 그만두고 궁중에서 물러난 메이지 15(1882)년 1월에「군인에 내린 칙유」라는 것이 나왔다. 이 칙유(勅諭)의 문장은 후쿠치 겐이치로(福地源一郎·櫻痴)가 맡았다고 전해지지만 그 내용은 아마 교육자·철학자 등의 니시아마네(西周:서구에 널리 퍼진 사상)들이 야마가타 아리토모(山縣有朋)의 뜻을 계승하여 종합한 것이다.

니시아마네들은 육군의속(陸軍依屬)으로 유럽 각국의 군제(軍制)를 조사하여 일본군의 재판제도(裁判制度)와 군율(軍律)을 구상하고 다듬은 사람들이다.

국민개병제(國民皆兵制:징병제)에 의해서 일반인에게서 군인을 모집하게 되면 과거의 무사(武士)와 다른 군인(軍人)의 개념이 새롭게 필요한 것은 당연한 것이다. 과거의 무사집단은 최대의 집단이라도 토쿠카와(德川) 팔백만석 정도이며, 다음은 카가(加賀)의 백만석, 그 뒤는 사츠마(薩摩)의 70만석 정도로 큰 것이다. 5만석 정도의 번(藩)에서는 번가족 전원을 모아도 오, 육백명 정도이다. 이러한 각 번의 무사단을 아무리 모우더라도 근대 군대를 형성할 수 없다.

근대국가에 필요한 군대는 한층 국가의 국민 규모에 적합하게 편성하지 않으면 안 된다. 따라서 군인의 마음가짐도 에도(江戶)시대의 무사도라는 한 마리의 이리와 같은 행동양식(行動樣式)이 아니라. 거대한 군사조직 중의 일환으로서 군인 각원(各員)을 관철하는 정신이 아니면 안 된다.

이른바「군인칙유(軍人勅諭)」는 그 점을 명확하게 밝히고자 하는 것이다. 물론 군의 규율을 신속하게 확립하지 않으면 안 되었던 직접적인 원인은 타케바시(竹橋) 소동일 것이다.

메이지 11(1878)년 8월 23일 근위포병 제1대대의 병졸 260여명이 급료의 감액과 세이난(西南)전쟁의 논공행상의 지연 등을 이유로 반란을 일으켰다. 그들은 부대장을 살해하고 참의 오쿠마 시게노부(大隈重信)의 저택에 발포, 아카사카카리(赤坂仮) 황거(皇居)를 향하여 황거를 불태우고 모든 대신을 죽인다는 계획이었다고 한다.

정부는 즉시 이들을 진압하여 다음날부터 육군재판소에서

재판에 회부한 결과 10월 15일에 사형(死刑) 53명, 준유형(準流刑:귀양) 118명, 도형(徒刑:징역·노동형) 68명, 계역(戒役:근신) 17명이라는 판결을 내렸다.

이 사건으로 정부는 근대국가에 있어서의 군(軍) 본연의 자세, 즉 장비와 편성을 뒷받침하는 군정신의 바람직한 자세에 대하여 고심하였다. 그래서 일단 '군인훈계(軍人訓誡)'라는 것을 만들었지만 최종적으로는 '군인칙유(軍人勅諭)라는 불상(佛像)'을 만들어 혼을 불어넣으려고 한 것이다. 이 군인칙유와 후의 교육칙어와는 이른바 「무(武)」와 「문(文)」에 관한 천황의 교시로서 문무양도(文武兩道)를 형성하지만 그것이 일단 발포(發布)되자 그 후 국민정신 형성에 상당한 영향력을 가져다주었다.

대체로 군주의 훈계로 국민의 도덕·정신을 좌우한다는 사고방식은 중국(中國)에서는 전통적인 생각이다. 중국의 유교(儒敎) 정치이론은「덕으로서 통치한다」=덕치(德治)가 제1의적이며, '법으로서 통치한다'=법치(法治)는 제2의적이다.

오늘날 우리들은 법치국가나 법치주의를 최상의 것으로 말하지만, 그것은 유교 본래의 사고방식에는 두 가지류 정치에 불과하다. 중국에서는 한무제(漢武帝)가 유교를 국교로 채용한 이후 대대로 유교의 이데올로기로 민중교화(民衆敎化)를 도모하였으나, 최근에는 청조(淸朝)가 그러했다.

청(淸)은 원래 만주민족이 중국 본토에 침입하여 지배자가 된 만큼 통치에 고생하여 청태조(淸太祖)의 손자 순치제(順治帝)는 1652년(순치 9년)에 '육유와비문(六諭臥碑文)'을 선포하여 민중의 의지처를 제공하였다. 여기 육유와비문은 여섯가지 내용의 옆으로 누운 비문이다.

강희제(康熙帝)는 1662년 '성유(聖諭) 16개조'를 발표하고, 옹정제(雍正帝)에 이르러서 1723년 '성유광훈(聖諭廣訓)'을 발표하여 인민의 사상통일을 도모하였다.

현대 중국에서도 모택동은 '모택동어록(毛澤東語錄)'을 선포하여 민중의 사상통일에 성공하였으며, 그것은 일종의 '덕치주의(德治主義)'의 표현으로서 중국 고대정치의 전통적인 패턴에 불과하다.

군인칙유(軍人勅諭, 1882년 1월 4일 선포)도 교육칙어(敎育勅語, 1890년 10월 30일 선포)도 법률의 형식을 따르지 않으며, 따라서 대신의 부서도 없고 어디까지나 메이지(明治) 천황 개인의 책임으로 직접적으로 군인과 국민에 대하여 연설한다는 체재(體裁)를 취하는 부분에 법치주의(法治主義)가 아니라 덕치주의(德治主義)인 동양의 정치사상이 베어 나오는 것이다.

무엇보다도 미국의 대통령도 매년 정월에는「대통령교서(大統領敎書)」라는 것을 TV를 통하여 직접 국민에게 연설하고 있기 때문에 현대와 같은 정보화사회(情報化社會)에서는 차차「법치」보다도「덕치」의 요소가 늘어나고 있는 것이다.

법치주의라면 선거를 통한 대의정체(代議政體)로 선출된 사람에게 맡기게 되지만, 오늘날의 대중은 그 대의정체를 믿지 않고 민주주의의 허망성을 말하고 오히려 '직접참가나 대화'를 요구하고 있다.

이것은 더 이상「법치(法治)」라는 냉정한 형식주의(形式主義)로서는 안 되며「덕치(德治)」라는 뜨거운 심정주의(心情主義)가 다시 요구되고 있는 지도 모른다.

군인칙유(軍人勅諭) 중에 있는 "나는(짐은) 너희들 군인의 대원수(大元帥)이다"라는 한 구절은 그 직접적인 호소이다.

"그렇다면 나는 너희들을 손과 발로서 의지하고, 너희들은 나를 머리로 우러르고, 그 친근함은 특히 깊어야 한다"라는 부탁과 의지하는 직접적인 신뢰관계(信賴關係)는 그것이 단순한 픽션(fiction)에 불과하더라도 새로운 국가로 시작되는 건군(建軍)의 정신적 지주(支柱)로서는 효과적이었다.

군인칙유 중에는 일본의 병제연혁(兵制沿革)을 언급하고, 고대는 천황이 병마(兵馬)의 권력을 잡았는데 비해 카마쿠라(鎌倉) 바쿠후가 생긴 이후 정이대장군(征夷大將軍)에 병마의 권한을 위임한 지 700년이 지나 메이지(明治)에 들어와 다시 천황이 병마의 권한을 장악하겠다는 것을 선언하고 있다.

"대저 병마대권(兵馬大權)을 내가 통치하는 것이라도 그 소임을 신하에 맡긴 것이다. 그 대강(大綱)은 내가 친히 이를 쥐고 굳이 신하에 맡기지 않은 것은 아니다"라고 말하고 있다.

그러나 그 다음 부분에서는 이것이 '문무(文武)의 대권'으로 바꾸어져 있다. 자자손손에 이르기까지 신중히 이 뜻을 전하여 천자(天子)는 문무의 대권을 장악한다는 뜻을 가지고 다시 중세 이후와 같은 실체(失體)가 되지 않기를 바라고 있다.

어찌하여 '병마의 대권'이 '문무의 대권'으로 바꾸어졌는가는 불확실하지만 필자도 무의식 속에 '문무양도(文武兩道)' 사상이 숨겨져 있으며 「문무일원(文武一元)」· 「문무동근(文武同根)」의 사고방식이 있었는지 모른다.

다만 그러나 군인칙유에서 병제(兵制)의 연혁을 언급하여 "미나모토노 요리타카조(源賴朝)의 카마쿠라(鎌倉) 바쿠후 이후 토쿠카와(德川) 바쿠후까지의 무가정치 시대가 대략 700년 동안 계속된 것이다"고 하며, 이어서 "세상의 모양이 변하여 이렇게 되는 것은 인력으로 만회되는 것은 아니다.

또한 일본 국체(國體)로 돌아가고, 또한 나의 종조(宗祖)의 어제(御制)에 등을 돌리면 즉시 비참하게 된다"고 하며, 매우 좋지 않은 시기였다고 유감스러워하고 있다. 여기에 이른바 '황국사관(皇國史觀)'의 원형이 시작되었다고 생각한다.

즉 역사에 있어서 황실에 플러스가 된 것은 선(善), 황실에 마이너스가 된 것은 악(惡)이라고 하듯이 역사 비판의 기준을 황실(皇室)에 두는 사관이다. 바로 오늘날의 소련의 역사교육이 공산당 사관(史觀)으로 이것과 비슷하지만 당(黨)에 플러스가 되는 것은 역사적으로 선(善), 당에 마이너스가 되는 것은 악(惡), 그리고 당은 오류(誤謬)가 없다고 하는 '당(黨)의 무류성(無謬性:오류가 없는 성품)'이 강조되었다.

일본에서도 '금구무결(金甌無缺:흠이 전혀 없는 황금단지, 국력의 강함을 비유)의 국체(國體)'라며 황실에는 결점과 잘못은 전무하다는 생각이 있으며, 이것은 로마교회의 가톨릭교회는 잘못하지 않고, 잘못하였다고 하더라도 절대로 그것을 인정하지 않으려는 것으로 비행기 승무원 살인사건의 베르메르슈 신부의 경우에서도 엿볼 수 있으나 이와 같은 경향은 그 집단의 절대화가 진행되면 될수록 극단적으로 된다. 이것은 벨기에의 신부가 살해 용의자로 혐의가 있자 이 신부를 외국으로 빼돌린 사건으로 그가 일본에 남아 그의 죄를 끝까지 밝혀내지 못하므로 일본 카톨릭 교계의 신용이 실추된 사건이다.

야마오카 텟슈의 무사도 해석 중에 몇 가지 강화 내용이 「군인칙유」의 영향이 있는 것은 아닐까 하는 생각이 무사도의 기원을 신무건국(神武建國)에까지 거슬러 올라가 카마쿠라에서 에도 바쿠후까지의 무가정치(武家政治) 기간에 있어서도 무사도의 체현자(體現者)를 쿠스노키마사시게(楠正成) 등이 황실을 위하여 일한 이른바 충신으로 등용되는 것에 약간의 황실사관(皇室史觀)의 편향이 있었다고 생각한다.

바쿠후 말기에서 유신까지의 일본 교육에 큰 힘이 된 것은 한문서적의 낭독, 유학의 교양에 있었던 것은 앞에 언급한 대로 이지만 그중에서도 중국의 역사와 거기에 등장하는 인물이

이 일본인의 인간연구에 큰 도움이 되었다. 사기(史記), 십팔사략(十八史略), 이십일사(二十一史), 삼국지(三國志), 자치통감(資治通鑑), 전국책(戰國策) 등은 당시의 학생으로서는 당연히 읽어야만 하는 교양서였다. 그러한 사실(史實)과 인물(人物)에 통달하지 않으면 서생(書生)끼리 의론(議論)도 대화(對話)도 할 수 없었다. 후쿠자와 유키치(福澤諭吉) 조차 「좌전(左傳:춘추좌씨전)」15권을 11번 통독(通讀)하고 그 내용은 전부 암기(暗記)하였다고 한다.

이것이 후쿠자와의 인간을 보는 안목을 기른 것으로 한문서적에서 먼저 단련된 두뇌로 네덜란드학(蘭學)과 영어(英語)를 공부하였기 때문에 안광지배(眼光紙背)에 관철한 기세로 순식간에 서양사정(西洋事情)을 정통하게 되었던 것이다.

중국은 광대한 대륙으로 넓은 천하국가(天下國家)로 이민족에 의한 항쟁의 무대이며, 그 흥망성쇠(興亡盛衰)의 권력투쟁은 그 자체가 정치교범(政治敎範)이며, 그것에 등장하는 인물은 대·중·소형의 성인(聖人)이 있었고 악당(惡黨)도 있었다. 이들은 실로 만화경과 같은 버라이어티에 풍부하여 인간탐구(人間探究)와 인물연구(人物硏究)의 좋은 재료를 제공해주는 것이다. 우리 일본인도 이 중국의 교본에 의해서 인간이해(人間理解)의 폭을 크게 넓히고 깊게 한 것이다.

메이지(明治) 이후의 교육실패(敎育失敗)는 좁은 황실사관(皇室史觀)에 한정되어 쿠스노키 마사시게(楠正成)와 아사카가 타카우지(足利尊氏)가 '화기청마(와케노 기요마로:和氣淸麿)'와 '유게노 도쿄(弓削道鏡, 700~772・나라시대의 法相宗의 고승)' 등 일본이라는 섬나라의 정치무대(政治舞臺)에서 주고받은 것만을 추적하여 광대한 모든 외국의 세계적 무대의 흥망성쇠(興亡盛衰)의 흔적을 찾으려고도 하지 않고, 대형인물(大型人物)과 접촉하려고도 하지 않았다는 것에 있다.

이 일이 군인교육(軍人敎育)에도 영향을 미쳐 과거의 무사가 가지고 있던 광대한 기우(氣宇:기개와 도량), 깊은 인간 통찰력(洞察力)이라는 것을 군인에게서 빼앗아 버린 것이다.

(4) 결어(結語): 무사도의 윤리

나는 무사도(武士道)를 생각할 때 동시에 유럽의 기사도(騎士道)에 대하여 연상하지 않을 수 없다. 기사도는 서양 중세의 봉건사회(封建社會)에 그리스도교의 세계관을 배경으로 한 특색 있는 계급윤리(階級倫理)를 형성하였다. 기사도의 윤리는 규율(discipline) 또는 에티켓(Etiquette)으로서 발달하였다.

즉「사교윤리(社交倫理)」로서 살벌(殺伐)함보다는 예의가 바름에 훈화(訓化)하는 것이다. 기사(騎士)이기 전에 시동(侍童)이 되어서 엄격한 에티켓・출처진퇴(出處進退)의 작법, 특히 여성숭배(女性崇拜)의 정신을 익혀야만 한다.

중세 기사도의 전형은 희화화(戱畵化)되어 과장된 형태이지만, 세르반테스(Cervantes)의 저작「돈키호테(Don Quixote)」에 잘 그려져 있다. 그리고 이 중세 기사도에서 현대 서양의 신사도(紳士道)가 생겨났다. 젠틀맨십(gentlemanship)은 무엇인가? 적어도 3가지의 장점을 들 수 있을 것이다.

제1은 체하지 말 것(not pretend). 무리하게 아는 체를 하거나 돈이 있는 체를 하지 말 것.

제2는 일관된 신념의 주인일 것(confidence).

제3은 단순 소박(simplicity)할 것.

동양어인 "강의박눌(剛毅朴訥:강직하고 질박하고 어눌한 성격)은 인(仁)에 가깝다"는 것과 닮았다.

이상의 세 가지는 신사·숙녀의 조건으로 생각되며, 영국의 윈스턴 처칠(Winston Churchil)경 부부(夫妻)와 배우인 찰리 채플린(Charles Chaplin) 등도 그 예로 들 수 있는 것이다.

지금은 일본의 과제는 전통으로서의 무사도(武士道)를 골동품과 같이 소극적으로 취급할 것이 아니라, 진취적(進取的)으로 발전적(發展的)으로 무사도에서 새로운 현대의 신사도(紳士道)를 형성하지 않으면 안 된다.

■ 付 錄

1. 가츠 카이슈 약전

가츠 린타로야스요시(勝麟 太郎安芳, 1823~1899)는 분세이(文政) 6(1823)년 바쿠후 하타모토(旗本) 카츠 사에몬타로코레토라(勝左衛門太郎惟寅)의 장남으로서 혼쇼카메자와초(本所龜澤町)에서 태어났다. 가록(家祿:녹봉)은 사십일(41)섬 고부신구미(小普請組)에 속해 직무가 없는 것과 다를 바 없는 가난한 하타모토였다.

카츠 사에몬타로(勝左衛門太郎)는 오다니 헤이조(男谷平藏)라는 사람의 3남으로 태어나 하타모토의 권리를 사서 카츠가(勝家)에 양자가 되었다.

오다니 헤이조의 아버지는 유명한 오다니 켄교(男谷檢校)이다. 오다니 켄교는 에치고오지야(越後小千谷)에서 17세 때 삼백문(三白文)의 돈을 받아서 에도(江戶)에 나와 대금업(代金業)을 해서 일대에 거액의 재산을 모았다.

에도에만 17개소의 대금지소를 가지고 미토가(水戶家)에만도 70만량이 되는 돈을 빌려주었다고 하는 맹인이었다. 게다가 그가 죽었을 때 30만량의 유산을 헤이조(平藏) 아들 9명의 자식에게 남기고 대차증서문(貸借證書文)은 모두 불에 태워 정리해 버렸다고 한다.

이 오다니 켄교를 시작으로 사에몬타로(左衛門太郎)를 매개로 해서 카이슈에 전해진 혈통에는 미카와(三河) 이래에 도쿠가와 후다이은고(德川譜代恩顧)의 하타모토의 혈통과는 다른 야성적인 틀에 박히지 않는 스케일이 큰 에너지가 흐르고 있었다.

13세 때부터 오다니 시모우라노카미(男谷下總守)에게 검술을 배우고, 그 후 시마다토라노스케(島田虎之助)의 아사쿠사(淺草) 신보리(新堀)에 있는 도장에서 살면서 연습을 했다.

17세 때 우시지마(牛島)에 있는 구후쿠지(弘福寺)에서 좌선(坐禪)을 열심히 했다.

20세 때 검술에 면허를 받았다.

22세 때부터 나가이 세이카이(永井靑崖)에게 사사하여 난학을 공부했다. 동년 9월 바쿠후의 가신 오카노 소이치로(岡野孫一郞)의 딸과 결혼했다.

23세 때 장녀 유메코(夢子)가 태어났다.

25세 때 난화(蘭和)사전을 2부 서사(書寫)했다. 어떤 의사에게 10냥의 거금을 주고 사서 2부를 필사해 1부는 본인이 사용하고 1부는 30냥에 팔아 공부 자금에 충당했다.

26세 때 차녀 다카코(孝子)가 태어났다.

27세 때 아버지인 카츠 에몬타로(勝左衛門太郎)가 병사했다. 그해 사숙(私塾)을 열고 난서병학(蘭書兵學)을 강의했다.

29세 때 장남 코로쿠(小鹿)가 태어났다.

32세 때 서양서(西洋書) 번역 근무를 명령받았으며, 그 후 나가사키(長崎)에 있는 해군전습소(海軍傳習所) 근무를 명령받고 코쥬닝구미(小十人組 번역자 직명)에 들어가서 겨우 역부(役付:책임 직책)를 받았다.

33세 때 강무소(講武所) 포술사범역(砲術師範役)이 된다. 오반이리(大番入り:제후무사)를 명받았다.

36세 때 나가사키(長崎)로부터 에도에 들어가서 미국으로 파견될 간린마루(咸臨丸)에 승선을 명령받아 다음 해 정월에 시나가와(品川)를 출항했다. 그해 하와이에서 중도 귀환하여 5월에 시나가와에 귀항했고, 이 공에 의해 텐슈반(天守番)의 두과인(頭過人)을, 양학연구기관인 번서조(蕃書調)의 소장을 명받고, 종신시치쿠치마이(終身七口米:급료로 매일 쌀 7되를 받는 직책)가 되었다.

39세 때 니노마루루수이카쿠(二丸留守居格)의 군함도도리(軍艦頭取)가 되어 급료가 5백섬에 가중되었다. 그후 바쿠후 해군을 총괄하는 군함부교나미(軍艦奉行並)가 되어 급료가 1천섬이 되었다.

40세 때 도쿠가와 14대 장군 이에모치(家茂)를 준도마루(順動丸)에 태워서 오사카(大阪)까지 왕복했다.

41세 때 군함부교 사쿠지부교격(軍艦奉行作事奉行格) 쇼다이후(諸太夫)의 명을 받아 아와모리(安房守)라고 칭해졌다.

42세 때인 1865년에 폐문(閉門:칩거)당했다.

43세 때 초슈번(長州蕃)과 교섭하기 위해 히로시마(廣島)에 갔다.

46세 때 게이오 4년(1868·메이지 원년) 해군총괄직인 부교나미(奉行竝), 이어서 육군 총재 와가도시요리(若年寄:부로주, 로주는 쇼군의 국정제일 수행자이다)가 되었다.

46세 때 3월 2일 사츠마번(薩藩)의 마스미츠 규노스케(益滿休之助) 등 세명을 자택에서 맞았다. 1868년 3월 5일 야마오카 테츠타로(山岡鐵太郞)가 내방했다. 사이고(西鄕) 참모에게 보내는 일서(一書)를 맡겼다. 3월 13일 사츠마번 다카나와(高輪) 저택에서 야마오카와 함께 사이고와 회담을 하고, 4월 9~10일 다시 회담했다. 11일 황군(皇軍)에게 에도성(江戶城)과 무기의 인도를 완료했다. 이해 9월 가족을 시즈오카에 옮겼다.

47살 때 메이지 2(1869)년 신정부로부터 외무다이죠(外務大丞)를 임명받았으나 즉시 사임했다. 또 효부다이죠(兵部大丞)를 명받아 당일 사퇴했다. 토쿠가와 바쿠후에도 퇴신서(退身書)를 제출하고 세상을 등지고 초야에 파묻혀 지내는 사람(逸民)이 되려고 했지만 허락받지 못했다. 다음 해 태정관(太政官)으로 상경의 호출을 받았으나 이것도 사퇴하고 시즈오카(靜岡)로 돌아갔다.

메이지 5년(1872년) 해군다이스케(海軍大輔) 종4위가 되었다.

메이지 6년(1873년) 참의겸 해군경(參議兼海軍卿)의 특명을 받아 가고시마(鹿兒島)에 부임했다.

메이지 8년(1885년) 원로원 의관(元老院議官)을 명받았으나 당일 사퇴했다.

메이지 20년(1887년) 종3위 백작(伯爵)이 되었다.

메이지 21년 추밀고문관(樞密顧問官)이 되었다.

메이지 32(1899)년 1월 21일 뇌출혈로 인해 77세로 사망했다.

칙사(勅使)가 히카와(氷川)의 저택에 임해 정1위 훈1등 칙어(勅語)를 주었다.

마고메이(馬込) 센조구지호반(千束池湖畔)의 묘지에 묻혔다.

2. 바쿠후(幕府) 말기의 산(3)슈 또는 욘(4)슈, 고(5)슈

가츠 카이슈(勝海舟)・야마오카 뎃슈(山岡鐵舟)・다카하시 데이슈(高橋泥舟) 3명을 가리켜 이들을 「바쿠후 말기의 산슈(三舟)」라고 한다. 여기에 기무라 카이슈(木村芥舟)를 더하면 욘슈(四舟)가 된다.

① 다카하시 데이슈는 야마오카 조잔(山岡靜山)의 동생이고, 뎃슈에게는 의형(義兄)이 된다. 창(槍)의 명수이며, 이세모리(伊勢守)를 임명받아 「창 하나로 이세모리」라고 불려진 사람이다. 유신 후에는 은퇴하고 신정부에 시중들지 않으므로 뎃슈가 매월 30엔씩 생활비를 보내주었다고 한다.

② 기무라 카이슈(木村芥舟)는 간린마루(咸臨丸)가 처음으로 태평양을 건너 미국에 갔을 때 군함부교(軍艦奉行)인 제독이며, 기무라 셋츠노모리요시타케(木村攝津守喜毅)라 하고, 가츠 카이슈는 그의 밑에서 함장(艦長)이었다. 기무라 카이슈도 신정부에는 시중들지 않았다. 신정부에 시중든 사람은 욘슈 중 ③ 가츠 카이슈와 ④ 야마오카 뎃슈였다. 한편 ⑤ 렌슈(蓮舟)라고 일컫는 사람은 타나베 타이이치(田邊太一)이다.

그는 바쿠후의 외교관의 한 사람으로서 오구리 우에노스케(小栗上野介)의 일파에 속해 유럽에 사절로 다녀왔다.

바쿠후 말기 외교사정(外交事情)은 그의 저서 『바쿠후 말 외교담(幕末外交談)』에 자세하게 씌어져 있다.

3. 가와무라 요시마스씨(氏): 스승 뎃슈 선생님 추모

나는 메이지 16, 7년(1884, 5년)쯤부터 4, 5년간 대학에서 수업하고 있었을 때, 뎃슈 선생님에게 교훈을 받았습니다. 그 이후 내가 오늘에 있는 것도 대부분은 선생님의 교훈 때문입니다.

선생님의 무사도는 선(禪)의 도리(道理)의 심원한 곳에서 안출(案出)한 것이기 때문에 도저히 보통 생각으로 헤아릴 수 있는 것이 아닙니다. 그 지성의 정도는 지금도 여전히 나에게는 소름끼칠 정도로 느껴집니다. 특히 형태에 나타난 격검(擊劍) 등은 일본에서 그분 외에 이러한 사람을 접한 적이 없습니다.

나는 때때로 선생님의 영혼을 조문(弔問)하기 위해서 야나카(谷中)의 젠쇼안(全生庵, 도교토 다이토구 야나카에 있는 선생님이 스스로 건립한 菩提寺임)에 가거나 혹은 때때로 지금의 자작(子爵, 뎃슈선생님의 사자인 야마오카 나오키군)을 자택에 방문하거나 합니다만 세상사람 중에는 지금의 자작을 이러쿵저러쿵 말하는 사람도 있습니다만 그런 이변은 모두 문외한의 소작(小作) 계책으로 나는 접견할 때마다 자작의 언동을 들으면 그 심사는 결백하고 뎃슈 선생님을 그대로 계승한 점에 이르러 나도 알지 못하는 사이에 선생님이 추상되어서 눈물이 쏟아집니다.

아무쪼록 도쿄에 돌아갈 때에는 자작(子爵) 각하에게 잘 전언을 부탁합니다. 그리고 가와무라(河村)의 전언이라고 하여 될 수 있는 한 세상의 사람들에게 관계되지 않도록 격검(擊劍) 한 방향에 열심(熱心)으로 자진해서 교토(京都)의 절(寺)에라도 가서 선의 도리(禪理)의 연구를 열심히 하시도록 아무쪼록 전언(傳言)을 부탁합니다.

(메이지 33년(1901년) 9월. 오사카 재판소 소장)

▣ 참고자료 1. 교육칙어의 구성

[전단]
1. 역사의 오래됨과 도의국가
   짐이 생각건대, 나의 황조 황종께서, 널리 나라를 세웠고, 깊고 두텁게 덕을 베풀었다.
2. 일본의 교육근원이 국민 공동체의 역사적 사실에 있음
   나의 신민들은 마땅히 충효를 다해야 하고, 모든 사람이 공(恭)한 마음으로 대대로 아름다움을 이루어야 한다.
   이는 우리 국체의 정화이며 교육의 연원은 바로 여기에 있다.

[중단]
3. 가족의 도덕
   신민들은 부모에 효도하고, 형제간에 우애하며, 부부가 화목해야 한다.
4. 친구간의 도덕
   친구는 서로 믿는다.
5. 개인으로서의 수양, 자기의 인간형성
   공검(恭儉)하게 자신을 지키고, 이웃을 박애(博愛)하며, 학문을 닦고, 기예를 배우며, 지능을 계발하여 덕을 이룬다.

■ 참고자료 1. 교육칙어의 구성 *331*

6. 사회인, 시민으로서의 도덕

   나아가 공익(公益)을 넓히고, 세무(世務)를 연다.

7. 국민으로서의 도덕

   항상 국헌(國憲)을 존중하고, 국법(國法)을 준수한다.

8. 국가비상시의 도덕

   일단 위급할 때에는 스스로 몸을 바쳐 봉사한다.

9. 운명공동체로서의 일본인의 본연의 자세

   이로써 천양무궁한 황운을 부익(扶翼)해야 한다.

10. 충량의 신민

    위와 같이 할 때 짐의 충량한 신민이 되어야 한다.

11. 선조의 유풍

    선조의 유풍을 현창(顯彰:'밝게' 나타냄)하게 한다.

[후단]

12. 진실의 길

    이러한 도리는 실로

13. 과거로부터

    내가 황조 황종의 유훈으로서

14. 미래에까지

    자손과 신민이 모두 준수해야 할 바이며,

15. 도덕의 보편타당성

    고금을 통해 그르치지 않고 이를 세상에 펼쳐 어긋남이 없게 한다.

16. 천황도 솔선하여

　　짐은 그대들 신민과 함께 진심으로 한 시도 잊지 않고

17. 국민귀일, 무아의 정신

　　다 그 덕을 하나로 하기를 바란다

메이지 23년 10월 30일

무쓰히토(睦仁:메이지 천황)

■ 참고자료 2. 교육칙어 제1차 초안(中村正直 案)

충(忠)과 효(孝)의 이 둘은 그 근원은 하나이며, 인류(人類)의 큰 근본이기도 하다. 특히 우리나라에 태어나는 것은 모두 나의 신민(臣民)이며, 그의 군주는 만세일계(萬世一系)의 황실(皇室)에 대하여 항상 충효(忠孝)의 마음을 가지고, 각각 그 최선의 직분을 다해 천의(天意:하늘의 뜻)에 어긋나지 않도록 노력해야 한다.

아버지는 자식(子息)의 하늘이며, 주군(主君)은 신(臣:신하)의 하늘이며, 군주(君主)에 대하여 경애(敬愛)의 정성(精誠)을 다하는 것을 충(忠)이라고 하며, 아버지에 대하여 경애의 정성을 다하는 것을 효(孝)라 하고, 각각 차이는 있어도 정성을 다하는 것에 대하여는 차이가 없다. 그러므로 군부(君父)에게 불충불효(不忠不孝)이면 하늘에 대하여 죄(罪)를 짓는 것이며, 그 죄에서 피할 길은 없다.

또 충효(忠孝)를 다할 때는 스스로 천의(天意)에 어긋나지 않고 행복은 구하지 않더라도 오는 것이다. 혹은 불행하게도 충효를 위해서 재화(災禍)를 입는 적도 있지만 그 충효의 미명(美名)은 천세(千歲)의 뒤에 전해져서 오랫동안 썩지 않고 후세자손(後世子孫)이 반드시 그 여경(餘慶:남은 경사)을 받는다. 이것은 충효가 천의(天意)에 어긋나지 않기 때문이다.

충효의 마음은 하늘을 두려워하는 마음에서 나오는데, 하늘을 두려워하는 마음은 사람들의 고유(固有)한 성정(性情)에서 생기는 것이기 때문에 하늘을 두려워하는 마음은 즉 신(神)을 존경하는 마음이고, 예를 들어 목석(木石)의 이문(理紋:무늬)은 닦으면 닦는 만큼 나타나 그 몸을 소멸하지 않는 한 그것을 제외할 수 없다.

그것처럼 사람에게 그 생(生)이 있는 한 경천경신(敬天敬神)의 마음은 소멸하지 않는 것이며, 이 마음의 발동(發動)은 군부(君父)에 대하여 충효가 되고, 그 충효(忠孝)의 마음을 널리 퍼지게 해서 세상을 향하면 인애(仁愛)가 되고, 신의(信義)가 되어 만선(萬善)의 근원이 되어 덕의(德意:도덕상의 도리)의 근본이 되는 것이다.

심야암실(深夜暗室) 안에 있어서 발생하는 일념(一念)은 선(善)이든 악(惡)이든 자기 한 사람의 이외는 아무도 이것을 몰랐다 하더라도 천지신명(天地神明)이 보는 곳이면 스스로 청천백일(晴天白日) 공중(公衆)의 면전(面前)에 발각되고, 덮어도 덮어지지 않고 숨기려고 한들 숨겨지지 않고, 그 감응(感應)이 재빠르게 목소리가 울림에 응하듯 그림자가 형태를 따르는 것과 같다. 하늘과 사람의 일치(一致)는 안과 밖에 조그마한 틈도 없는 것이다. 이것을 알면 사람들은 어째서 그 독신(獨慎: 혼자 스스로 근신함)을 삼가(조심하는 마음으로)해 하늘의 두려운 신(神)을 공경(恭敬)하지 않을 수 있겠는가?

신(神)은 나의 마음에 있어 나의 마음을 하늘로 통하게 하는 것이다. 하늘을 두려워하고 신(神)을 공경하기 위해서는 우선 나의 마음을 청정(淸淨:청결하고 맑음)하게 해서 성실(誠實)함을 취지(趣旨)로 해야 한다.

나의 마음이 청정·성실하지 않으면 아무리 외면(外面)을 치장해도 천의(天意:하늘의 뜻)에는 맞지않고, 천의에 맞지 않는 허위의 행동은 군부(君父)에 대하여 참된 충효(忠孝)가 되지 않고, 세상을 향해도 또 참된 인애(仁愛)가 되지 않고 참된 신의(信義)가 되지 않는다.

우리나라에 태어나서 천황의 신민(臣民)이 되는 자는 입헌정체(立憲政體) 밑에서는 오늘의 군부(君父)에게 충효가 되는 동시에 애국(愛國)의 의(義)를 전념해야 한다.

애국의 의(義)는 정성을 다해서 천의에 맞게 항상 인애신의(仁愛信義)의 길에 어긋나지 않고, 지식(智識)과 덕의(德義)와 함께 성장해 품행(品行) 완전한 국민이 되어서 더욱 더 우리나라의 품위(品位)를 진전시켜 외인(外人)에게 친숙하게 공경(恭敬)을 기해야 한다.

나의 신민(臣子)은 자치독립의 양민(良民)이며, 단체가 되어서는 그 향토의 번영(繁榮)을 꾀하고, 일신(一身)에 있어서는 그 가족의 행복(幸福)을 거듭 쌓아서 그것에 의해서 우리나라(일본)의 부강(富强)을 바라야 하고, 이 바람을 달성하기 위해서는 어떠한 간난신고(艱難辛苦:몹시 힘들고 괴로움)도 참아

마음을 전도(前途)의 대성(大成)에 기울어야 한다.

결단코 다른 사람에게 의지해서는 안된다. 이것은 양민의 책임이라는 것을 알아야 한다.

천도(天道)는 항상 선에는 복을, 악에는 재난을 주는 것이기 때문에 선을 선호하고, 악을 증오하는 것은 인생의 자연발심(自然發心)이 본성이므로 권선징악(勸善懲惡)의 가르침에 복종하여, 자신을 위해 나라를 위해 재난을 피하고 복을 추구하는 것은 사람들이 소홀히 해서는 안되는 임무(任務)이다.

그러므로 어떤 가르침이든 상관없이 적어도 제국(帝國)을 애호해 황실에 충의(忠義)를 다하자고 맹세(盟誓)하는 자는 모두 다 선량(善良)한 우리나라의 신민이다.

나라의 강약은 국민의 품행에 따르기 때문에 만국대립(萬國對立)의 오늘에 있어서는 사람들은 모두 하늘을 두려워하고 신(神)을 공경하고, 군부(君父)에 대하여는 충효의 진심을 다하고, 세상을 향해서는 인애(仁愛)를 주로 해 신의(信義)를 중시하고, 일신(一身)에 있어서는 근검(勤儉)하고, 일가(一家)에서 있어서는 화합(和合)을 추구해 항상 강용내인(剛勇耐忍:굳세고 용감하며 인내로 견딤)의 기상을 길러 품행을 진척(進陟)시켜서 존경받는 사람이 되려고 힘써야 한다.

이것이야말로 진정한 제국(帝國)을 애호(愛好)하는 길이다. 이것에 반하여 나태하게 놀고 경박(輕薄:언행이 경솔하여 신중하지 못함, 輕佻浮薄의 줄인 말)에 빠져 교만(驕慢)을 좋아 하며 거짓을 부꾸러워하지 않는 조짐이면, 그 재난은 모두 다 우리나라를 쇠약(衰弱)시켜 만국에 대립할 수 없게 한다.

게다가 뒤에는 자치독립(自治獨立)의 양민(良民)이 되는 것도 어렵다. 나의 신민(臣子)인 자는 깊이 두려워하고 통절히 훈계(訓戒)해서 자신을 다스려서 천의(天意)에 어긋나지 않게 행동하라.

— 나카무라 마사나오(中村正直) —

(海後宗臣, 『敎育勅語成立史硏究』, 166쪽에서)

※ 기타 참고문헌 자료
- 敎育勅語成立史の硏究, 〈明治敎育史硏究第1冊〉, 海後宗臣, 1965.
- 海後宗臣著作集〈第10卷〉敎育勅語成立史硏究, 海後宗臣, 東京書籍 (1981年)

▣ 참고자료 3. 군인칙유

1, 군인(軍人)은 충절(忠節)을 다하는 것을 의무로 해야 한다. 무릇 생(生)을 우리나라에 받은 자는 누구나 나라에 보은(報恩)하는 마음이 없으면 안 된다. 하물며 군인은 이 마음이 단단하지 않으면 도움이 될 수 있다고는 생각되지 않는다.

군인이면서 나라에 보은하는 마음이 견고하지 않은 것은 아무리 기량이나 기예가 출중하고 학문의 기술에 뛰어나도 역시 인형(人形)과 다름없을 것이다. 그 대열도 정돈되고 규율이 바르더라도 충절을 모르는 군대는 전쟁에 임했을 때 오합지졸과 같을 것이다.

원래 국가를 보호해 국가의 권력을 유지하는 것은 병력(兵力)에 있기 때문에 병력의 기세가 약해지거나 강해지거나 하는 것은 또 국가의 운명이 왕성하거나 약해지거나 하는 것이라고 분별하고, 여론(世論)에 망설이지 않고 정치에 관계하지 않고, 단지 외곬의 군인으로서 자신의 의무인 충절(忠節)을 지키고, 의(義:천황의 국가에 대하여 최선을 다하는 길)는 태산(泰山)보다도 무겁고 죽음은 홍모(홍모:기러기 털처럼 아주 가벼운 털)의 날개보다도 가볍다고 각오해야 한다. 그 절조를 깨뜨리므로 생각도 하지 않는 실패를 초래하고 오명(汚名)을 받는 일이 있어서는 안 된다.

1, 군인은 예의바르지 않으면 안 된다. 대체로 군인에게는 위에는 원수(元帥)부터 아래는 한 병졸(兵卒)에 이르기까지 그 사이에 관직(官職)의 계급(階級)이 있어서 통제 밑에 속해 있을 뿐만 아니라 같은 지위에 있는 동배(同輩)이라도 병역의 연한이 다르기 때문에 신임자는 구임자에 복종해야 한다.

하급인이 상관의 명령을 받는 것은, 사실은 즉시 나(朕:천황)의 명령을 받는 것이라고 알아야 한다. 자신이 따르는 상관이 아니어도 상급자(上級者)는 물론 군경험 연수가 자신보다 오래된 자에 대하여는 모두 공경해 예의를 다해야 한다.

또, 상급자는 하급자(下級者)에 대해 조금이라도 가볍게 보고 깔보거나 교만을 부리는 행동이 있어서는 안 된다. 공적(公的)인 임무를 위해서 위엄을 유지하지 않으면 안될 때는 특별하지만 그 밖에는 친절하게 대하여 애지중지(愛之重之)하는 것을 첫째로 유념하고 상급자도 하급자도 일치해서 천황(天皇)의 사업을 위해서 마음과 몸을 다해 일하며 직무(職務)에 힘쓰지 않으면 안 된다.

만약 군인(軍人)이면서 예의를 지키지 않고 상급자를 존경하지 않고 하급자에게 인정을 베풀지 않고 서로 마음을 합쳐서 사이좋게 지내지 않으면. 단지 군대(軍隊)의 해악이 될 뿐만 아니라 국가(國家)를 위해서도 용서할 수 없는 죄인인 것이 틀림없다.

1, 군인은 무용(武勇)을 중요시하지 않으면 안 된다. 원래 무용은 우리나라에 있어서는 옛날부터 중요시된 것이기 때문에 우리나라의 신민(臣民)이라는 자는 무용의 덕을 갖추지 않으면 안 된다. 하물며 군인은 전쟁에 인하여 적(敵)에게 대처하는 것이 직무(職務)이기 때문에 한시도 무용을 잊어서는 안 된다.

그렇기는 하지만 무용에는 큰 용기(大勇:진정한 용기)·작은 용기(小勇:시시한 용기)가 있어서 똑같지는 않다. 무모하게 덤비고 난폭한 행동을 하는 것은 무용이라고는 말할 수 없다. 군인이라면 언제나 옳은 도리를 잘 분별하고 담력(膽力)을 훈련하고 사려(思慮)를 다해서 일을 하지 않으면 안 된다. 작은 적이라도 깔보지 않고 큰 적이라도 두려워하지 않고 군인으로서의 자신의 직무(職務)를 다하는 것이 진정한 큰 용기다.

그렇기 때문에 무용을 중요시하는 자는 언제나 사람과 교제하기 위해서는 온후한 것을 첫째로 해서 세상의 사람들에게 사랑받고 공경받도록 한다. 이유가 없는 용기를 좋아하고 위세(威勢)를 휘두르면 결국은 세상의 사람들이 싫어해서 피하고 승냥이나 늑대와 같이 생각할 것이다. 깊이 명심해야 할 것이다.

1, 군인은 신의(信義)를 중요시하지 않으면 안 된다. 대체로 신의를 지키는 것은 일반의 도덕이지만 특히 군인은 신의

(信義)가 없으면 단 하루라도 병사로서 동료 안에 들어 있기는 어려울 것이다.

신(信)이라는 것은 자신이 말한 것을 실행하는 것이고, 의(義)는 자신의 임무를 다하는 것을 말하는 것이다. 그러므로 신의를 다하자고 생각하면 시작부터 그것을 할 수 있는지 아닌지 자세하게 생각하지 않으면 안 된다. 할 수 있을지 할 수 없을지 명확치 않은 것을 무심코 승낙하고 하찮게 관계를 맺으면 후일이 되어서 신의를 유지하자고 하면 어찌할 바 몰라 자신의 처신에 괴로워할 수도 있다. 후회해도 때는 이미 늦는다. 처음에 꼼꼼히 올바른지 아닌지를 분별하고 좋고 나쁨을 생각하고 그 약속은 결국 무리라는 것을 알고 그 의리는 도저히 지킬 수 없다고 깨달으면 신속하게 약속을 단념하는 것이 좋다.

옛날부터 하찮은 사항에 관한 신의(信義)를 지키려고 해서 옳은 것과 옳지 않은 것의 근본을 잘못하거나 고금동서(古今東西)에 통하는 선악의 판단을 잘못해서 자기본위의 감정으로 신의를 지키려 해서 애석하게도 영웅호걸(英雄豪傑)들이 재난을 만나 몸을 망치고, 죽고 난 후에도 오명(汚名)을 후세까지 남긴 것은 그 예가 적지 않다. 깊게 경계하지 않으면 안 된다.

1, 군인은 검소(儉素)를 제일로 해야 한다. 대체로 검소를 제일로 하지 않으면 문약(文弱)에 흘려 경박해져 사치스럽고

화려한 것 좋아해 결국은 욕심이 많아져 게걸스러워지고 뜻도 아주 천박해져 절조(節操)도 무용(武勇)도 보람 없고, 세상 사람들에게 비판을 받게 될 것이다. 그 사람에 있어서 생애가 불행한 것은 말할 필요도 없다.

이 나쁜 기풍(氣風)이 일단 군인들 사이에 일어나면 저 전염병과 같이 만연하고 군인다운 규율(規律)도 병사의 의기(意氣)도 갑자기 약해져버리는 것은 명확하다. 나(朕)는 깊게 이것을 두려워하고 먼저 면출조례(免黜條例:관직을 그만두게 하는 조례)를 내고 거의 이것을 주의해 두었지만 그럼에도 불구하고 그 악습(惡習)이 나오는 것을 걱정해서 마음이 편안해지지 않기 때문에 일부러 또 이것을 주의하자는 것이다. 너희들 군인은 결단코 이 훈계(訓戒)를 소홀하게 생각해서는 안 된다.

위의 5개조는 군인이라는 자는 잠시 동안도 소홀해서는 안 된다. 그런데 이것을 실행하기 위해서는 하나의 거짓도 없는 마음이야말로 중요하다. 도대체 이 5개조는 우리 군인정신(軍人精神)이며, 하나의 거짓 없는 마음이 또 5개조의 정신이다.

마음에 진실이 없으면 어떤 훈계(訓戒)의 말도 좋은 행동도 모두 겉모양의 장식에 지나지 않고 아무런 도움도 되지 않는다. 마음에 진실이 있으면 모든 것이 이루어지는 것이다. 하물며 이 5개조는, 천지공도(天地公道)의 도리이므로 사람으로서 지켜야 할 변함없는 길이다. 행하기 쉽고 지키기 쉽다.

너희들 군인은 나(朕)의 훈계(訓戒)를 잘 따르고 이 길을 지켜 행하고 나라에 보답하는 임무를 다하면, 일본국의 인민(人民)은 모두 이것을 기뻐할 것이다. 나(朕: 짐) 혼자의 기쁨에 머무르지 않는 것이다.

메이지(明治) 15(1882)년 1월 4일

고메이교지(御名御璽) 무쓰히토(睦仁)

睦 仁

御 印

【참고문헌・인용문헌】

1. 武士道 －文武両道の思想(角川選書)－, 山岡 鉄舟(著), 勝海舟·勝部 真長(編集), 角川書店, 1971.
2. 武士道－文武両道の思想－, 勝部 真長, 大東出版社; 新版, 1997.
3. 武士道 － 日本人の生き方 Unknown Binding － Antique Books, 山岡 鉄舟(著), 勝 海舟(解説), 勝部 真長(編集), 広池学園事業部, 1969.
4. 幕末·維新 知れば知るほど － 歴史を動かしたすごい奴ら, 勝部 真長 (監修), 実業之日本社, 1996
5. 山岡鉄舟－幕末·維新の仕事人(光文社新書), 佐藤 寛(著), 光文社, 2002.
6. おれの師匠－山岡鉄舟先生正伝, 小倉 鉄樹(著), 島津書房, 2001.
7. 山岡鉄舟の武士道(角川ソフィア文庫), 勝部 真長(著), 角川書店, 2013.
8. ゼロからわかる「山岡鉄舟」(歴史シリーズ):「山岡鉄舟」好きの東大OBが書いた入門書シリーズ《「山岡鉄舟」歴史編集委員会(著)》2019.

9. 活学新書 山岡鉄舟 修養訓，平井正修（著），致知出版社，2017．
10. 山岡鉄舟 剣禅話(タチバナ教養文庫)，山岡 鉄舟(著)，高野澄（翻訳），たちばな出版，2003．
11. 山岡鉄舟〈決定版〉小島 英記(著)，日本経済新聞出版，2018．
12. [新訳]鉄舟随感録「剣禅一如」の精髄を極める，山岡 鉄舟(著)，渡辺 誠(編集，翻訳)，勝 海舟(その他)，PHP研究所，2012．
13. 山岡鉄舟（禅ライブラリー），大森 曹玄(著)，春秋社，2008．
14. 最後のサムライ山岡鐵舟 圓山 牧田(編集)，平井 正修(編集)，教育評論社，2007．
15. 西郷隆盛（PHP文庫），勝部 真長(著)，岡崎 久彦(その他)，PHP研究所，1996．
16. 西郷隆盛（新装版），池波 正太郎(著)，角川書店，2017．
17. 氷川清話，勝海舟(著)，ゴマブックス株式会社，2017．
18. 勝海舟全集〈21〉海舟日記，勝 安芳(著)，勝部 真長(編集)，松本三之介(編集)，大口 勇次郎(編集)，勁草書房，1973．

19. 氷川清話 付勝海舟伝(角川ソフィア文庫), 勝 海舟(著), 勝部 真長(編集), 角川書店, 2013.
20. 海後宗臣著作集〈第10巻〉教育勅語成立史研究, 東京書籍, 1981.
21. 軍人勅諭成立史－天皇制国家観の成立〈上〉梅渓 昇(著), 青史出版, 2000.
22. 共通教化と教育勅語, 高橋 陽一（著）, 東京大学出版会, 2019.
23. 夢酔独言, 勝 小吉(著), 勝部 真長(編集) 講談社, 2015.
24. 夢酔独言(読んでおきたい日本の名作), 勝 小吉(著), 教育出版, 2003.
25. 鳴門秘帖 (全6巻 合本版), 吉川英治 (著), MUK Naruto production; 第1版, 2015.
26. 鳴門秘帖, 吉川英治（著）, 歴史浪漫文庫; 第1版, 2014.
27. 堕落論・日本文化私観 他二十二篇, 坂口 安吾(著), 岩波書店, 2008.
28. 日本人 Unknown Binding-Antique Books, 芳賀矢一（著）, 文会堂, 1912.
29. 現代のエスプリ, 1969年9月号 別冊 No. 39, 勝部眞長(編集)

편역자 소개

▷ 현재 대구보건대학교 스포츠재활학과 교수(사회복지학 박사)

▷ 주요 체육단체 임원 · 경기지도자 · 수상 경력
- 스포츠지도사 국가자격증 보디빌딩 종목 실기 및 구술 자격검정 시험위원 (2017년 · 2018년 · 2019년 · 2020년)
- 2020년 대구광역시 체육회 체육 연구상 수상
- 2019년 스포츠심리학회지(스포츠 · 운동심리학 분야) 우수논문상
- 대한 피지컬 휘트니스 타이치 협회 회장 (현)
- 대구광역시 합기도 고단자회 회장 (현)
- 대구광역시 우슈협회 부회장 (전)
- 한국 장애인 수영연맹 부회장 (전)
- 대구광역시 장애인 수영연맹 상임부회장 (전)
- 대구광역시 체육회 인사위원 (전)
- 대구광역시 장애인 체육회 자문위원 (전)
- 대구광역시 보디빌딩협회 이사 및 감사(전)
- 대구광역시 스쿼시 연맹 이사 (전)
- 경상남도 근대 5종 바이애슬론 연맹 이사 (전)
- 인천광역시 근대 5종 바이애슬론 연맹 이사 (전)
- 제88회(2007), 제89회(2008), 제90회(2009), 제92회(2011) 전국체육대회 대구광역시 선수단 스쿼시 종목 감독
- 제93회(2012) / 제94회(2013) 전국체육대회 대구광역시 우슈 일반부 감독

▷ 2012년 대구보건대학교 최우수 강의상(Best Teacher Award)

▷ 국제 학술지 발표 논문

■ Scopus journal 국제 학술지 발표 논문

The effect of Tai Chi exercise on the cognitive and physical function in older Adults, International Journal of content Technology and its Applications, Volume 7, Number 12, Aug 31, 2013. p.239~ p.255.(ISSN : 1975-9339(Print), 2233-9310(Online)

태극권 운동이 노인의 인지기능과 신체기능에 미치는 영향

The effects of aquarobics on blood pressure, heart rate, and lipid profile in older women with hypertension, Indian Journal of Science and Technology, Vol 9(46), December 31, 2016. ISSN(Print):0974-6846 ISSN /(Online):0974-5645

아쿠아로빅 운동이 고혈압 여성노인의 혈압, 심박수 및 혈중지질에 미치는 영향

▷ 일본대학 논문집 발표 논문

『猫之妙術』を読む－武道伝書の活用に着目して－, 広島文化学園短期大学紀要 第49号 (p.35~p.48), 2016.

『고양이의 묘술』을 읽다 － 무도전서의 활용에 착목해서 －

▷ 한국연구재단 등재 학술지 주요 발표 논문

- 운동행동 변화단계에 따른 노인의 운동 자기효능감과 지각된 건강상태 수준 변화, 한국디지털정책학회지 (디지털 융복합 연구), 2015, 제13권(11호) p.549~p.559. 외 다수

▷ 저서

- 스포츠센터 전략경영과 기획론 - 스포츠센터 경영전략 이론과 사례연구 - (도서출판 학사원, 2020, 1072쪽.)
- 武道をたずねて -武道教育への活用- (日本大学教育出版, 2018) 共著
- 스포츠센터 경영 총론 (도서출판 학사원, 2018)
- 스포츠 트레이닝 (라이프 사이언스, 2013) 공저
- 종합체육시설업 경영론 (도서출판 학사원, 2006)
- 체육원리의 이해 (도서출판 학사원, 2006)
- 스포츠센터 시설기획과 경영론 (도서출판 학사원, 2004)
- 스포츠마케팅 이론과 실제 (도서출판 학사원, 2004)
- 레저·스포츠·건강증진시설 경영론 (도서출판 학사원, 2003)
- 스포츠센터 경영과 마케팅론 (도서출판 학사원, 2000)

▷ 편저 / 번역서

- 무도와 무사도 인문학 - 무도철학과 무사도 문화코드로 일본을 읽다 -, 도서출판 학사원, 2021.
- 사무라이의 마음, 일본의 마음, - 무도철학과 무사도 -, 도서출판 학사원, 2019.
- 검劍, 선禪을 만나 검도劍道가 되다, 도서출판 학사원, 2018.
- 태극권 경전 강해, 도서출판 학사원, 2016.
- 타쿠앙 선사의 부동지신묘록(不動智神妙錄), 도서출판 학사원, 2013.
- 武道學 講論, 도서출판 학사원, 2010.
- 武道思想 探究, 도서출판 학사원, 2009.
- 바이오메카닉스 : 신체운동의 과학적 기초, 공역, (주)이퍼블릭 코리아, 2008.

야마오카 텟슈의 강화(講話)
일본 무사도 문화사

2021년 08월 30일 인쇄
2021년 09월 05일 발행
편저자 : 김우철
발행인 : 장세진
발행처 : 도서출판 학사원
대구광역시 중구 서문로 2가 38-3
Tel. 053-253-6967, 253-6758
Fax. 053-253-9420
등록 : 1975년 11월 17일(라120호)
정가 25,000원
ISBN 978-89-8223-104-9 93690
※파본은 교환하여 드립니다.